익명과 상식에 관하여

익명과 상식에 관하여

최성환 지음

좋은땅

서 문

이 책은 현대 자본주의 사회에서 빈곤과 죽음으로 내몰리는 사람들의 문제 그 자체보다는 이런 현실을 제대로 인지하지 못하는 우리의 왜곡된 태도에 대한 문제의식으로부터 시작되었다. 무엇보다 개인의 태도를 규명하지 않고서는 자본주의 사회의 산적한 문제들의 해결은 요원할 것이기 때문이다. 이는 내가 가진 확고한 신념 중 하나다. 나는 자본주의 사회 개인들의 태도, 즉 생각과 행위의 본질을 규명하기 위해 거대 익명성과 상식에 의거하여 한 사회가 구성원들에게 영향을 미치는 방식을 설명하고자 하였고, '익명-상식-신념-이념'으로 이어지는 '믿음의 체계'를 분석하여 개인들의 공통된 심리의 비밀을 풀어나가고자 하였다. 결국 이 책은 끊임없이 욕망되는 권력과 동시에 빈곤, 비참함, 극단적 선택이라는 시대의 비극을 바라보는 우리의 시선에 관한 이야기로 귀결될 것이다. 물론 나의 시선과 태도 역시 다름 아닌 시대의 '상식'안에 갇혀 있으므로, 이 책의 한계 역시 명백함을 인정하지 않을 수 없다. 그럼에도 나는 거대 익명성으로부터 만들어지는 상식에 대한 서사로 인간 행위에 대한 새롭고 흥미로운 관점을 제시하기 위해 노력하였다. 이 책이 일상의 감정과 상식 뒤에 숨어 있는 현대 사회의 민낯을 파헤치기 위한 도전의 작은 결과물이 될 수 있기를 바라 본다.

　마지막으로 나의 주장은 경험적 논거에 근거한 사회과학적 방법론이 아닌 분석심리학의 개념을 바탕으로 한 직관적 통찰에 기반을 두고 있다는 점을 먼저 알려 드린다. 이런 측면에서 이 책은 사회심리, 군중심리 분야에 포함된다고도 볼 수 있다. 하지만 내가 의도한 것은 단순히 심리학에 대한 탐구가 아니다. 호기롭게도 사회학과 심리학의 공통된 부분은 물론 양쪽을 모두 포괄하는 전체성에 대한 관점의 조명이다. 이는 우리 현실의 실체가 마땅히 그러하기 때문이다.

2023년 6월
최성환

Contents

서문 005

I   생각의 숲 009

II   사회의 외침 029

III 익명과 익명화 061

IV   익명의 그림자 089

V   익명의 안식 111

VI   나쁜 징후 133

VII 익명에서 상식으로 159

VIII 상식의 본질 175

IX   상식과 현실 193

X   상식과 신념 217

XI   마음에서 이념으로 231

XII 이념의 지도 253

XIII 개인과 사회 267

XIV 다시 생각의 숲으로 293

맺음말 310 참고문헌 312

익명과 상식에 관하여

I

생각의 숲

생각은 행위를 규정한다. 인류는 생각의 기능과 생각에 대하여 다시 생각하는 능력을 점차 발전시켜 왔으며, 이제는 무엇보다 복잡한 사고구조를 갖추게 되었다. 하지만 행위를 규정하는 생각 자체를 행위의 모든 비밀을 푸는 열쇠로 볼 수는 없다. 생각 역시 그 기원에 대해 탐구되어야 한다는 점과 인간 행위에 영향을 미치는 수많은 것들 중에는 생각이라는 개념을 뛰어넘는 것이 있다는 생각이야말로 진실에 가까울 것이기 때문이다. 그럼에도 생각은 인간의 특성을 고민하는 데 있어 가장 첫 번째 탐구의 대상이 되어야 한다. 인간의 행위는 생각의 움직임이라 봐도 무방할 정도로 밀접하게 연결되어 있기 때문이다. 다행히 우리는 생각의 형태와 구성과는 크게 상관없이 대체로 정확하게 생각을 인지할 수 있다. 이로써 인식과 행위보다 언제나 앞서 있는 생각 그 방식은 의지를 발현시키는 통로가 되어 행동의 시작을 알리고, 외부세계를 인식하는 데 있어 감각적 오류를 보정하는 역할을 수행하여 인지체계가 그 대상을 꽤 정확하게 받아들이도록 기능할 수 있게 하는 것이다.

생각과 행동의 차이는 수백, 수천만의 사람들이 다양한 생활 방식을 영위할 수 있도록 하는 삶의 기본 바탕이 된다. 생각의 차이가 만들어 내는 행동들이란 인간의 외형적 차이들을 압도하는 것인데, 이런 '생각과 행동 기제'는 의식의 순간 작동하기도 하고 의식하지 못한 단계에서도 자연스레 드러나기도 한다. 이는 생각이 의식 안에서만 발생하는 것이 아닌 의식과 무의식 사이 중간 어디서인가 만들어진다는 것을 의미한다. 무의식의 영역에 전적으로 포함되는 꿈의 성격과는 다르게 생각은 일부분만이 무의식적 영역을 점유할 뿐이다. 생각 중 구체적이고 명료한 것은 우리 생활의 일상적 언어나 문자로 구현되고, 이런 생각은 인간이 생각하는 능동적인 주체라 여겨지게끔 한다. 언어란 누군가에게 의사를 표현하는 기본적인 수단이면서, 의식적인 노력을 통해 사용 능력을 발전시킬 수도 있는 것이다. 이런 언어의 성격이 생각하는 것에 반영되고, 우리가 언어를 통해 생각한다는 이유로 말하는 것과 생각하는 것을 어느 정도 동일시하기도 한다. 하지만 수많은 생각 중 많은 것들이 언어나 문자로 구현되지 않을 뿐 아니라, 자신도 모르게 불현듯 떠오르는 경우도 많다는 것을 경험적으로 알 수 있을 것이다. 언어의 기술적 활용은 수많은 생각들 중 언어를 필요로 하는 서사적 구조를 갖는 생각에 한정되는 것이며, 생각의 영역은 의식과 무의식을 가리지 않는 것처럼 언어의 범위도 훌쩍 뛰어넘는다. 자신의 유년 시절을 떠올려 보라. 어린 시절 함께했던 사람들과 장소들이 흑백필름 돌아가듯 머릿속에 그려질 것이다. 이렇게 기억에 관련된 생각들 대부분은 언어로 표현되지 않는다. 어쩌면 어린 시절 자주 듣던 노래나 부모님의 목소리가 언어로 형상화되어 들릴 수도 있겠지만, 많은 생각들은 머릿속을 가득 메우며 차오르는 다양한 이미지와 영상들로 구성된다. 인간의 머릿속을 차지하는 생각은 특별히 의식하지 않더라도 특정 상황이나 사물, 어떤 대상이든 연상되어 스스로 그 모습을 드러낼 수 있는 것이다.

우리 머릿속의 생각은 능동적으로 떠올리는 것과 자연스레 떠오르는 것으로 구분할 수 있다. 떠오르는 생각이란 우리의 내면 어딘가로부터 주어지는 것이다. 그 생각은 유년 시절에 대한 생각처럼 과거의 추억으로부터 연유했을 수도 있다. 하지만 의식이 아닌 무의식의 영역에서 피어오르는 생각이 어디에서 비롯된 것인지 파악하기란 쉽지 않다. 일상에서 문득 떠오른 생각에 잠시 빠질 때면 우리는 그것이 어디서 기원했는지 크게 개의치 않는 경우가 다반사다. 그 생각은 곧바로 나의 생각이라는 하나의 범주에 포함되어 버리기 때문이다. 이런 무의식의 참여는 인간이 자신의 모든 생각과 행동의 주인으로서 행세하기 어렵게 만드는 이유가 된다. 그리고 이런 성격은 행위에도 그대로 전달된다. 물론 과거의 추억을 떠오르게 하는 무의식적 작용은 신체적 행위에 큰 영향을 미치지는 않는다고 할 수 있지만, 떠오르는 생각으로 인한 충동적 행위를 의식적으로 자제하기 쉽지 않은 경우도 충분히 발생할 수 있다. 특히 생각과는 완전히 동떨어져 반응하는 신경의 자율반사작용은 모든 신체적 운동이 능동적인 의지를 갖는 것은 아니라고 할 수 있는 대표적인 사례다.

익명과 상식에 관하여

인간의 생각이 행동으로 이어지는 과정은 울창한 나무가 빼곡한 생각의 숲 한가운데에서 길을 찾아가는 과정과 비슷하다. 많은 사람이 하나의 사실을 완전하게 동일한 내용이나 동일한 형태로 생각할 수 없는 것은 생각의 숲의 지형과 모양이 사람의 숫자만큼이나 다양함을 의미한다. 이는 각 개인들의 생각의 숲에 영향을 미치는 요인들이 특정할 수 없을 만큼 많기 때문인데, 외부·환경적인 요인만으로도 너무 많아 어디부터 어디까지 적용해야 할지 판단하기 쉽지 않다. 그런데 그 사람의 타고난 성질까지 고려한다면, 누가 동일한 생각의 틀을 갖는다고 할 수 있겠는가? 그리고 우리에게 주어지는 기질적이고 환경적인 최초의 요인들은 생각의 주체인 한 인간이 결정할 수 없는 것이기에 생각의 숲은 본인이 의식적이고 능동적으로 창조한 것들이 아닌, 수많은 요인들의 작용으로 어지럽고 복잡하게 만들어진 정돈되지 않은 세계인 것이다. 생각의 숲은 시간의 흐름에 맞춰 변화하기도 하지만, 가끔은 시간의 경계를 뛰어넘는 것처럼 보이기도 한다. 경계를 뛰어넘는다는 것은 시간의 의미 자체를 없애 버리는 것을 말한다. 우리의 사고능력은 시간적 제약에 구속되므로 생각의 숲은 인간의 사고를 초월하는 것이라 할 수도 있다. 행동 이전의 생각과 생각의 숲에 대해 조금만이라도 숙고한다면, 세상 어디에도 동일한 인간은 없다는 것이 사실에 가까울 것이다. 유전정보가 동일한 일란성 쌍둥이 역시 마찬가지다. 수많은 쌍둥이 연구 사례에서 비슷한 성격적 경향을 말하고는 있지만, 환경의 차이로 발생하는 생각의 차이만큼은 없을 수는 없다. 이런 의미로 모든 개인은 유일무이한 존재이며, 모든 개인은 하나의 세계인 것이다. 그런데도 우리는 언제나 의문을 갖게 된다. 사람의 기질과 환경적 요인에 따른 생각과 행동은 다른 특성을 보일 것임에도, 현대 자본주의 사회에서 사람들의 생각과 행동 심지어 삶의 방식과 가치관은 유사하다 못해 똑같지 않은가? 수많은 사람이 비슷한 생각과 행동을 할 수밖에 없는 것에는 무슨 이유가 있는가?

  능동적으로 보이는 생각들과 시도 때도 없이 쏟아지는 생각의 이미지에 영향을 미치는 생각의 숲은 사람들마다 모두 다르겠지만, 그럼에도 사람들의 가치 지향점이 점점 비슷해지는 이유는 공동의 생활 방식을 서로 공유하며 살아가기 때문이라 할 수 있을 것이다. '사람 사는 건 다 똑같다.'라는 흔한 말도 사람들이란 각자의 본질이 다름에도 비슷한 현실에서 비슷한 어려움과 즐거움을 느끼며 살아간다는 의미다. 인간들은 지구가 제공하는 비슷한 자연 환경 아래 살고 있으며, 비슷한 영양분들을 섭취한다. 특히 공동생활을 할 수밖에 없는 사회적 인간에게 공동체의 규범은 비슷한 생활양식을 강제로 영위하게 만드는 것이기도 하다. 이런 다양한 공동의 양식으로 지탱되는 인간은 서로 대화하고, 교류하고, 밀접한 관계를 맺기에 생각의 숲의 전체적인 모양만큼은 비슷해진다고 할 수 있다. 더군다나 일생에 거친 사회화 과정은 사회의 개인들이 갖는 생각의 내용과 방향은 더욱 유사하게 만든다. 그렇다면 이와 같은 유사함에 있어 편차의 수준이란, 영향을 미치는 많은 요인이 개인에 따라 '얼마나 많이 적용되는가?', '어느 요인에 더 치우쳐 반응하는가?'에 따라 결정될 것이다. 우리가 여기서 주의해야 할 점은 특정 사회와 집단에서 일어나는 사람들의 생각과 행위의 유사한 경향 때문에 개개인의 특성에 대한 의미가 없거나, 매우 미약하다고 전제해서는 안 된다는 점이다. 사회와 집단은 결국 개인으로 구성되며, 사회와 집단에서 발생하는 문제의 대안이 개인적 차원에서 아무런 효과가 없다면, 그런 대안이야말로 어떤 의미도 갖지 못할 것이기 때문이다. 반대로 사회적 차원을 무시한 진단 역시 효력이 없기는 마찬가지가 될 것이다. 개인과 개인의 집단인 사회는 언제나 양쪽의 입장에서 동시에 조망되어야 한다.

사람의 생각과 행동 기제에 영향을 주는 사회·환경적 요인의 질과 양의 차이는 개인의 생각과 행동을 비롯한 결과들에 엄청난 차이를 발생시킨다. 그럼에도 다양한 사람들의 생각의 틀을 다르게 만듦과 동시에 다양한 기준에 맞춰 범주화, 군집화의 분류가 가능하게끔 하는 결정적 요인 역시 한 사회의 거대한 구조에서 세밀하게 쪼개지는 구조에 이르기까지 크고 작은 영향을 미치는 사회·환경적 요인이라 할 수 있다. 각 집단의 공통된 환경은 다시 생각의 숲 지형을 변형시키는 요인으로 작용하여, 한 명의 고유한 사람이 아닌 집단에 최적화된 사람무리들을 생산하는 사회적 양태는 점차 강화되는 것이다. 이런 양태의 범람은 자본주의와 결합하여 소비자 계층 발굴을 위한 마케팅 기술의 진화와 상응하게 된다. 한 인간의 독창성이란 외형적인 의미에 국한될 뿐 아니라 유행이라는 심리에 좌우되며, 많은 사람들은 자본 권력이 원하는 바와 같이 소비자의 이름으로 군집화되는 것이다. 자본주의 사회에서는 소비자 역시 최선의 선택을 추구할 권리를 부여받고, 개인들은 시장에 충성을 바치며 소비자의 역할을 능동적이고 경쟁적으로 수행하게 된다. 이것이 너무 단순하게 도식화된 생각이라든가, 구시대적인 발상이라는 반론도 당연히 있을 것이다. 넘쳐나는 SNS를 보아라. 비록 유행이라는 것이 있긴 하지만, 얼마나 개성 넘치는 세상이 아닌가? 하지만 우리는 현대 자본주의 사회를 조금 떨어져서 바라볼 필요가 있다. 우리는 흘러가는 시간에 휩쓸리지 않기 위해 잠시 제자리에 멈춰야 한다. 우리의 눈에 보이는 것은 무엇인가? 비슷한 행복 뒤에 비슷한 불행을 겪는 많은 사람들이 보이지 않는가? 그런 사람들은 어디에나 있기 마련이기에 어쩔 수 없는 일이라 치부해야 하는가? 어쩌면 이런 현상은 우리가 자유롭게 선택할 수 있음에도 삶의 다양한 것들을 스스로 제한해 버리거나, 심지어 포기하고 있으므로 발생하는 것은 아닌가? 충분히 자유롭다고 너무 쉽게 생각하는 바람에, 그 자체가 오히려 자유를 제한해 버리는 끔찍한 이야기가 우리에게 일어나지 말라는 법이 있는가?

생각이 아닌 행동의 자유를 제한하는 것은 우리 주변에서 흔하게 찾아볼 수 있다. 인간 신체의 움직임이야말로 가시적으로 명확하게 확인할 수 있으며, 그 행위에 의한 결과도 마찬가지다. 타인에게 상해를 입히는 행위나 타인의 재물을 파괴하는 행위가 공동체의 안녕을 위해 반드시 제재되어야 함은 구성원 간 쉽게 합의되며, 이는 현대 자유주의 가치가 표방하는 것처럼 타인의 자유를 침해하는 방종한 행위가 제한되는 것은 자신의 자유 역시 타인으로부터 보장받기 위함이기 때문이다. 아무리 자유롭다고 하더라도 공동 합의된 선을 넘는 방종한 몸짓은 공동체의 규율로 금지되는 것이다. 물론 과실이 다수에게 발생하여 책임의 크기를 나눠야 한다거나, 과실 자체가 판단하기 어려운 경우에는 논쟁이 발생하기 마련이지만, 그럼에도 행동의 자유를 제한하는 것은 법으로 명문화되어 명확한 실체를 갖는다. 그 자체가 불완전할지라도 말이다. 그렇다면 행동 이전, 생각의 자유를 제한하는 것은 무엇인가? 이 질문은 생각의 자유를 제한하는 어떤 명시적인 것도 없다는 것만 봐도 중요한 것임을 알 수 있다. 우리는 특정 사람에 대해 어떤 생각을 갖는다 할지라도 그 사람에게 아무런 영향도 끼치지 못한다. 즉, 글이나 말을 포함한 수단을 통해 생각을 타인에게 전달하는 행위를 하지 않는다면, 생각 자체만으로는 어떤 제재도 받지 않는 것이다. 물론 누군가는 그 행위보다는 그 행위를 촉발한 생각에 더 큰 책임을 물어야 한다고 주장할 수도 있다. 하지만 언제나 명확하게 판단 가능한 것은 행위이며, 추정과 추론을 통한 생각의 파악은 정확할 수 없다. 추상적인 생각의 구체적인 파악은 매우 어려운 작업이기에, 현실에서는 특정 행위만이 금지항목의 대상에 오르게 된다. 타인에게 직접적인 영향을 미칠 수 없는 생각 그 자체는 어떤 제약도 없고 자유로운 것이다.

생각이 행위를 규정한다는 사실은 정신과 신체의 관계가 사실상 하나로 느껴질 만큼 밀접하게 연결되어 있다는 것을 다른 의미로 보여 주는 것이기도 하다. 생각이 그 주체에게 매우 큰 정신적·신체적인 영향을 미치는 것은 비단 생각이 행위로 완결되지 않더라도 얼마든지 가능한 일이기도 한데, 심리 장애의 경우를 보면 쉽게 알 수 있다. 내면으로부터 일어나는 우울한 생각이 지속된다거나, 특정 생각이 끊이지 않고 과도하게 머릿속을 맴돈다면 일상생활을 쉽게 이어 나갈 수 없게 된다. 이런 상황이 계속된다면 스스로 신체를 상하게 하는 행위까지도 이어질 수 있다. 물론 극단적인 경우가 아니더라도 생각은 행위와 상관없이 얼마든지 자신의 신체에 영향을 줄 수 있으며, 그 영향은 생각보다 심각해질 수 있는 것이다. 반대로 긍정적인 자기암시를 위해 좋은 추억거리를 떠올리거나, 희망으로 가득 찬 미래의 계획을 세울 수도 있다. 긍정적인 영향 역시 너무 과하면 문제가 되지만, 때로는 자기 자신을 어느 정도 기만할 필요가 있는 것이다. 타인을 위해 행동을 조심해야 한다면, 우리는 자신을 위해 생각을 조심해야 한다. 타인의 행동이 우리에게 직접적인 영향을 줄 수 있는 것만큼이나 우리의 생각은 우리에게 직접적인 영향을 미치기에, 우리는 생각의 성격을 규명할 필요가 생긴다. 하지만 생각의 본질 자체를 바로 파악하는 것은 매우 어려운 것으로, 좀 더 돌아가더라도 생각의 한계를 먼저 살펴봐야 할 것이다.

'생각의 나래를 펼치다.'라는 말이 있듯 생각은 한 마리의 나비처럼 자유롭게 유영하는 것 같다. 하지만 '생각이 많다.'는 뉘앙스가 부정적인 의미를 갖고 있는 것처럼, 오늘날 우리는 생각의 자유로운 확장보다는 생각을 비우기 위해 더욱 노력하는 것처럼 보인다. 그렇다면 생각을 비워야 한다는 하는 생각은 무슨 생각일까? 비운다는 것은 비운다는 생각으로 생각을 채우는 것인가? 아니면 생각 자체를 회피한다는 것인가? 그것은 우리가 평소 상상력의 한계라고 표현하는 것처럼, 생각의 지평을 넓히지 못함을 인정하는 것은 아닐까?

현대인은 너무 많은 생각의 무게에서 가벼워지길 원한다. 특정 대상에 온 신경을 집중하여 생각들을 잠시나마 줄일 수 있는 명상은 현대인에게 권장되는 대표적인 수양 방법이다. 하지만 생각을 비우는 명상만으로 모든 문제를 해결할 수는 없다. 우리는 결국 현실의 문제와 현실의 생각과 함께 살아가야 하기 때문이다. 그렇기에 우리는 되돌아와야 하며, 다음의 질문에 답을 구해야 한다. '한계 지어진 생각은 우리의 능력이 부족하기 때문인가?' 아니면 '알 수 없는 어떤 것이 생각의 방향과 깊이를 제한하기 때문인가?', '육체적 행위를 법이 제한하는 것처럼, 생각의 자유를 제한하는 무엇이 있는가?' 이런 질문은 보이는 것에만 너무 익숙한 물질문명을 살아가는 우리에게는 다소 어색하게 느껴질 수 있다. 그럼에도 우리는 질문이라는 길을 따라 생각의 끝, 암흑 속에 무엇이 있는지 찾아봐야만 한다. 자유로운 몸짓이 타인의 자유로운 행위를 방해하면 안 되는 것과는 다르게, 자유로운 생각이란 타인에 속한 어떤 것도 방해하지 않기 때문이다. 우리는 생각이라는 강한 무기를 충분히 활용해야만 한다.

생각을 제한한다는 것은 특정 사안 자체나 특정 사안에 대한 생각의 흐름을 무엇인가가 막는다는 의미로 볼 수 있다. 이는 생각의 숲속의 길들을 막고 있는 장애물이 산적해 있다는 것이며, 생각의 숲에서 어렵게 길을 찾아가다가 어느 순간 맞닥뜨린 거대한 바위 때문에 더 이상 나아갈 수 없게 되는 상황을 말한다. 우리의 생각은 이어지지 못한 채 멈춰버리고, 어쩔 수 없이 다른 길을 찾기 위해 발걸음을 돌리고 마는 것이다. 그렇다면 생각의 길을 막아 버린 바위는 무엇인가? 생각의 숲 모든 것은 자신의 정신과 신체로부터 파생되는 것이지만, 정신이란 한 개인의 것만으로 완성되는 것이 아니다. 다른 말로, 발현되는 수많은 생각과 감정의 결과 그 자체는 우리 자신의 것이라 할 수 있어도 우리는 사회를 벗어나 살 수 없는 만큼 사회의 영향 아래 놓여 있기에, 우리 자신은 온전히 자신만일 수 없는 것이다. 우리 내면을 채우는 생각과 감정 역시 이와 마찬가지다. 결국 생각의 숲에 산재해 있는 바위들이란 우리에게 정신적인 영향을 미치는 외부·환경적 어려움을 상징하는 것들이며, 이런 장애물들은 우리가 생각을 이어가는 것을 방해할 뿐만 아니라 기어이 중지시키기도 한다. 하지만 생각의 제한은 이런 단순한 방법을 통해서만 전개되지는 않는다. 생각의 길을 직접 막는 것보다 새로운 생각의 길을 열어 주면서 생각을 제한하는 것이 더욱 효과적이기 때문이다. 우리 머릿속에서 요동치는 생각은 사방으로 뻗어나가는 거대한 나무의 가지들 모양처럼 수많은 가능성의 길을 가지고 있지만, 선택되지 않도록 유도된 생각들은 다른 생각이 선택됨으로써 자연스레 배제되는 것이다. 이로써 확실하게 보이는 생각의 길을 나타내는 표지 또한 장애물과 다름없이 생각을 제한하는 역할을 하게 된다.

생각의 장애물들이 그 주체에게 답답함과 불안을 제공하는 반면, 길임을 확실히 알려주는 표지는 길을 절대 잃지 않을 거라는 믿음과 안도를 준다. 우리는 이런 생각의 길을 쉽게 찾을 수 있으며, 그 길을 걷는 결정 또한 쉽게 할 수 있다. 이런 과정은 일상적이고 자연스럽게 이뤄진다. 생각의 숲에서 길을 찾아 헤매는 우리는 결국 생각을 제한하는 암흑을 마주치기보다는 우리에게 길이라는 믿음을 주는 표지만을 바라보며 걷게 되는 것이다. 인간은 감정적 소모를 최소화하고, 심리적 안정을 추구하는 생각과 행동을 선택하도록 만들어졌으며 그렇게 진화해 왔다. 안정을 제공하는 선택에 대한 결정의 과정은 어떤 갈등도 불러오지 않는 법이다. 그러나 쉬운 선택이 언제나 감당하기 쉬운 결과만을 불러온다고 착각해서는 안 된다. 안정 뒤에는 항상 불안이 있기 때문이다.

'생각을 제한하는 것은 무엇인가?'라는 질문으로 다시 돌아오

자. 이 질문의 답은 이 책의 핵심이 될 것이다. 우리가 만약 생각을 제한하는 것이 무엇인지 알 수 있다면, 그 무엇에 대항할 수 있다면, 생각의 지평을 조금이라도 넓힐 수 있지 않겠는가? 우리에게 주어진 생각의 숲에서 길을 나타내는 표지는 우리가 피부를 직접 맞대고 살아가는 지금의 현실을 반영하는 것이며, 이런 현실 속의 환경이 제공하는 수많은 요인은 생각의 숲의 지형을 마음대로 휘저어 수만 가지 생각을 떠오르게 만드는 것이다. '이런 외부 요인이 과연 얼마나 영향력을 갖느냐?'에 대해서는 많은 견해가 있지만, 태생적으로 타고난 기질적 기반 위에 환경적 요인이 큰 영향을 미치는 것은 아무도 부정할 수 없는 사실이다. (큰 영향이란 최소한의 일상적 생활을 이어 나가지 못할 정도를 의미한다.) 이 질문은 인간이 유전자의 노예인지 아니면 환경의 노예인지 묻는 것과도 같다. 하지만 우리는 사실을 제대로 파악하는 데 있어 적정한 균형감을 가져야 한다. 인간은 전적으로 유전자의 영향 아래 있지도 않을뿐더러, 전적으로 환경의 영향 아래 있지도 않기 때문이다. 인간이 노예처럼 살 가능성이 있다고 한들, 노예는 절대 아닌 것이다.

무작위로 떠오르는 생각은 심리 장애와 같이 괴로운 정신적 상태를 만들기도 하고, 과거의 짜릿하고 즐거웠던 생각으로 꽤 안정적이거나 흥분된 정신적 상태를 만들기도 한다. 그렇다면 그 중간 지대에는 무엇이 있을까? 우울과 즐거움의 중간, 여러 감정이 교차하기에 오히려 무감각하다고 표현해도 이상하지 않은 긴장의 중간 지대에는 미래에 대한 불안이 자리 잡고 있다. 불안의 감정은 명확하지 않음에서 기인하는데, 어떤 대상이나 환경이 좋은 것일지 나쁜 것일지 알 수 없는, 예상 가능성이 담보되지 못한 상황에 처할 때 느껴지는 복잡한 심경을 우리는 불안이라 부른다. 이 세상에서는 실로 확실한 것이란 없음으로 기본적으로 우리는 불안과 친숙하며, 그럴 수밖에 없다. 우리와 불안과의 관계는 숙명적이다. 생각의 영역에 이런 불안이 차지하는 비중이 큰 것은 의심할 여지없이 미래의 위험에 대비하기 위한 것이며, 생명을 위협하는 구체적인 위험 대부분은 외부에 존재하는 것이므로 생각의 숲은 외부 환경에 초점이 맞춰지게 된다. 인간은 정신적이고 동시에 물질적인 존재이며, 외부 세계 역시 마찬가지다. 인간은 다양한 물질로 이루어진 외부 세계에 신체적·물질적 안위를 크게 의존하고 있기에, 외부 세계에서 유발된 불안은 개인의 정신을 압도할 정도로 커질 수 있다. 역설적이게도 이런 불안의 뒷면은 쾌락에 대한 욕구로 이루어져 있는데, 이 욕구 역시 외부 세계의 쾌락을 주시하고 있다. 불안과 쾌락에 대한 욕구는 서로 배제하다가도, 상보적으로 작용한다. 외부 세계는 우리에게 위험을 가함과 동시에 유혹하고, 보호를 자처하며 인정을 베풀면서도, 사회적 가치를 지향하며 우리를 조용히 복속시킨다. 인간은 자신의 책무를 어렴풋하게나마 느끼지만, 결국 존재의 목적과 이유를 정확히 알 수 없는 상태로 이 세계를 유영하게 된다. 우리는 생각하고, 생각에 이끌리고, 떠오르는 생각대로 생각하며, 눈앞에 보이는 땅에

쉼 없이 발을 내디디며, 넘어지지 않는 것에만 모든 신경을 집중하고 있을 뿐이다.

우리에게 무슨 생각이 만들어지는지 알아보기 위해서는, 우리가 어떤 사회에서 살아가는지 알아야 하는 것은 필수적이다. 한 개인의 생각에 있어 외부 환경의 영향력은 이루 말할 수 없을 정도로 크기 때문이다. 우리는 어떤 사회에 속해 있는가? '어떤'이라 함은 단순한 사회의 이름을 말하는 것이 아니라, 그 사회가 가장 중요시하는 것과 멸시하는 것이 무엇인지를 규정한 후에야 대략적으로나마 정의할 수 있는 것이다. 가령 국민주권 가치를 가장 지향하면서 독재 권력을 경계한다면 민주주의 사회의 특성을 가진다고 할 수 있으며, 사유재산과 자유경쟁시장 체제를 가장 지향하면 자본주의 특성을 가진 사회이며, 반대로 재산 공유를 통한 물질적 평등을 가장 지향한다면 공산주의 특성을 가진 사회라 할 수 있다. 그리고 전체라는 집단이 어떤 가치보다 우월하여 어떤 분할도 용납하지 않는다면 전체주의 특성을 가진 사회인 것이다. 또한 이데올로기 자체를 배격하는 것이 가장 우월한 가치인 사회도 있을 것이다. 이렇게 특정 가치가 절대적 우위를 점하는 각 사회의 구성원들은 대체로 그 사회의 가치를 추종하는 생각을 외부·환경적 요인의 영향으로 자연스럽게 받아들이게 된다. 이렇게 만들어진 혹은 주입된 생각에서 이어지는 행동들은 다시 그 생각을 강화하는 역할을 수행하는데, 이런 흐름은 쉴 새 없이 상호

교호적으로 작용하는 사람들 간의 관계로 이뤄진다. 수많은 사람들의 비슷한 생각이 거대화됨과 동시에 행위들이 촉발되어 큰 영향력을 갖게 되면, 그 생각은 점차 사상으로 발전하는 것이다. 그렇다고 하나의 사상이 한 사회의 모든 정신을 잠식하지는 못한다. 어떤 사상이든 그에 대한 반동 작용이 있기 마련이기 때문이다.(생각의 반동 작용이 마치 신체의 자율반사작용과 유사하다는 점은 매우 흥미로운 지점이다.) 다수를 차지하는 사상은 반동하는 소수의 생각들의 영향으로 어느 정도 교정되는데, 물론 이런 대치의 과정 속에서 사회를 지배하는 주요 사상의 교체는 공동체의 안전을 위협하는 변혁을 수반하기도 한다. 사회는 시대의 목소리를 절대 흘려듣지 않고, 마치 한 인간이 성장하듯 조금씩 진보하며 변화해 간다. 사회에게 정체된 시간이란 없으며, 매 순간 어떤 방향이든지 구성원들과 상호적 영향을 주고받는 것이다. 물론 진보의 방향이란 사회의 지향점이 정하는 것으로, 지향점에 순응하지 않는 사람의 입장에서는 퇴보하는 것으로 보일 수도 있다.

한국은 말할 필요 없이 민주주의와 자본주의 두 가치가 지배하고 있다. 누군가는 민주주의와 자본주의를 나열한 순서에 불만을 품을지도 모르겠다. 우리가 살아가는 사회의 자본주의는 매우 고도화되어 있기 때문이다. 자본주의는 비단 한국만이 아니라 세계적으로 인간 고유의 특성, 개성, 가치를 희석시키고, 그 기준까지 바꿔 버리고 있다. 자본주의는 인간의 삶의 순수한 목표를 자본 그 자체로 대치시켜, 삶의 은은한 행복과 만족감이 자본의 뒤를 쫓아가게끔 만들어 버렸다. 그리고 자본주의의 화려한 승리의 뒷면에 과잉생산과 불평등 확대, 환경파괴를 포함한 수많은 문제들이 산적하게 되었다. 그럼에도 어떤 이념보다 비교우위를 갖는 효율성이라는 무기로 우리 생활양식의 물질적 수준을 비교할 수 없을 정도로 향상시킨 것은 틀림없는 자본주의의 공로라고 할 수 있으며, 거대 자본의 힘이 없었다면 불가능했을 과학·의료기술의 발달이라는 성과는 누구도 부인할 수 없는 것이기도 하다.

 물질문명의 기술적 수준을 높임과 동시에 많은 것들을 파괴한 고도화된 자본주의 사회를 살아가는 우리는 생각의 숲에서 당연히 걸어야 한다고 생각되는 길을 걷는다. 우리에게 '많은 돈을 벌어야 한다.', '경쟁에서 반드시 이겨야 한다.'는 생각은 너무 자연스럽게 떠오른다. 이는 다시 생각해 봐도 틀린 말이 아니며 전적으로 옳은 것이다. '성공해야 한다.'는 생각은 이제 우리 시대의 보편적 진리로 자리 잡은 것 같다. 혹자는 어떤 시대건 인간의 생존 본능으로 발현된 경쟁 심리는 자연적으로 타고나는 것이라 주장하였고, 지금은 당연한 것으로 여겨지고 있다. 하지만 어떤 사상이든 그 당위성을 설명하기 위해 사용되는 '자연태생적이라는' 논리는 가장 흔한 진부한 방법이다. 모두가 알고 있는 것처럼 공동생활을 통해 지금까지 생존과 번영에 성공한 인류에게 있어 동족 간 경쟁본능이라는 것이 순전히 자연적으로 타고나는 것일까? 만에 하나 유전적 자질에 의해 '경쟁에서 이겨야 한다.'는 심리의 강도가 사람마다 다르게 적용된다고 하더라도, 놀라운 점은 우리 대부분이 이런 생각 자체를 너무 당연하게 받아들일 뿐 아니라, 매우 강하게 믿는다는 데 있다. 이에 대한 이유는 외부 위험에 대비하기 위한 심리적 반응 기제로 해석하는 것이 합리적이고 타당하지만, 우리가 간과하지 않고 지켜봐야 하는 지점은 이런 생각 혹은 믿음의 효용은 한 인간을 사회에 충실히 봉사하도록 만드는 역할을 한다는 것이다.

'한 사회가 구성원의 생각에 영향을 미치고 그 사회에 잘 적응하도록 만드는 것이 과연 잘못된 것인가?'는 새로운 문제이다. 만약 잘못된 것이 아니라 좋은 것이고 장려되어야 한다면 우리는 이런 '사회-생각-행동'의 연결을 더 견고히 하기 위해 이 사안을 깊이 살펴봐야 할 것이고, 전적으로 인간 생각을 한계 짓는 나쁜 것이라면 반대로 위 연결을 좀 더 느슨하게 만들거나, 인간의 완벽한 자유로운 생각을 위해 그 연결을 끊어 버리기 위한 방향으로 이 사안을 연구해야 할 것이다. 하지만 이런 유형의 문제는 언제나 그렇듯 양쪽 모두에 답이 있다. 나쁜 것과 좋은 것은 항상 동시에 있기에, 나쁜 영향은 최소화하고 좋은 영향은 최대화하는 것은 매우 간단하고 현명한 전략이다. 그렇다면 우리가 가장 먼저 질문해야 하는 것은 '사회·환경요인이 어떤 방법으로 생각의 숲 지형에 영향을 미치는가?'이다. 그 방법의 이해로부터 생각의 숲에서 새로운 길을 찾을 수 있는 실마리를 손에 쥘 수 있을 것이다. 새로운 길을 걷는다는 것은 인류가 한 번도 가지 않았던 미지의 세계로 이행한다는 거창한 의미가 아니다. 우리에게는 단지 아주 작은 변화를 만들어 낼 여지와 이런 작은 변화가 종국에 가서는 사회가 변화하는 양상에까지 영향을 미칠 수 있다는 작지만 강한 믿음이 필요할 뿐이다.

　　　　　　　　　　　　　　　　　익명과 상식에 관하여

II

사회의 외침

우리는 수많은 생각들의 향연 속에서 누군가의 외침을 듣게 된다. 이 외침을 통해 꽤 구체적인 의미가 전달되는 경우도 있지만, 상징적인 이미지의 형태로 그 의미가 넌지시 전달되는 경우가 더 일반적이다. 다른 현상이나 사물에 빗대어 비유적으로 표현되는 경우도 많다. 끊임없이 파생되는 생각의 연상 작용은 무의식의 바다에서 떠오르는 이미지만큼이나 추상적이지만 상징적이고, 서사는 없으나 대칭적이고, 분열적이지만 충분한 내용을 담고 있기에 밀려오는 생각의 파도를 통해 감정들을 느끼는 데에는 무리가 없다. 물론 이 감정을 구체적이고 정확하게 파악하기란 매우 어렵지만 말이다. 우리는 때때로 유발되는 불안과 걱정을, 안정과 안식을 느낄 수 있을 뿐이다. 이렇게 복잡하고 불명확한 감정의 상태를 일상의 초조함이라고 표현할 수 있다. 감정의 대상은 분명히 있지만 명료하게 인식되지 않기에, 그것의 의미도 제대로 알 수 없다. 마치 짙은 안개 속에서 운전하는 것과 다를 바 없는 것이다. 이런 초조함을 형성하는 대표적인 감정, 불안의 기원은 이 세계의 어떤 것도 확신할 수 없는 '불확실성'에 있다. 우리가 직접 만질 수 있는 외부의 실체적 물질 역시 감각적 한계에 갇히게 되는데, 하물며 체감할 수 없는 미래는 얼마나 큰 불안의 원천이 되겠는가?

만약 인간에게 명확하게 인지할 수 없는 미지의 것이 전혀 없다면, 불안은 존재할 수 없을 것이다.(신은 전지전능하시기에 불안을 알 수 없다는 것은 흥미로운 역설이다. 물론 이는 인간의 사고에 한정된 생각이다.)

　불안이라는 감정과는 정반대인 안식이 언제나 불안과 함께 느껴진다는 것은 선뜻 이해되지 않는다. 하지만 불안과 안식은 한쪽이 없으면 성립되지 않는 서로의 필요조건이자 양가적 감정이다. 우리가 일상에서 느끼는 불안에 매몰되지 않고, 일상적인 생활을 이어 나갈 수 있는 것도 안식이라는 감정의 도움이 있기 때문이다. 어떤 대상에 대한 안식이든 불안을 동반하지 않는 것은 없다. 감정은 고정되지 않고 지속적으로 흔들리고 움직인다. 느껴지지 못한 감정은 없는 것이라 여겨지기 쉽지만, 그것은 사실이 아니다. 대게 그런 감정은 존재함에도 불구하고 다른 감정의 강한 호소로 인해 묻혀 버리고 말기에 그렇다. 우리는 매 순간 우세한 감정만을 주로 느끼기에 수반되는 다른 감정들을 놓치기 쉽다. 이런 감정의 대표적인 것이 바로 특정 감정과 짝을 이루는 양가적 감정이다. 그렇기에 우리가 특정 상황에서 안도의 감정으로 편안한 상태에 놓여 있다 하더라도, 그 안식의 뒷면에 불안이 자리 잡고 있음을 잊으면 안 된다. 그리고 이런 불안과 안식의 감정은 자기 자신이 아닌 누군가의, 사회의 외침에 의해서도 얼마든지 불러일으켜질 수 있는 것이다.

　이 외침의 근원은 다름 아닌 우리의 생활 터전인 사회이며, 사회란 우리 생활양식을 결정짓는 모든 정신적, 물질적 토대를 포함하는 현실이다. 이런 사회 기반들은 인간관계의 양상들 속에서 발생하는 것이며, 사회 기반들은 다시 각종 질서와 규율에 영향을 미치며 인간관계를 재규정한다. 그리고 사회의 목소리는 우리의 행위를 촉발시키는 생각에 지속적으로 암시를 보낸다. 우리의 무의식은 사회의 외침, 암시에 지속적으로 노출되고 있는 것이다. 명확한 의미의 외침은 의식적으로 대처할 수 있지만, 전하고자 하는 것을 간접적인 방식으로 은근히 내비치는 암시에 대한 의식의 효용은 거의 없다.

사회·환경요인이 우리에게 영향을 미치는 방법은 일차적으로 암시를 통해 감정적인 판단을 유도하는 것이다. 감정의 분류는 매우 다양하지만 가장 근본적인 감정이란, '긍정' 혹은 '부정'을 직관적으로 판단하는 것이라 할 수 있다. 직관적 판단은 사고 과정 없이 순간적으로 대상을 통찰하여 뚫어보는 인간 고유의 능력으로 근본적 감정과 맞닿아 있으며, 근본적 감정의 판단은 많은 것을 포괄하지만, 기본적으로 '감정을 느끼는 주체의 욕구에 부응하느냐?, 그렇지 못하느냐?'에 의해 결정된다. 즉, 사회의 외침이 감정적 판단에 영향을 미친다는 것은 그 외침에 우리가 욕망해야 할 욕구들이 포함되어 있다는 것을 의미한다. 그리고 그에 반응하여 '좋다', '나쁘다'와 같은 가장 근본적인 감정이 만들어진다. 감정이 결정되는 속도는 너무나 빠르기에, 그 판단의 결과를 우리는

'느낀다.' 감정이라는 것을 느낀 후에야 그 이유를 찾게 되는 경우가 허다한 것은 근본적 감정의 속도 때문이다. 이렇게 빠른 감정의 속도야말로 인간 생존의 강력한 무기가 되었음이 틀림없다. 하지만 인간이 하나둘 모이기 시작하고 점차 거대 무리를 이루면서, 원초적인 판단 능력인 감정의 날카로움은 조금씩 무뎌졌다. 인간의 인지능력은 위대하면서도 한편으로는 별 볼 일 없어서, '좋다'는 것을 생각하려는 경향성이 좋음의 대상을 결국 '옳은 것'으로 굳어지게 만들었기 때문이다. 논리적으로 좋다는 것이 옳음의 충분한 이유가 될 수 없는데, 옳다는 것은 어디까지나 사회 구성원 간 합의를 통해 도출한 척도에 근거해야 하기 때문이다. 이런 판단의 합리적 기준은 내용에 따라 다수의 의견이 제대로 반영되어야 하는 경우도 있고, 소수 전문가들의 의견을 중심으로 반영되어야 하는 경우도 있다. 그런데도 이런 편향은 옳고 그름에 대한 판단의 척도로 다수의 동조가 결정적인 요인으로 작동하게끔 한다. 결국 이런 과정을 통해 쌓이고 쌓인 무거워진 생각은 그 생각을 발현시킬 행위들로 이어질 가능성을 높이고, 현실에서 일어나는 다발적이고 지속적인 일련의 행위들은 사회의 다양한 토대를 조금씩 변화시키는 것이다.

　사회의 암시는 감정 판단을 유도하고, 생각을 점차 확고히 만든다. 그리고 그 대상에는 사회의 구성원 전부가 포함된다. 여기서 우리가 놓쳐서 안 되는 것은 감정이란 주체의 타고난 본성의 영향보다는 사회적 지향점에 따라 '좋다', '나쁘다'가 결정된다는 점이다. '감정의 주인은 누구인가?'라는 질문의 답에 어떤 이는 구조의 노예인 인간에게 감정의 자율성이란 애초부터 없었다고 주장할 수도 있다. 물론 이것은 인간의 사고와 행동체계를 너무 단순화시켜 바라본 시각이며, 잘못된 것이다. 우리는 순환적 구도로 시작하여 만들어진 확증된 구조를 그대로 받아들여서는 안 될 것이다. 어떤 순환이든 비순환적인 시작은 반드시 있다는 것과 수많은 사람들로 구성된 특정 사회에서 어떤 사안에 대한 감정적 판단이 '좋다', '나쁘다'로 나눠질 때, 특별한 사건이 없는 가정하에서 감정적 판단은 한쪽 방향으로 치우치는 편향이 점차 강화되는 경향성을 갖는다는 점을 잊어서는 안 될 것이다. 인간은 심리적 안정을 위해 쉬운 선택을 선호하는 것과 동일하게 가치 판단이 어려운 사안에 대해 다수의 선택을 추종하여, 그 선택을 옳은 것으로 만들어 버리기 때문이다. 이런 편향의 강화는 긴 세월을 통해 만들어지기에, 이런 차이야말로 각 사회의 특성을 구별 짓는 문화적 산물로서 작동하게 되고, 문화의 상징들이 오랜 기간 축적되면 사회의 원형을 형성하게 된다. 이렇게 한 사회에서 인간의 감정이 특정한 방향으로 점차 증대된다는 것은, 개인이 느끼는 감정이란 결국 개인이 속한 사회를 대표하는 감정일 가능성이 매우 높다는 것을 의미한다. 사회 전체의 감정은 사회를 이루는 개인들의 감정으로 구성되어 있다는 것은 말할 필요도 없는 사실이지만, 모든 이의 감정은 그 자체만으로도 하나의 독립된 실체를 이루고 독자적으로 행동하며 목소리를 내는 것이다. 사회집단성의 이런 고유 특질은 구성원들에게 새로운 영향력을 행사한다는 점에서 사회란 구성원의 합보다 큰 것이며, 사회는 그 자체만의 고유한 존재 의미를 가질 수 있게 된다.

사회의 목소리는 알 수 없는 자들로부터, 밝혀지지 않은 이름들로부터 터져 나온다. 나는 이 모든 것을 '익명'이라는 용어로 함축하고자 한다. 사회의 거대한 익명은 구성원들에게 끊임없이 암시를 보내는데, 암시는 구체적인 내용을 직접적으로 전달하는 것과는 가장 거리가 먼 의미 전달의 방법이다. 암시는 모든 개인의 행동, 언어, 심지어 표정, 분위기 모든 것에 녹아 들어가 있으며, 사람을 연결시키는 모든 의사소통 방식에도 영향을 미치고 있다. 오랜 기간 지속되는 암시는 무의식에 잠재되고, 무의식화된 것들은 사라지지 않는다. 우리 행위에 영향을 미치는 불현듯 나타나는 생각들의 대부분은 암시를 통해 무의식에 잠재된 것들로부터 떠오르게 되는 것이다. 이런 '익명의 암시'야말로 사회가 개인들의 생각과 행위에 강력한 영향을 미치는 방법이자 수단이다. 익명의 암시가 존재한다는 것은 다음 세 가지 명제를 근거로 한다. '일상 속에 불안이 존재한다.', '불안은 감정이다.', '감정은 무엇으로부터의 심적 반응이다.' 우리는 이 세 가지 명제가 옳다고 인정한다. 이 명제들을 인정한다는 것은, 우리가 살아가는 세상에서는 어떤 방식이든 이유나 원인이 없다면 감정은 생기지 않는다는 것이며, 이는 감정이란 반응의 대상보다 선행할 수 없다는 것을 받아들이는 것이다. 세 가지 명제를 하나로 합치면 다음과 같다. '불안이라는 감정은 무엇에 대한 심적 반응으로 존재한다.' 그리고 이 명제에서 '반응'의 의미는 앞서 짧게 언급한 것처럼 시간적 인과관계를 포함하는 것으로, '일상 속에 불안이라는 감정이 있으며, 불안의 원인이 되는 무엇은 불안보다 먼저 실재해야 한다.'로 고쳐 쓸 수 있다. 그리고 불안은 알려진 사건이나 대상에 대응하는 것과 알려지지 않은 사건이나 대상과 대응하는 것으로 나눌 수 있으며, 알려지지 않은 것들이 개인에게 불안을 갖도록 영향을 미치는 방법을 '암시'로, 암시의 주체이자 알려지지 않은 것들을 '익명'으로 정의한다. 이것은 처음의 세 가지 명제 아래에서 항상 옳은 것이다. 하지만 불안이 특정 대상에 대한 심적 반응이 아닌 착각이나 환상이라 믿는다거나, 일상 속에 불안이라는 것이 아예 없다고 믿는 사람에게 익명의 암시가 있다는 것을 설득할 수 없으므로, 그들에게 이 책의 쓸모란 전혀 없을 것이다.

　여기서 사회가 지향하는 가치가 전달되는 수단이 익명의 암시가 아니라, 언론기사나 교육수단이라는 구체적인 방법을 통한 것이라는 반론이 제기될 것이다. 실제로 우리는 가치편향적인 언론과 교육이 국민정신에 막대한 영향을 끼쳤다고 배웠으며, 외형상 그것은 부정할 수 없는 사실이다. 하지만 익명의 암시는 언론과 교육의 효과에 선행하는 더욱 근원적인 것이다. 만약 익명의 암시가 없는 언론과 교육이 존재한다면, 그것들은 객관적인 사실을 나열하는 수준에 머물게 될 것이다. 이는 인간 공동체에서 익명의 암시는 교육이나 각종 미디어가 없더라도 작동한다는 의미다. 다른 측면에서 언론과 교육은 우리에게 각종 가치를 주입하는 암시의 최종 매개체 역할을 한다고도 볼 수 있다. 여하튼 익명의 암시 없이는 사회의 지향 가치가 구성원들에게 제대로 전달될 수 없다. 중요한 것은 선택 가능한 많은 길 중에서 우리 다수는 일방적으로 일부의 길만을 선택한다는 것과 익명의 암시로 인해 많은 이들에게 특정한 생각이 마치 전부인 것처럼 받아들여지고 있다는 점을 깨닫는 것이다.

그리고 고도화된 자본주의 사회에서 전통적인 개념을 무너뜨리기 위해 정면으로 맞서며 개념의 충돌을 일으키는, 무엇보다 시선을 사로잡는 화제성과 일시적인 강한 파급효과로 광고에서 많이 사용되는 방법이 있다. 하지만 사회의 가치 지향을 가장 효과적으로 전달하는 방법은 지속적인 암시로, 개념을 뒤엎어 의식적인 충돌을 야기하는 광고 효과는 상대적으로 작다고 할 수 있다. 사람들은 의식적 반응만으로 새로운 가치 충돌에 대해 온전히 이해하지 못하는데, 가치의 충돌이나 변화의 의미를 내면화하는 과정을 거치지 않았기 때문이다. 암시를 앞지르는 가치 충돌은 대부분의 사람들에게는 여전히 미지의 것이다. 물론 현실 세계에서 무의식적 암시와 의식적 가치 충돌은 완벽하게 분리될 수 없으며, 두 작용은 어느 정도 함께 있다.

익명이란 간단하게 이름을 숨긴다는 의미로, 좁게는 본인의 정체를 드러내지 않는 한 명의 사람에게 적용할 수 있는 개념이기도 하다. 자신을 드러내지 않는다는 익명은 익명인 사람들을 쉽게 모일 수 있도록 하고, 그들이 모이는 만큼 영향력은 증폭된다. 하나의 익명이 다수의 목소리를 대변하든가, 익명이 다수가 되는 순간 그 힘은 사회 구조를 뒤흔들 만큼 강력해질 수도 있다. 이런 힘이 비단 대규모 시위나 혁명만을 의미하는 것은 아니다. 일상 속의 거대한 익명성은 우리 곁에 항상 있지만 너무 희미하여 보이지 않는다. 자신의 존재를 숨기는 익명의 암시는 우리를 움직이게 하는 사회집단의 침묵의 명령자라는 역할을 수행하는 것이다. 이런 거대 익명의 영향력 앞에서 작은 개인은 자신의 무력감을 피할 수 없다. 자신의 힘이 별 가치 없다고 느끼는 무력감도 무의식에 잠재되기에 그 실체를 명확하게 파악하기는 힘들지만, 무기력함에 시달려 보지 않은 사람이 없다는 것을 우리는 경험적으로 알고 있지 않은가? 많은 개인들의 무력감이 우울증으로 발전하면서 사회적으로 많은 문제의 소지가 되지만, 이 문제의 원천 자체를 없앨 수는 없다. 익명이란 사회를 구성하는 사람들의 관계성이기 때문이다. 사람들을 각각 하나의 객체로 분류한다면 관계란 사라져 버릴 것이고, 인간의 특질도 나타낼 수 없게 된다. 관계성 없이는 인간 존재를 분석하기는커녕, 표현조차 할 수 없는 것이다. 모든 인간이 공동생활을 해야 한다는 측면에서 익명은 숙명적이며, 현대 사회에서 살아가는 인간은 익명의 손아귀에서 벗어날 수 없을 뿐 아니라 자신도 모르게 익명의 구성원의 역할을 수행하며 적극적

사회의 외침은 지하철 역사의 벽면에도 흔적을 남긴다.
하지만 그것들은 너무 일상적인 것만큼이나 의식되지 않는다.

으로 참여하고 있다. 인간의 공동생활이란 타인과의 익명적인 관계성을 유지하는 것과 다름 아닌 것이다.

타인과의 관계로부터 숙명적으로 탄생한 현대 사회의 거대 익명은 개인을 포함하면서도 동시에 고립시킨다. 모든 개인은 익명을 구성하는 전부임에도 익명에 의해 고립되는 상황에 이르는 것이다. 익명이라는 관계성은 개인이 사회의 일원이라고 보증함과 동시에 개인에게 사회가 지향하는 가치를 지속적으로 암시하고, 그것을 받아들이도록 한다. 거대 익명은 구성원인 개인 모두를 뛰어넘고 압도해 버리는 것이다. 고립된 사람들은 자신의 무력감을 견디지 못하고 좌절에 빠진다. 물론 모두가 그런 것은 아니다. 모두가 무력감을 느끼는 사회란 존속될 수 없는 것이다. 자본주의 사회에서 익명의 억압 구조는 자본주의 시장 지형과 마찬가지로 미세하게 계층화되어 있다. 익명의 모양은 자본의 크기로 단절된 계층적 지형에 정치·이념적으로 분열된 지형이 연결된 매우 복잡한 구조일 것이다. 익명은 사회 도처에 존재하며 끊임없이 인간 행위에 영향을 미치는 암시라는 수단을 통해 작동한다. 하지만 이런 성격을 갖는다 하여 익명을 사회적 구조 자체라 볼 수 있는 것은 아니다. 사회적 구조가 정확하게 인지될 수 없다는 것은 익명의 성격에 일부 포함된다고 할 수 있지만, 어찌 되었든 사회적 구조들은 공동체의 구성원들로 만들어진 익명의 암시로 인한 행위들로 구현되기 때문이다. 즉, 익명은 사회적 구조 이전에 존재하는 것이자 사회적 구조의 가장 하층부에 자리 잡는 것이다. 사회의 거대 익명의 파악이 어렵다는 이유로 그 중요성까지 낮춰 보아서는 안 된다. 한번 태동한 익명은 인간 생활에 영향을 미치는 알려지지 않은 미지의 모든 것을 흡수하여 익명의 영역에 밀어 넣고, 점점 거대화되어 가고 있기 때문이다. 익명은 여기에 멈추지 않고, 한 사회를 뛰어넘어 전 세계를 덮칠 것이다. 세계의 수많은 사회들이 경제, 금융, 안보 등으로 밀접하게 연결되어 있으며, 우리는 이미 세계적 가치 지향이라는 암시를 지속적으로 받고 있다. 익명은 인간 개인의 고유 특성을 반영하면서도 한 집단을 뛰어넘는 인류 전체와 관련된 것이기도 하다.

흥미로운 점은 익명의 암시가 우리를 일방적으로 억압하지만은 않는다는 것이다. 익명의 암시는 한 개인이 생활양식을 영위하고 살아가는 데 있어 보호의 역할까지 겸한다. 사회가 추구하는 가치를 지향하기 위한 사회의 목소리가 구성원들을 다그치는 데에만 그 역할이 있지 않으며, 사회의 경계에서 이탈되는 구성원을 최소화하기 위한 작용은 한 인간의 항상성 유지를 위한 무의식의 작용과 비슷한 측면마저 있다. 물론 개인의 무의식이 인간의 정신적이고 신체적 항상성 유지를 위해 어떤 역할을 하는가에 대해서는 의견이 다양하지만 말이다. 프로이트의 정신분석학에서는 병리적 문제의 근원으로서의 혼돈으로 가득 찬 무의식의 기능이 강조되는 반면, 융의 분석심리학에서는 전체성을 이루기 위한 무의식의 균형적인 기능이 강조된다. 융의 무의식은 다채로운 욕구가 공존하는 진화된 마음의 실체로 다양한 문화적 산물들로 상징된다. 이런 무의식의 대표적인 개입은 꿈이라는 매개를 통해 나타나고, 꿈은 현실에서 발현되는 다양한 현상의 징후를 포함한다. 인간의 다양한 욕구는 무의식 속에 한데 어우러져 있으며, 욕구의 균형적 실현을 위해 다양한 감정이 의식으로 표출되는 것이다. 항상성을 유지하는 것은 한 개인이 행하는 욕구들이 한 쪽에 치우치지 않게 하여 균형을 유지하는 것이다. 융은 이런 궁극적인 과정을 무의식의 개성화라 하였다. 그리고 이제 무의식은 개인을 뛰어넘는 사회적 개념으로 발전할 때가 되었다. 한 사회의 거대 익명의 성격이 이를 요구하고 있다.

인간 생활의 어려움 대부분은 물질적 궁핍함에서 발생하는데, 그것은 본질적으로 자본주의가 만들어 낸 것이라 할 수는 없지만, 적어도 자유경쟁시장이 이런 어려움을 강화시킨다고 할 수 있다. 고도화된 자본주의에서 발생하는 자본의 불평등은 단순한 부작용이 아니라, 자본주의 체제에서 반드시 발생할 수밖에 없는 고유한 특성이기 때문이다. 누군가는 자본주의 사회의 불평등은 부작용일 뿐이며, 자본주의가 더욱 효율적으로 개선된다면 자본주의가 일궈 낸 과실은 모두에게 돌아갈 것이라 주장할 수 있다. 하지만 이것은 언급할 가치도 없는 기만적인 주장이며, 우리는 이를 철저히 무시해야 할 것이다. 자본주의에서는 '능력에 따른 불평등이야말로 공정'이기 때문이다. 자본주의 사회의 익명의 암시는 구성원들에게 사회의 지향점인 '자본'의 확대를 위한 능력 향상을 끊임없이 요구한다. 모두 승자가 될 수 없지만, 모두에게 승자가 될 것을 명령하는 것이다. 노력과 능력에 따라 성취하고 실패하는 것이야말로 자본주의의 정의로, '자업자득'이라는 말로 모든 논쟁을 중지시켜 버린다. 자본은 이제 구성원들이 나아가야 할 확고한 길인 것이다. 또한 자본주의라는 게임에서 승자를 위한 탈락자는 경쟁이라는 정의를 위해서는 반드시 있어야 하므로, 이들을 원천적으로 없앨 수 있는 것도 아니다. 그렇다고 익명이 경쟁에서 뒤처지는 사람들을 무관심으로 일관하지는 않는다. 익명은 암시를 통해 구성원 모두에게 사회가 추구하는 방향과 목적만은 충실히 제시하기 때문이다. 자본주의가 좋은 것이든 좋지 않은 것이든 판단하기 이전에 인간은 우선 살아야 하기에 익명이 암시하는 생존의 조건을 우리는 본능적으로 내재화하게 되고, 이로써 우리는 암시로부터 생존을 위한 최소한의 동력을 얻을 수 있다. 어떤 사회에서든지 익명의 암시는 생존해야 하는 사람들에게 손을 내밀고, 보호의 역할을 맡는 것이다. 억압과 보호의 관계 역시 불안과 안식처럼 독립적으로 작동하면서도 함께 존재하는, 매우 밀접하게 연결된 상보적 관계성을 갖게 된다.

모든 체제의 목적은 체제의 안녕과 번영이며, 그 방법에 있어서 구성원을 지속적으로 억압하는 것은 좋은 방법이라 할 수 없다. 그렇기에 구성원을 사회의 경계에서 이탈되지 않도록 보호하고, 길잡이의 역할을 하는 것은 여러모로 유용한 방법이 된다. 이렇게 '보호하되 억압한다.'는 기본 전략은 어느 공동체에서든 무의식적으로 자리 잡고 있으며, 사회의 목소리인 익명의 암시 역시 이 부분을 성실히 반영한다. 익명은 매우 훌륭한 지능을 갖고 작동하는 것처럼 보인다. 다만, 그 사회가 지향하는 목표만을 추구하는 거대 익명의 옳고 그름을 판단할 수 없다는 점과 사회의 목소리가 전달하는 내용이란 절대 진리가 아니라는 점에서 우리는 앞서 제기된 의심만은 거둬들여서는 안 될 것이다. 우리가 익명에 대해 숙고하는 것은 좀 더 자유로운 의미의 생각과 행위를 하기 위함이다. 거대 익명의 억압을 없애는 것은 우리의 목표가 될 수 없다.

우리는 억압의 구조에 대한 이해를 발판 삼아, 새로운 방향으로 한 발 내딛는 것만을 목표로 삼아야 한다. 이 과정에서 자본주의의 은폐된 목소리가 무엇인지 탐구해야 함을 피할 수 없을 것이다. 현대 사회에 비자본주의 영역은 여전히 존재하므로 자본주의의 목소리를 선별하는 효용은 여전히 남아 있으며, 무엇보다 고도화된 자본주의 사회가 강하게 주창하는 자유경쟁시장 논리야말로 우리 생각의 지형을 가장 크게 흔들고 있기 때문이다. 심지어 자본이란 그 자체로 익명적인 성격을 갖기에, 자본주의 사회의 거대 익명이 미치는 영향의 농도란 훨씬 짙다고 할 수 있다. 이런 자본의 암시로 만들어진 생각들은 너무 자연스럽고 익숙하게 받아들여지기에, 이를 인지하는 것조차도 쉬운 일이 아니다. 일상생활 속의 익숙함이란 특별하게 인지할 필요가 없기 때문이다. 대부분의 익숙함은 그 자체로 느낄 수 있는 것이 아니라, 낯설고 어색한 감정을 거울로 삼아야만 알 수 있는 감정이기도 하다. 익숙하여 쉽게 인지되지 않는 생각들은 사회 구조, 법령, 자본의 분배 지형의 가장 밑바닥에 자리 잡고 있으며, 일상생활 속의 사람들의 숨결 속에도 숨어 있다. 그것은 너무 크고, 너무 가까워 보이지 않는다. 우리는 어떤 거리낌도 없이 그 생각 속으로 걸어 들어간다. 익명이 암시하는 생각들은 너무 가깝다 못해 나의 생각과 합치되어 버린다. 자신의 내면에서 떠오르는 생각이 남의 것이라 인지하는 것은 결코 쉽지도 자연스럽지도 않은 것이다. 인간의 지각이란 어떤 것이든 자신이라는 프리즘에 통과시켜 감각하는 것이기 때문이다. 그리고 현대의 이런 자주적 사고의 관점은 인간을 세상의 중심에 세우는 동력이 되었지만, 동시에 외부 환경의 영향력을 과소평가하는 경향을 갖게 만들었다.

　고도화된 자본주의 사회는 불안과 안식의 감정을 앞세워, 억압과 보호의 역할을 위해 익명의 암시를 지속적으로 보내고 있다. 이런 익명의 암시 기제는 자본주의라 해서 그 본질이 특별히 다르다고 할 수 없으나, 자본의 증식 속도만큼이나 익명의 거대화는 빠르게 촉진된다고 할 수 있다. 속도가 빠른 만큼 암시의 영향력 또한 강화되는 것이다. 그렇다면 빠른 속도의 이유는 무엇인가? 그것은 다름 아닌 자본주의 시장 본질에는 경쟁에 대한 승리와 함께 실패가 내포되어 있으며, 실패에 대한 공포가 가속의 촉매로 작동하기 때문이다. 이와 동시에 성공에 대한 쾌락 역시 엄청나게 증식하는데, 공포와 쾌락은 한 인간의 전 감각을 지배할 정도로 강력하고 파괴적인 것이다. 이를 암시하는 것이야말로 익명이 가장 근원적으로 담당하는 것으로, 이런 불안과 안도 그리고 쾌락은 사회 구성원의 내재화된 행동규범의 토대를 형성하게 된다.
　이런 자본주의 사회의 외침은 '경쟁에서 이겨야 한다.'는 하나의 정보만을 담는 단순한 형태보다, 두 가지 이상의 정보를 포함하여 부정과 배제의 원리가 작동하게끔 만든다. 조건에 따라 배제되는 내용의 암시는 의미 전달에 있어 더욱 효과적이라 할 수 있다. 가령 자본주의 사회의 가장 큰 문제라 할 수 있는 불평등을 보통 사람들이 받아들이는 데 적용되는 암시가 있다. '누구는 끊임없는 노력을 통해 성공했다.'는 말로, 이는 노력과 성공이 서로 조응되는 구조를 갖는다. 하지만 지극히 합리적인 원인과 결과의 이런 암시는 '성공하지 못한 이유는 게으르기 때문이다.', '게으른 자들은 실패한다.'는 식으로 결과가 원인으로서 해석되기에 이른다. 실패에 대한 새로운 가능성들은 모조리 사라지고, 모든 이유가 '노력'으로 환원되고 마는 것이다. 만약 특정 시험에 떨어진 사람이 있다면, 그 사람은 노력에 대한 부정으로, 애초부터 게으른 자로, 그 결과로써 당연하게 배제당하는 것이다. 이런 온갖 배제 작용들은 중첩되어 국민 대다수는 고도화된 자본주의 사회에서 성공 신화의 들러리로 전락하고 만다. 자본주의 사회의 승리자는 반드시 최소화되어야 할 필요가 있기 때문이다. 그 와중에 활짝 열려 있는 기회의 문은 성공에 목마른 자들에게 더욱 분발할 것을 요구하며 가혹한 채찍질을 가한다. 아주 가끔은 이런 적당한 고통이 삶의 무료함에 일시적인 활력을 제공할 수도 있을 것이다. 하지만 지속되는 고통은 말 그대로 견뎌 내기 힘거운 괴로움이자 아픔이다. 성공하기 위해 배제당하지 않기 위해 사람들은 엄청나게 노력해야 함을 지속적으로 암시받는다. 물론 자신의 이상을 실현하기 위해 열심히 노력하는 것은 매우 훌륭한 일이다. 하지만 오직 살기 위해 노력해야만 하는 것은 비참할 일이 아니겠는가? 불행 중 다행인 것은 주위를 둘러보면 언제나 자신보다 못한 사람이 반드시 있다는 것이다. 본인이 세상에서 가장 밑바닥이 아니라면 말이다. 자본주의는 1등만이 행복한 체제이면서, 꼴등만 아니라면 누구든지 뒤처진 사람을 보며 안도할 수 있는 체제인 것이다. 사람들은 언제나 불안과 안도에 동시에 노출되어 있다. 추락하면 안 된다는 불안, 그래도 나보다 못한 사람이 있다는 안도는 자본주의 시장을 작동시키는 훌륭한 연료가 된다. 물론 어떤 이유로든 포기하거나 포기당하는 사람은 속출하기 마련이며, 자본주의는 이들에게 가혹한 현실의 고통을 맛보게 한다. 어쩌면 자본주의의 반대말은 인도주의가 어울릴지도 모른다. 그런데도 우리 중 의외로 많은 이들이 현재 자본주의 시장을 중심으로 돌아가는 세상에 대해 불만이 없거나, 오히려 살만한 세상이라 말하곤 한다. 우리는 세상의 이런 모습을 너무나 자연스러운 것으로 겪어 왔기 때문이다. 자연스러움은 어떤 것이든 원래 그런 것이라는 이유로 쉽게 받아들여지는 것이다. 그것으로 인한 고통이 겨우 감내할 수 있을 만큼 크다고 할지라도 말이다.

예전 유행어였던 '1등만 기억하는 더러운 세상'이라는 말이 웃음을 유발시킨 이유는 다름 아닌, 무한 경쟁을 추구하는 고도화된 자본주의 사회를 살아가고 있다는 불안감이 우리 내면에 항상 자리 잡고 있다는 것과 그런 불안감을 모두가 감추고 있다는 사실이 예상치 못하게 폭로된다는 데 있다. 사람들은 이렇게 숨겨 놓은 사실이 가감 없이 드러날 때 일종의 카타르시스를 느낀다. 자신의 불안한 마음이 모두의 불안한 마음을 통해 잠시나마 해소되기 때문이다. 하지만 흥미롭게도 이런 개그가 웃음을 유발시키는 더욱 큰 이유가 있으니, 그것은 바로 자신이 꼴등은 아니라는 것에서 기인하는 안도감이다. 진짜 꼴등은 이런 농담에 절대 웃을 수 없다. 우리가 자본주의 사회에서 돈을 벌 수 있는 이유는 돈을 잃는 누군가가 있기 때문이고, 우리가 여유를 가질 수 있는 이유는 여유가 없는 사람들 때문이며, 우리가 잠을 잘 수 있는 이유는 잠을 자지 못하는 사람들이 있기에 가능한 것이다. 우리가 생명을 부지하고 살아갈 수 있는 이유도 생명을 잃어가는 누군가가 있기 때문이다. 이런 측면에서 자본주의는 매우 잔인한 체계가 아닐 수 없다. 그런데도 자본주의 사회의 이런 암시는 구성원들에게 반드시 필요한 것이 된다.

냉혹한 사회에서 정신적으로 건강하게 살아가기 위해서는 어느 정도의 자기기만이 필요한데, 익명의 암시가 이를 충족시켜 주기 때문이다. 자기기만과 익명의 암시의 상보적 관계는 익명의 부정적 영향과 더불어 긍정적 영향까지 검토할 수 있게 한다. 이 영향을 긍정적이라 표현하는 것은 모순이 아닐지라도 매우 역설적인 것임에는 틀림없다. 우리가 이를 수용해야 하는 것은 단순하게도 이것이야말로 실제 현실이기 때문이다. 대부분의 사람들은 일등에 관심도 없으며, 그렇게 되고 싶어 하지 않는다 하더라도, 현재의 수준에서 떨어지는 것만은 피해야 한다는 생각만은 갖는다. 이것이 불안의 큰 원천임에도 일상을 유지할 수 있는 것은 당장이 아닌 미래의 노력으로 충분히 계층 상승을 이룰 수 있다는 안도감 때문이다. 미래의 노력이란 어느 정도 기만적인 성격을 갖지만,

어찌 되었든 이는 익명이 암시하는 안식이며, 이런 자기기만은 그 자체적으로 삶의 활력을 생산할 수 있는 얼마 되지 않는 방법 중 하나다. 한 사회의 익명은 구성원들이 지쳐 쓰러지고, 아무것도 하지 못하는 상황을 절대 바라지 않는다.

'누구는 끊임없는 노력을 통해 성공했다.'는 말은 불평등을 쉽게 받아들이게 하는 익명의 암시이면서, 많은 사람들을 유혹하는 것이기도 하다. 무엇이든 노력하면 배제되지 않을 것이라는 희망과 성공의 문이 항상 열려 있음을 주지시켜 주기 때문이다. 하지만 문제는 현실이 그렇지만은 않다는 데 있다. 고도화된 자본주의에서 모든 행위의 목적이 되는 자본은 그 자체가 능력으로 대체되어 버리고, 자본가는 결국 자본가라는 이름만으로 능력가가 된다. 자본의 증식은 또 다른 자본의 증식을 낳을 뿐만 아니라, 그 속도도 가속화시킨다. 자본주의가 계속 증식하기 위해서는 이 사실이 적당히 은폐되어야 하기에 성공한 일부 사람들은 지속적으로 영웅화된다. '노력을 통해 성공했다.'는 것 자체에 어떤 비판도 가할 수 없음을 주목하라. 노력은 좋은 것이며 성공이라는 성취 역시 훌륭한 것이다. 익명의 암시는 논리적으로 맞지 않는 것을 최대한 자제한다. 대부분의 암시는 논리적으로 명명백백한 것들이며, 이런 암시의 내용은 논리적 약점이 없는 만큼 강력한 영향력을 행세할 수 있게 된다. 우리가 이를 반박하기 위해서는 '모든 사람이 노력을 통해 성공했는가?'에 대한 정확한 답을 구하는 것이다. 사람들의 관심과 눈길을 독차지하는 영웅들 뒤로 나머지 사람들은 자연스레 가려지는데, 가려진 사람들은 대개 영웅에 밀려 실패한 사람들이다. 하지만 그중에는 노력 없이도 성공한 사람들이 숨어 있다. 불행히도 '노력 없는 성공'이라는 사실을 밝혀낼 방법은 사람들에게 차단되어 있으며, 자신의 일에 몰입된 우리가 가려진 사람들에게 관심을 갖는 것은 현실적으로 어려운 일이 된다.

익명은 억압함과 동시에 보호하고, 끊임없이 유혹한다. 이런 사회의 외침, 익명의 암시는 사람들이 자본주의 공동체에서 경쟁적으로 개인의 능력을 발휘할 수 있도록 북돋아 주는 것이자, 동시에 배제에 대한 암시를 지속적으로 내비쳐 불안에 떨게 만드는 것이다. 익명으로부터 암시되는 사회의 목소리는 조용히 무의식에 쌓여가기에 그 영향력은 날로 강화되는데, 현대인이 겪는 정신질환도 암시에 따른 불안이 증대되는 환경에 지속적으로 노출되는 데 기인한다. 그럼에도 대부분의 현대인은 익명의 암시가 주는 불안의 이면에 있는 희망의 유혹으로 일상생활을 이어 나갈 수 있다.

자신의 존재를 숨기려는 익명의 성격으로 우리는 알 수 없는 암시의 기원을 자신의 내면이라 착각하게 된다. 우리가 능동적으로 하는 생각이 아닌 문득 떠오른 생각의 기원에 대해 탐구를 시도하지 않는다면, 의식으로부터 흘러나온 생각과 무의식에서 떠오르는 생각을 구별할 수 없기 때문이다. 이런 이유로 무의식으로부터 발생하는 다양한 생각들에서 파생되는 감정들을 우리가 직접적으로 조절하는 것은 매우 어려운 것이다. 익명이야말로 '암시의 내면화'에 있어 매우 적합한 특성을 갖추기에, 우리는 내면화된 익명의 암시를 자신의 것인 양 자발적으로 따르는 것이다. 이런 자발성, 스스로 느끼고 생각했다는 착각은 암시에 대한 불안의 감정을 강화하기도 한다. 스스로 만들어 낸 생각이야말로 보이지 않는 감옥이 될 가능성이 높기 때문이다. 내면화되지 않은 명령을 준수하는 것은 내면화된 명령을 준수하는 것보다 훨씬 어려운 것이다. 내면화되지 않은 명령은 상대적으로 가볍게 여겨지는데, 가벼운 명령일수록 지키지 않음으로써 발생하는 불편한 감점역시 더 작아지기 때문이다. 누구든 스스로를 납득시킬 필요는 매우 중요하다. 물론 사람마다 기질적, 환경적, 경험적 차이로 발생하는 암시에 대한 수용 정도와 그에 대한 반응은 당연히 같을 수없다. 어떤 이는 암시의 영향을 상대적으로 작게 받는다. 그런 사람은 스스로 감옥을 만들지 않는다는 것을 의미한다. 개인의 차이에 따라 누군가는 희망에 주력할 수도 있기 때문이다. 그는 자신을 아무것도 없는 넓은 들판 한가운데 서게 한다. 시원한 바람은 가벼운 흥분을 느끼게 하고, 어디로든 뛰어가도 좋은 미래가 펼쳐질 것이란 생각을 들게 한다. 들판 어디에도 감옥은 없다. 그렇다고 그에게 어떤 문제도 없는 것은 아니다. 불안과 희망의 문제는 어느 쪽이건 급격히 치우칠 때 발생하기 때문이다. '희망 고문'이라는 말처럼 너무 강한 희망 역시 고통을 유발하지 않는가? 희망과 불안 사이의 급격한 감정의 변화도 문제를 발생시키는 것은 마찬가지다.

우리가 이런 불안의 고통을 이겨내는 유일한 방법이 있다면, 생리학적인 일시적 약물 치료법이 아니라, 고통을 제공하는 대상에 대한 면밀한 관찰과 분석으로 은폐된 구조를 파헤치고 이해하는 것부터 시작해야 하는 것이다. 우리는 가깝고도 알 수 없는 것으로부터 더욱 큰 불안을 느낀다. 그렇기에 우리의 관찰 대상은 당연하게도 우리가 살아가는 사회의 현실이며, 이 사회를 지배하는 논리인 자본주의야말로 가장 우선순위가 되어야 한다. 우리는 현재 노동하고 소비하는데 대부분의 시간을 보내고 있으며, 익명의 암시에 따라 충실히 자신의 역할을 수행하고 있다. 괴물이 된 자본주의의 실체를 파악한다면 익명의 암시를 통해 주입된 가치에서 어느 정도는 벗어날 수 있는 용기도 얻을 수 있게 될 것이다. 그 용기는 자본주의 사회에서 여전히 무모할 것이지만, 우리가 조금이라도 더 자유롭게 생각하고 행동할 수 있다면 이런 도전은 여전히 유효하고 의미가 있지 않겠는가? 물론 자본주의 사회에 대한 이해가 모든 억압의 불안을 해소할 수는 없지만, 그럼에도 있는 그대로의 세상을 조금이라도 관조할 수 있는 시각을 얻을 수 있다면 이 도전은 계속되어야 할 것이다.

익명의 암시는 한 사회가 옹호하는 특정 가치의 의미 해석에 있어서도 큰 영향을 미친다. 특히 자본주의 사회에서 '자유'의 의미는 되짚어 볼 필요가 있다. 우리 사회에서 자유라는 용어는 여러 의미로 각색되어 사용된다. 현재 자유와 가장 어울리는 말은 바로 '경제적'인데, '경제적 자유Economic Freedom'야말로 그 어떤 자유보다 높은 지위를 차지하고 있다. 경제적 자유란 생활의 영속에 필요한 충분한 자본을 확보하여 경제 활동 없이, 적당한 돈과 시간을 자유롭게 쓰며 살아가는 것을 의미하고, 이를 추구하는 사람들은 조기 은퇴를 목표로 한다. 문제는 각 개인의 경제적 형편이란 자유를 위해 전제되는 조건임에도, 그것이 자유를 제치고 최종 목적이 되어버린다는 데 있다. 이는 자본주의 사회에서 행복의 수단인 돈 자체가 목적으로 등극하는 현상과 동일하다. 미래의 자유를 위해 현재의 자유를 포기한다는 것에는 시장 논리가 자유라는 가치에도 적용되고 있음을 보여 주는 것이기도 하다. 만약 우리가 생애 동안 자본주의 세상에서 벗어나기 불가능하다면, 자유로운 삶을 위해 충분한 돈이 필요한 것은 지당한 것이다. 하지만 이런 경제적 자유를 꿈꾸며 현대인들은 자신의 자유를 엄청난 경제 활동에 속박시키고 있다. 경제적 자유를 이룩한다 하더라도 경제적 여건에 종속되는 자유라는 것이 과연 존재할 수 있을까? 이런 배경에는 익명의 암시로 만들어진 특정 가치의 옹호와 해석에 대한 영향이 있다. 경제적 자유는 자유의 개념적 의미에서는 일부 모순되지만, 현실 세계에서는 노동에서 해방된다는 점에서 자유의 특성을 갖고 있는 것만큼은 사실이다. 여기서 흥미로운 점은 고도화된 자본주의 사회에 최고의 가치가 어떤 자유도 아닌 왜 경제적 자유인가 하는 점이다.

우리는 당연하게 이를 받아들이지만, 누군가 그 이유를 묻는다면 당신은 어떻게 대답할 것인가? 당신은 삶에서 가장 중요한 것이 자본이기 때문이라고 답변할 것이다. 그렇다면 '가장 중요한 것이 왜 자본인가?'라는 질문에 자본이야말로 성공의 척도라거나, 자본이 많아야 풍족한 생활을 할 수 있기 때문이라고 답변할 것이다. 이런 답변은 자본주의 사회에서 적당히 맞는 것이라 할 수 있다. 하지만 더욱 중요한 것은 당연하다고 생각되는 자본이라는 것 말고, 우리는 과연 어떤 가치를 자본 옆에 두고 비교했는가에 있다. 돈이라는 것 말고 어떤 것도 의식하지 않았다면, 우리는 왜 다른 가치를 떠올리는 것조차 하지 않았는지 고민해야 한다. 이는 우리가 생각의 숲에서 다른 길을 찾지 못한 것을 의미한다. 우리가 확실한 표지만을 따라 한 길만을 걸었든지, 장애물로 다른 길로 갈 수 없었든지 간에 상관없이 말이다. 이런 익명의 암시는 비교가능성을 낮추며, 단일한 것을 지향하도록 한다. 모든 변화는 대상들의 비교를 통한 선택으로부터 발생하는데, 그 가능성이 사라진다면 우리는 어떤 변화도 없이 동일한 행동만을 반복하게 될 것이라는 예상은 누구나 할 수 있다. 이런 암시의 영향이 무방비한 모든 사람에게 강하게 작동하게 되면 우리는 점점 군집화 위험에 빠지게 될 것이다.

익명의 암시 영향을 떠나 자본을 다른 가치와 비교할 필요가 없다고 하자. 그렇다고 문제는 사라지지 않는다. 우리는 '자본이라면 어떤 성격의 자본을 가장 추구해야 하는가?'라는 질문을 통해 스스로를 돌아봐야 한다. 같은 크기의 돈은 시장에서 동일한 가치를 갖지만, 어떤 방식으로 그 돈을 벌었는가는 분명 다른 문제다. 우리의 생각은 쉬운 길로 빠지기 십상이고, 장애물에 막힌 어려운 길은 의식하지도 못한 채 포기된다는 것을 잊지 말아야 한다. 우리는 자본이라는 것을 어떤 것과 비교해야 하며, 자본이라는 것 자체에 대한 가치 판단을 어떻게 해야 하는가에 대한 생각을 계속 진행하는 데 있어 어려움을 느낀다. 정답은 돈이라고 이미 나왔는데 무엇을 고민한단 말인가? 시간이야말로 돈의 중요한 속성 중 하나이므로, 자본주의 사회는 우리가 가만히 있는 것을 참지 못한다. 그런 쓸데없는 고민에 왜 황금 같은 시간을 낭비하는가? 그 고민은 어떤 호용을 갖는가? 사람의 가치관을 형성하는 데 지대한 영향을 미치는 사회의 외침은 암시를 통해 사람들 스스로가 생각의 주인인 양 착각하게 만듦으로써 임무를 원활하게 수행한다. 우리는 멈춰서도 뒤처져서도 안 되고, 몸이 견뎌 내는 한 일을 해야 하며, 자신의 상품성을 훼손하지 않기 위해 지대한 노력을 바쳐야 한다. 여기서 노력이란 투자를 의미한다. 상품의 가치를 높이기 위해서는 모든 자본을 투여해야 하는 것이다. 자본이 없다면 시간을 갈아 넣어라. 자본주의 시장은 절대 멈추지 않기 때문이다. 승리를 위한 지속적인 노력은 강한 의지로 표현되고, 마지막 승자는 자본주의 사회에서 영웅으로 대접받을 것이다. 물론 마지막 승자라는 개념은 현실에 존재하지 않는 이상적인 것이지만, 자본주의적 모범적 행동은 익명의 암시를 통해 사회 전반에 퍼지게 될 것이다.

　자유라는 가치의 또 다른 변용은 '자유경쟁시장^Free Competition Market'이
라는 용어에서도 발생한다. 행위의 자유라는 넓은 개념에 노동이
포함되는 것은 마땅하지만, 언젠가부터 '자유'가 경영자의 기업경
쟁력을 높이는 목적하에 '유연고용제'라는 이름으로 바꿔 불리게
된 것이다. 새로운 인격체인 법인의 성장에 발목을 잡는 노동자들
의 임금을 시장 상황에 맞춰 유연하게 조종하는 것, 즉 고용과 해
고를 필요에 따라 하는 것이 유연 고용제이다. 이렇게 의미가 변용
된 자유를 위해 기업은 경제 활동을 방해하는 규제의 철폐를 주장
한다. 자유경쟁시장을 절대적으로 옹호하는 사람들이 어째서 '자
유주의자'가 된 것인가? 그들을 왜 '자유경쟁주의자'라고 부르지 않
는가? 자유라는 용어의 의미 훼손은 사상의 반동 작용에서 찾아
볼 수 있다. 공유재산 제도를 주창하며 평등의 가치를 내걸었던 공
산주의에 대한 반동 작용은, 사유재산의 '자유로운' 소유와 시장에
서 '자유롭게' 경제 활동을 한다는 자본주의의 선전에 의해 자유라
는 가치의 해석이 만들어졌다가, 냉전시대의 종식 이후 자본주의
가 고도화됨에 따라 자유는 규제의 철폐와 무한 경쟁이라는 의미
로 바뀌게 된 것이다. 가치의 훼손이라고 불러도 무색한 이런 의미
의 변화는 사람들의 인식에 큰 영향을 미칠 수밖에 없는데, 지금의
자유는 곧 경쟁의 자유이며, 자유를 바탕으로 이뤄지는 고용과 해
고는 경영권을 보장할 뿐만 아니라 주주의 이익을 위해 마땅히 해

야 하는 것이 되었다. 이는 현대 자본주의 사회에서 너무나 자연스러운 것이다. 우리는 이런 개념이 '자유'라는 용어로 통용된다는 이유로 정신과 육체의 자유와 시장에서 경쟁을 위한 자유를 오해해서는 안 될 것이다. 고도화된 자본주의는 모든 자유를 경쟁에 접목하려 한다. 도전의 문은 항상 열려 있으며, 그 문으로 들어가는 것은 당신의 권리인 자유인 것이다. 시장에서 경쟁이 없으면 의미가 사라지듯, 이제 자유에 경쟁이 없으면 의미가 사라질 처지가 되어 버렸다. 이렇게 문자의 뒷면에는 익명의 영역이 존재하며, 그 언어를 보거나 쓰거나 듣게 될 때 우리는 익명의 흔적을 느끼지 않을 수 없는 것이다.

'거대 자본을 소유한 그 사람은 성공했으며, 그는 훌륭한 사람이다.'라는 말 역시 여러 가치가 혼용되어 있지만, 자유와 마찬가지로 가치 의미의 변용을 보여 주고 있다. 우리는 이 말에서 성공과 훌륭함의 조건을 엿볼 수 있을 뿐만 아니라, 성공이야말로 가장 훌륭한 것임을 넌지시 알려준다. 이는 '누구는 끊임없는 노력을 통해 성공했다.'와 더불어 자본주의의 대표적인 암시인 것이다. 이 암시에도 부정과 배제의 원리가 작동하는데, 재력가가 아니면 실패자로 배제됨은 물론 훌륭한 사람이 되기 어렵다는 의미를 내포한다. 우리는 이런 내용을 익명으로부터 암시받은 상태이며, 이와 같은 성공 신화들을 이미 내재화하고 있다. 재력가의 우상화에 대한 암시의 주인공들은, 대표적인 기업가 스티브 잡스, 빌 게이

츠, 일론 머스크 등을 뽑을 수 있을 것이다. 이들은 자본주의 사회가 배출한 슈퍼스타들이며 존경하는 인물 조사에서 언제나 상위에 오른다. 이들의 명언은 21세기의 '자본주의 지혜의 서'라 불릴 만큼 널리 알려져 있다.

> "실패의 위험을 감수하는 사람만이 진짜 예술가다. 늘 갈망하고 우직하게 나아가라." (Steve Jobs)
> "인생은 등산과도 같다. 정상에 올라서야만 산 아래 아름다운 풍경이 보이듯 노력 없이는 정상에 이를 수 없다." (Bill Gates)
> "실패도 하나의 선택지다. 실패하고 있지 않다면 충분히 혁신하고 있다고 할 수가 없다." (Elon Musk)

자본주의의 승자들은 엄청난 기부를 통해 자신의 부를 나누기도 한다. 누군가는 이런 모습에 존경의 표현을 마다하지 않는다. 하지만 기부를 통한 자본 재분배의 필요성은 시장 기능의 결함으로 발생하는 것이기도 하다. 시장의 자원배분 기능은 정부의 적절한 개입으로만 가능하지만, 엄청난 기부자들은 큰 정부를 원치 않는다. 더군다나 그들은 기부를 통한 마음의 안정과 충만함까지 얻을 수 있다. 돈으로 존경과 명성까지 살 수 있다면, 그들은 이보다 무엇을 더 바랄 수 있겠는가? 자본주의 사회의 구성원들은 그들의 명언을 찾고, 되새기며, 삶의 지침으로 삼는다. 성공한 이들이 들려주는 이런 삶의 지침들은 얼마나 유혹적인가? 그들이 매우 난해하고 어려운 철학을 가진 것도 아니다. 그것은 이미 우리 내면에 존재하는 이야기로, 이미 알고 있는 것을 자본주의의 영웅들로부터 다시 확인할 뿐이다. 이런 내용을 그들이 처음 말했을 리 만무하지만, 자본주의의 성공자라는 지위는 그들만의 고유한 지침처럼, 노력과 성공에 대한 신화로서 우리 내면에서 끊임없이 재생되는 것이다. 또한 이렇게 만들어진 내면의 생각을 모든 대상에 투사함으로써 자신의 신념체계를 확고히 하기 이른다. 하지만 이런 신념은 지속적으로 자신을 질책하며, 불안과 공포 속으로 몰아넣기도 한다. 이런 불안의 상태는 자본주의 시대의 표준이라 생각이 들 정도다. 불안하지 않으면 오히려 더 불안한 사회가 자본주의 사회인 것이다. 불안과 안식의 양가적 관계는 언제나 불안이 필요할 수밖에 없게 만드는 것이기도 하다.

적당한 불안은 자본주의 사회에서 자신의 위치를 객관적으로 인식하게끔 할 뿐 아니라, 사회의 지향에 벗어나지 않으면서도 충분히 만족스러운 생활을 이어 나갈 수 있도록 한다. 하지만 스스로의 존재를 숨기는 익명은 적당함을 모른다. 사람들은 자신을 자유로운 존재라고 생각하지만, 우리를 억압하는 울타리는 보이지 않는 유리로 만들어져 있기에 쉽게 발견되지 않을 뿐이다. 보이지 않는 울타리는 익명이고, 그것은 숙명이다. 그리고 누군가에게는 감옥이다. 또한 익명의 암시는 현대 과학기술을 등에 업고 영향력을 증폭시키고 있다. 정보통신 기술의 혁신적인 발달은 인간관계를 가상적 관계로 변화시키고, 우리는 이제 직접 대면할 필요를 느끼지 못한다. 우리는 함께 있지 않지만 연결되어 있으며, 이런 관계 속에서 실질적인 거리라는 개념은 조금씩 희미해진다. 새로운 네트워크야말로 거대 익명의 새로운 무대가 되었으며, 네트워크 곳곳을 침투한 익명은 익명화를 강화하고 있다.

III

익명과 익명화

각종 미디어를 통해 접할 수 있는 '익명'이라는 말은 가장 먼저 악플러를 떠올리게 한다. 그들은 자신의 의견을 정상적으로 개진하는 것이 아닌, 자신을 숨긴 채 일방적인 욕설과 모욕적인 글을 인터넷 여기저기에 발설하는 자들이다. 악플러가 강한 비판의 수준을 넘어 근거가 아예 없거나, 있더라도 부적절한 것을 바탕으로 비방과 비난을 일삼는 것은 분명 익명이라는 가면을 썼기 때문이다. 물론 인터넷의 모든 글을 실명으로 작성해야 한다고 할지라도 악플러는 사라지지 않을 것이지만, 상당수는 감소할 것이라 단언할 수 있다. 익명이라는 가면은 타인과의 관계에서 마땅히 지켜져야 하는 관습과 규율을 종종 폐기해 버리기 때문이다. 악플러에게 익명은 자신의 실체를 숨김으로써 타인과의 관계성을 일방향으로 전환시켜 버리는 수단이다. 그들에게 익명의 가면은 왜곡된 사회적 자아라 볼 수 있다. 사회적 자아인 다양한 페르소나^{Persona}는 공동체 생활에 원활하게 녹아들 수 있도록 하지만, 왜곡된 페르소나는 파괴적이고 은밀한 쾌락을 추구하도록 마음을 자극한다. 자아의 형성이 단단하게 되어 있지 못한 사람일수록 악플이라는 은밀한 쾌락에 쉽게 빠져들게 되는 것이다. 그렇다고 그들에게 관계성 자체가 사라지는 것은 아니다. 악플러들은 '악플러'라는 하나의 이름 아래 거대한 익명성을 형성하며, 서로 경쟁하듯 비난의 글을 풀어놓고 일종의 동료애를 느끼기 때문이다.

익명의 가면은 익명의 일반적 정의처럼 존재를 감추며 스스로를 보호하기 위한 수단이 된다. 최초의 익명의 필요성은 자신의 신분을 감추어 자유로운 의사 표현을 하기 위함이었지만, 사이버 공간의 익명성이 갖는 영향력은 사람들이 애초 예상했던 것과는 달리 다양한 방향으로 파급되었다. 악플러는 익명이라는 가면이 실제 생활 속에서 어떻게 작동하는지 알 수 있는 작은 사례다. 개인을 보호하기 위한 익명은 '익명의 제보자'라는 말에서 다시 찾아볼 수 있다. 악플러는 익명의 잘못된 작용의 예라 할 수 있지만, 각종 내부 비리를 폭로하는 익명의 제보자에게 익명이란 공공의 이익을 위해 알려지지 않은 존재성을 드러내는 좋은 방법이 된다. 이런 익명은 스스로를 숨겨야 하는 명확한 명분이 있다. 또한 익명의 보장은 제보자를 위험에 빠뜨리지 않게 하는 보호의 장치로 내부자의 제보를 유도하는 기능도 갖는다. 하지만 특정 기업이 경쟁기업을 공격하기 위한 허위제보 역시 익명이라는 이름으로 발생하는 것도 사실이다. 특정 사람, 단체에 적용되는 익명의 다양한 모습에는 순기능과 역기능이 함께 있다.

사회가 지향하는 가치를 암시하는 수단인 거대 익명성은 악플러나 익명의 제보자에 적용되는 익명의 범위를 훨씬 뛰어넘는다. 이러한 익명성은 무의식적으로 작동하고 수많은 관념으로 얽혀 있기에, 그 실체가 무엇인지 명확하게 파악할 수는 없다. 다만, 거대 익명을 이루는 개인들의 욕구를 통해 그 성격을 추론할 수 있을 뿐이다. 또한 이런 거대 익명은 수많은 미지의 것들을 지속적으로 집어삼킨다. 익명이란 '익명'과 '익명화'되는 것들이 지속적으로 합치되고 통합되는 것이다. 이제 거대 익명의 두 차원, '익명'과 '익명화'에 대해 탐구해 보자.

우선 '익명'을 두 가지 개념으로 나눌 수 있다. 첫 번째, 자신의 실체를 감추는 것이야말로 기본적인 익명의 개념이다. 이런 익명은 앞서 본 것처럼 우리가 흔하게 일상생활에서 접할 수 있으며, 쉽게 이해할 수 있는 것이다. 이런 익명은 본인의 의지로 자신의 존재를 숨기기에 능동적 성격을 갖는다고 할 수 있다. 타인에 의해 반강제적으로 익명으로 취급되는 경우도 있을 수 있지만, 기본적으로 익명이라는 수단이 선택되는 이유는 스스로를 보호하기 위함이다. 익명이 본인을 보호하기 위해 선택된다는 것은 익명의 가면을 쓰는 주체 대부분이 개인이거나 상대적으로 더 작은 집단이라는 것을 의미한다. 현실에서 익명을 자처하는 자들의 권력은 그들이 상대하는 대상의 권력에 훨씬 못 미치기에, 존재를 숨기지 않는다면 자신의 안위가 어려움에 봉착할 수도 있다. 이것은 매우 좁은 의미의 익명이며, 사전적 의미의 익명이 거대 익명에서 차지하는 부분은 매우 작다.

두 번째, 이름이 없는 무명의 것들은 익명이다. 이름이 없다는 것은 특정 대상에 붙여진 명칭이 없다는 것만을 의미하지 않는다. 여기서 이름이란 사회적 이름, 관계성의 성립에 필요한 최소한의 명칭과 호칭 전부를 말한다. 즉, 누군가에게 무명의 존재란 관계성 없는, 관계가 단절된 대상인 것이다. 이들은 관계의 대상으로서의 필요성이 너무 미비하여, 관계성 자체가 말살된 존재로 판별된 자들이다. 특정 사회에서 '어떤 대상과의 관계가 사전에 차단되었는가?'라는 질문은 많은 의미를 갖는다. 어떤 대상과의 관계를 차단했느냐에 따라 그 사회가 지향하는 가치의 본질이 여과 없이 드러나기 때문이다. 사회적 차원으로 형성된 관계 차단의 기준은 구성원들로부터 만들어지고, 익명을 통해 구성원들에게 다시 암시된다. 관계의 배제는 관계 자체가 강조됨에 따라 더욱 중요한 의미를 갖는다. 관계란 사실상 배제의 대상을 정하는 것과 다를 바 없기 때문이다. 하지만 사람들이 회피와 배제의 기준을 구체적으로 인지하고 있는 것은 아니다. 그 기준은 성격상 명료하게 정의될 수 없다. 사람들은 막연하게나마 무언가를 느낄 수 있을 뿐이다. 이런 성격은 관계의 배제를 무의식적이고 본능적으로 작동하게 한다. 그러므로 현실에서 우리는 무명의 대상을 정확히 알 수 없을 뿐만 아니라 불행히도 그 대상을 확인할 필요조차 느끼지 못한다. 실체를 감추는 존재와 관계성의 가능성이 사전에 차단된 무명의 존재들은 이미 익명에 통합되어 있으며, 사람들은 익명 자체를 알 수 없기 때문이다.

힘겹게 리어카를 끄는 익명의 노인은
우리에게 어떤 관심의 대상도 되지 못한다.

그렇다면 도대체 무엇이 무명인 것인가? 상대방의 이름을 구하지 않는다는 것은 무슨 의미를 갖는 것인가? 사실 대상의 이름이 정확하지 않다는 것은 관계를 맺는데 어떤 문제도 되지 않는다. 또한 사회적 이름이 반드시 고유의 이름일 필요가 없다. 불릴 명칭만 있다면 관계를 형성하는 데 어려움이 없다. 때로 서로에게만 공유되는 명칭은 깊은 관계를 보여 주는 것이기도 하다. 이제 현실을 보자. 현실 세계에서 무명의 존재들은 그들의 행색으로 상징된다. 거리의 걸인이 대표적인 경우다. 그들에게는 불릴 이름이 없다. 이름이 없기 때문에 관계의 가능성이 배제된 것이 아니라 관계의 가능성이 배제되었기 때문에 이름이 없는 것이다. 그들은 이미 거대 익명 안에 포함되어 있다. 사회 구성원의 관계성에

익명과 상식에 관하여

서 유래하는 익명은 관계성의 소멸이라는 새로운 관계성으로 인해 확장된 것이자 확장되고 있는 것이다.

자본주의의 고도화로 사람들 간 관계성 자체가 자본증대의 핵심 요인으로 떠오르면서, 새로운 목적에 맞는 이름을 갖는 대상이 늘어남과 동시에 불필요한 무명의 무리 역시 도처에 널리게 된다. 이름 없는 사람들이 과거와 비교할 수 없을 만큼 월등하게 늘어난다는 것이 새로운 문제로 부각될 수도 있다. 하지만 그들은 익명 속에 스며들어 보이지 않는다. 이런 '보이지 않음'은 눈에는 비칠지언정 어떤 관계의 가능성도 사라지고 없음을 의미한다. 이는 비단 남들에게만 일어나는 일이 아니다. 당신은 살아가면서 새로운 사람의 이름을 알아가는 동시에 수많은 이름을 잊어가고 있다. 나이가 들면서 자본을 위한 관계성이 성장을 위한 관계성보다 중요해지기에 발생하는 자연스러운 현상이기도 하다. 당신에게 잊혀진 이름을 가진 그 사람 역시 마찬가지인 것이다. 관계의 목적이 단조로워지면서 모두의 이름이 갖는 인간관계적 차원의 중요성은 점점 낮아지고 있다. 하지만 이런 경향은 자본주의 경쟁사회에서 훨씬 강화되는데, 불평등의 양상이 관계성의 단절을 유도할 뿐만 아니라 고착화시키기 때문이다. 이는 다른 말로 자본주의의 가혹하면서도 합리적인 경쟁 논리야말로 관계성의 약화를 가속화시키는 것이며, 익명의 거대화를 엄청나게 촉진하는 것이라 할 수 있다.

'익명'이 익명의 상태라면 '익명화'는 익명의 상태에 이르는 과정에 있는 것으로, 이 둘은 거대 익명으로 통합된다. 익명화는 세 가지 개념으로 나눌 수 있다. 첫 번째, 익명화는 알려지지 않은 것이다. 우리는 우리에게 알려지지 않은 것을 말 그대로 알 수 없는데, 이렇게 알려지지 않은 것들의 성격을 다시 세 가지로 나눠 볼 수 있다. 알려지지 않은 것의 첫 번째 성격은 알려질 필요가 없는 것들이다. 알려질 필요성이 없다는 것은 관계성에 있어 중요성과 영향력이 매우 낮다는 것을 말한다. 이것은 동시에 무명화된다고도 할 수 있다. 중요도가 낮아져 알려지지 않은 것을 쉽사리 떠올리기 어렵지만, 조금만 생각해 본다면 관계성을 잃어가는 것들이 우리 일상생활에 흔하다는 것을 알 수 있다. 옛 친구의 근황은 점점 알기 어렵지 않은가? 옛 스승의 안부는 어떤가? 그 이유는 말 그대로 관계의 중요성이 낮아지기 때문이며, 이런 관계는 점차 알려지지 않은 자들의 세상인 익명에 편입되는 것이다. 다른 측면에서 중요성이 낮아 익명화되는 것은 조직관리 체제에서도 찾아볼 수 있다. 사람들의 개별 정보는 효율적인 조직 관리를 위해 익명화된다. 그들은 코드로 변형되어 데이터베이스화되는데, 각종 수치로 정량화된 사람들의 속성은 다양한 통계지표의 원천으로 사용된다. 그들의 고유한 이름들은 효율적이고 체계적인 관리라는 목적에 전혀 부합되지 않기에 익명화의 과정을 거치게 되는 것이다.

알려지지 않은 것의 두 번째 성격은 알려지기에는 너무 복잡하고 어려운 것들이다. 어려운 것들의 전달에는 기본적으로 긴 시간이 소요된다. 그렇다고 주어진 시간만으로 해결되는 것도 아니다. 내용의 이해를 위한 많은 노력이 수반되어야만 가능하기 때문이다. 하지만 현실에서 어렵다는 이유만으로 알려지지 않는 전문지식은 없다. 자본주의 사회에서 이런 내용의 전달이 자본주의 가치 지향과 일치한다면 사람들은 시간과 노력을 쏟을 것이기 때문이다. 즉, 시간과 노력, 전문적 지식을 습득할 수 있는 교육 자본이 갖춰져 있다면 누구라도 어려운 것에 접근할 수 있지만, 전문지식의 독점을 통해 자본을 독식하려는 자들이 보통 사람들의 접근을 막아 버린다면 상황은 달라지고 말 것이다. 독점자의 방해야말로 어려운 것들이 알려지는 데 있어 가장 큰 장애물이 된다. 이렇게 알려지지 않은 어려운 것들은 익명화에 있어 엄청난 영향력을 행사하는데, 접근성이 차단되어 알려지지 않게 된 전문지식은 익명의 강력한 무기가 되어 암시를 견고하게 뒷받침 하는 기반이 되기 때문이다. 이렇게 견고해진 암시는 사회가 지향하는 가치를 구성원에게 이해시키는 것을 넘어 무비판적으로 수용하게 만든다. 소수에게 점유되는 전문지식은 전문적인 용어로 포장되어 보통 사람들의 접근성을 단절시키고, 익명화되는 것이다. 대부분의 사람은 전문지식 전반의 영향력에 대해 파악하기 위한 시간과 노력을 일상생활에서 확보할 수 없을 뿐만 아니라, 특정 개인이 이런 시도를 한다 하더라도 정보의 독점이라는 커다란 장벽에 부딪히게 된다. 특히 자본주의 시장에서 관련 분야의 전문지식을 독점하는 기업에 대항하는 개인이 그 장벽을 뛰어넘는 것은 불가능에 가깝다.

알려지지 않은 것의 마지막은 알려질 수 없는 것들이다. 이것은 인간의 감각을 초월하여 현실 세계에서 감각적으로 지각할 수는 없는 모든 것이다. 이런 미지의 것들은 불완전함과 불확실함을 의미하며 다양하게 상징화되고, 대부분은 물질적 영역이 아닌 정신의 영역에서 나타난다. 대표적인 것이 죽음의 표상이다. 우리가 죽음에 대해 알고 있는 것은 죽음을 정의하는 방식뿐이다. 죽음 그 자체는 누구도 알 수 없기에 알려질 수 없다. 살아 있음의 부정으로써 정의되는 것이 죽음인 것처럼, 알려지는 것의 부정으로서만 정의되는 것이 바로 익명이다. 감각할 수 없기에 알 수 없는 것들은 비단 죽음에 국한되지 않는다. 시간 역시 익명화되는데, 연속적인 시간의 관념에서 미래는 다른 현재이지만, 단절된 시간의 개념 속의 미래란 접근할 수 없으며 알 수도 없다. 미래는 죽음과 같이 개념으로서만 존재한다. 그나마 우리가 미래의 모습을 그려볼 수 있는 가장 좋은 방법은 현재와 비슷할 것이라 추정하는 것이다. 하지만 가장 확실한 의미의 미래는 지금으로부터 도래하기 가장 먼 시간 속에 있기에, 끊임없는 가능성들의 작용으로 펼쳐질 미래의 모습은 미궁에 빠지고 만다. 우리가 언제나 미래에 대한 주제로 대화하고, 토론하고, 예상하는 것은 우리가 알려질 수 없는 미래에 대해 할 수 있는 것은 이것밖에 없기 때문이다. 이렇게 죽음과 미래는 익명 속에서 강하게 결합하여 익명의 암시 중심에 도사리게 된다. 지나간 시간 또한 마찬가지다. 거대 익명은 모든 사람들의 모든 시간을 포함하는 것이다. 특히 익명의 암시에서 시간은 불안이나 희망과 같은 수많은 감정에 결합하여 큰 영향력을 발휘한다. 시간은 감정이라는 장치에 없어서는 안 될 반드시 필요한 톱니바퀴라 할 수 있으며, 거의 모든 감정에는 시간의 개념이 내포된다.

두 번째, 익명화는 은폐된 것이다. 현실 속에서 스스로의 존재를 숨기는 것이 익명이라면, 은폐는 그 현실 자체를 숨기는 것이다. 우리가 사는 세계에 자본주의의 노골적인 영향으로 왜곡된 현실이 있다면, 이는 은폐의 주요 대상이 된다. 그러나 왜곡된 것이야말로 가감 없는 사회의 실제 모습에 가깝기에, 은폐되지 않은 것이야말로 실제에서 거리를 두고 있는 셈이다. 이런 역설은 눈에 보이는 것 그 자체를 실제로 바라봐선 안 된다는 의미다. 은폐된 현실의 작은 조각을 직접 바라보기 위해서는 현실 속에서 어떤 것이 은폐의 대상이 될 수 있는지, 그 의도는 무엇인지, 최소한의 의구심을 갖는 자세가 요구된다. 은폐는 반드시 누군가에게 이익을 제공하는 것이며, 이익을 제공하는 데에는 그 배경과 이유가 있기 마련이기 때문이다. 자본주의 사회에서 그 목적은 자본이므로 돈의 흐름을 통해 은폐의 대상을 역추적하는 것은 기본적인 수사방법이기도 하다. 그렇다고 은폐의 대상인 모든 행위가 불법이라 말할 수는 없다. 아무리 잘 못된 행위라 해도 법 조항에 맞아 떨어지지 않거나 제재하는 법 자체가 없다면, 이는 말 그대로 위법행위가 아닌 나쁜 행위에 머물게 될 것이기 때문이다. 이런 노림수야말로 나쁜 행위의 명민함이며, 나쁜 행위가 불법 행위 만큼 심각하지 않다고 절대 말할 수 없다.

은폐의 중심에는 언제나 권력이 있고, 은폐하는 자의 권력이 고도화된 자본주의 이념 아래 있다는 것과 은폐된 현실에서 무언가를 얻고 있는 자들은 권력과 밀접한 관계를 맺고 있다는 것을 우리는 이미 알고 있다. 익명화의 중요 개념인 은폐된 것과 알려지지 않은 것의 차이는 다음과 같은데, 알려지지 않은 것이 본연의 성격에서 기인하는 데 반해 은폐는 권력의 의도적인 힘에 의해 작동한다는 점이다. 즉, 의도적으로 알려지지 않게끔 만들어진 것이 은폐인 것이다. 이처럼 은폐는 적극적인 익명화로, 은폐의 주체가 무엇이지 접근할 수 있는 실마리를 제공하는 것처럼 보인다. 하지만 은폐하는 자 역시 은폐되기에 익명의 암시를 가하는 주체 역시 미지에 싸인다. 특히 현대 사회에서는 다양하고 복잡한 층위에서 권력과 은폐가 등장하기에 익명의 암시를 좌지우지하는 권력의 실체를 단정하는 것은 불가능하다. 우리는 그나마 내부자의 폭로를 통해서만 부당한 권력의 아주 작은 조각 하나를 밝혀낼 수 있을 뿐이다. 이것은 은폐되어 알려지지 않은 것들이 너무 거대하여 중심을 찾기 어려울 뿐 아니라 중심 자체가 사라지고 있음을 의미한다. 이런 상황에서 자본주의 시장 생태계 곳곳에 불공정하고 약탈적인 구조가 만들어진다. 권력의 거대화, 권력의 기울어짐으로 왜곡된 시장의 구조는 은폐되고 익명화되는데, 여기에 알려지기 어려운 전문적인 지식이 가담하여 은폐를 둘러싼 장벽을 더욱 공고히 한다. 은폐된 것을 대체하는 전문용어들이야말로 확고부동한 진실이라는 논리로 새로운 은폐를 시도하고, 정보에 접근하는 것조차 허용하지 않는다. 이로써 왜곡된 시장구조는 이중으로 보호받게 되는 것이다. 여기에 사람들이 어떤 의심도 없이 순응하기 시작하면 왜곡된 시장구조는 삼중의 안전장치로 더욱 공고해지고, 아예 정상적인 것으로 공인받기에 이른다. 비정상의 정상화가 사회 곳곳에서 발생하는 것이다. 이런 흐름과 경향은 '은폐로 인해 숨겨진 왜곡된 진짜 현실'과 '우리가 아는 현실'의 괴리를 더욱 크게 만든다. 진짜 현실은 은폐되고 익명화되어 버리지만, 우리에게 알려진 현실은 각종 미디어와 언론의 화려한 조명을 받은 채 당당하게 서 있다. 우리는 진짜 현실 안에서 살아가고 있음에도, '우리가 아는 현실'만을 현실로 받아들인다.

세 번째, 익명화는 특정 대상이나 상황을 못 본 체하는 것이다. 못 본 체한다는 것은 충분히 인지했음에도 불구하고 그렇지 못한 것처럼 행동하는 것을 의미한다. 여기서 인지란 합리적으로 판단할 수 있는 의식의 영역과 잠재적인 무의식의 영역 일부를 포함하는 것이다. 특정 자극에 대한 대부분의 인지는 감각을 통한 일차적인 근원적 감정으로 좋음과 나쁨으로 구별하고, 그 이후 대상에 대해 분석적이고 객관적인 판단 절차를 진행한다. 하지만 못 본 체하는 행위는 객관적인 인지 절차 자체를 의도적으로 막아서는 것으로, 은폐가 권력에 의해 위에서 짓누르는 힘이라면 못 본 체하는 행위는 가장 작은 주체인 한 사람이 특정 대상을 은폐하는 행위라 할 수 있다. 못 본 체하는 것은 사소하지만 의도가 있으며, 이런 의도들은 사회적으로 무의식화되고 관습화된다. 그리고 이런 행위는 점차 증식하여 익명화되고, 결국 거대 익명에 통합된다. 못 본 체하는 행위는 익명화의 원인이 아니라 익명화의 결과라는 반론이 있을 수 있다. 못 본 체하는 행위는 어느 정도 익명화의 원인이자 결과이기 때문에, 이는 충분히 타당한 의견으로 볼 수 있다. 그런데도 익명화의 마지막 개념에 못 본 체하는 행위가 포함되는 것은 결과에 따른 영향보다는 최초 원인으로서 익명화에 기여하는 부분이 더 크기 때문이다. 최초의 못 본 체하는 행위는 작은 돌멩이 하나가 호수에 떨어졌을 때 잔물결을 일으키는 것처럼 주변에 미세한 영향을 미치고, 못 본 체하는 행위에 사람들을 동참하게 만들었을 것이다. 이런 파동들이 모여 끊임없이 서로의 행위에 영향을 미치며 더 멀리 퍼져 나가게 된다. 가령 한 공간에 많은 사람이 있는 경우와 소수의 사람이 있는 경우 취해지는 본 체하는 행위의 차이는 매우 큰데, 이것도 익명화의 영향인 것이다.

행위의 주체인 우리는 특정 상황에서 어떤 대상을 못 본 체한 경험을 많이 갖고 있을 것이다. 혹자는 본인에게 물질적 손해가 요구되는 경우 이런 상황이 만들어진다고 주장할 수 있다. 지하철역이나 거리에서 구걸하는 사람에게 돈을 적선하지 않고 지나

자본주의 민낯은 우리와 그리 멀지 않은 곳에 있다.
그것들은 눈에 보이지만 의식되진 않는다.

치는 것도 그 대상이 누구인지 여부와 상관없이 본인의 물질적 손해가 조금이라도 발생하기 때문이며, 이것은 사실이다. 하지만 이 관점은 물질적 측면으로만 접근한 것으로 행위의 일부만을 설명할 수 있다. 동냥질하는 사람들, 노숙인들 그리고 폐지 줍는 노인들까지, 그들이 보여지더라도 의식하지 않는 더 중요한 이유는 물질적 손해보다는, 그들과 어떤 방식으로든 연결된다면 야기될 마음의 불편함이 있기 때문이다. 연결의 가장 기본적인 방식은 두 눈으로 대상의 모습을 직접 바라보는 것이며, 마음의 불편함이란 견디기 어려운 심적 상황, 연민이나 동정으로 표현할 수 있다. 그들의 가여움을 안타깝게 여기는 이유는 기본적으로 그들은 우리와 동일한 사람이라는 것에서 기인한다. 같은 사람이라는 교감은 최소한의 연민을 어느 정도 유발시키기 때문이다. 그러나 인간이라는 것 자체로 유발되는 연민은 분명 있을지언정 아주 크다고 생각되진 않는다. 그 연민은 최소화되어 있으며, 다른 의미로 이런 연민과 동정은 다양한 감정이 작동해야 하는 인간의 심리적 조건에 불과할 수도 있다는 생각마저 든다. 같은 인간이라는 이유로 사람들이 많은 연민을 느꼈었더라면 이 세상에서 비참한 상황에 놓인 사람들은 일찌감치 찾아보기 어려웠을테니 말이다. 즉, 우리가 느끼는 강한 연민의 상당수는 그 대상이 인간이라는 것 자체에 있지 않다고 할 수 있으며, 마음의 불편함 역시 그 대상이 인간이라는 것 자체에는 크게 의존하지 않는 것이다. 물론 이런 사실만으로 인간을 냉정한 동물이라 단정할 수는 없다.

우리에게 강한 연민과 동정으로 마음의 불편함을 야기하는 경우는 그들이 우리와 관계하고 있을 가능성, 관계했던 어떤 사람일 가능성, 그들이 그 사람과 연관될 가능성이 조금이라도 있을 때이다. 예를 들어 마약 중독자가 거리에 쓰러져 있다고 하자. 그는 사회의 가장 밑바닥에 속하며, 얼마 가지 않아 거리에서 굶어 죽을 가능성이 매우 높다. 사람들은 그를 멸시하고, 그를 못 본 체 지나친다. 어떤 이들은 그가 아이들에 눈에 비치지 않도록 아이들의 눈을 가려 버릴 것이다. 또한 그가 마약을 구매하기 위한 돈을 마련하기 위해 당신을 공격할 수도 있다는 생각은 당신의 발걸음을 더욱 재촉시킬 것이다. 이것은 실제가 아닌 가정에 불과하니 두려움을 내려놓고 그에게 다가가 보자. 그리고 길거리에 쓰러져 있는 마약 중독자의 눈동자를 바라보자. 놀랍게도 그는 한때 당신의 절친한 친구였다는 것을 알아챌 수 있었다. 아니면 오랜 기간 연락이 끊긴 친척일 수도 있다. 그가 친구든 친척이든 중요하지 않다. 그는 당신과 관계를 맺었던 사람이었던 것이 중요하다. 당신은 어떻게 할 것인가? 다시 일어나 그를 그냥 지나치겠는가? 아니면 손을 내밀겠는가? 이 상황은 당신과 마약 중독자가 직접적인 관계로 연관된 적이 있다는 극적인 경우이지만, 극적인 것만큼이나 숨은 감정을 정확히 살피기 위해 필요한 예시다. 이런 상황에 맞닥뜨린 보통 사람들은 친구나 친척을 찾아내서 행복해 할 것인가? 아니면 불행해할 것인가? 우리는 이런 상황을 머릿속에 구체적으로 그리고, 그에 상응하는 사람을 선정해야 한다. 그래야 이런 사고실험을 통해 조금이나마 솟아오르는 감정을 느낄 수 있을 것이다. 그 감정은 결코 행복하고 즐거운 것과는 거리가 먼 것이다. 우리는 비극적인 상황을 맞이한 것에 대해 엄청난 불행을 느낄 것이며, 그의 잘못된 선택에 대해 질책하려는 마음보다는 그의 인생을 진심으로 불쌍히 여길 것이다. 이런 감정은 그가 같은 인간이라는 것을 넘어 관계의 가능성에서만 발현될 수 있으며, 우리가 전적으로 두려워하는 것이야말로 이런 상황이다. 타인의 불행에 대한 마음의 불편함인 연민과 동정에는 이런 두려움이 숨어 있다. 특히 그 불쌍한 사람이 가족이나 친구일 가능성은 강한 연민과 함께 엄청난 두려움을 만들어 낸다. 이런 심리 상태는 종국에 그들 존재 자체에 대한 불편함을 유발시켜 두려움을 미리 회피하고자 하며,

아예 기본적인 연결 방식을 끊어 버리기 위해 못 본 체하도록 만드는 것이다. 그들은 분명 존재하지만 부정된다. 만약 타인과 어떤 관계도 맺지 않고 살아온 사람이 있다면, 그 사람만이 어떤 불편함도 느끼지 못할 것이다. 하지만 관계성 없는 인간은 없으므로 이 두려움을 피할 수 있는 사람은 없다. 이렇게 못 본 체하는 행위는 스스로의 의지로 마음의 문을 가리는 것이다. 이 행위를 통해 사람들은 썩 유쾌하거나 즐겁진 않지만, 적당한 안도를 느낄 수 있다. 값싸고 하찮은 그런 안도를 말이다.

대다수 사람들의 못 본 체하는 행위 역시 집단화되어 독립적으로 영향력을 행사하게 된다. 이 과정이 바로 익명화로, 익명이 된 그 힘은 개인들에게 다시 강한 암시를 보내는 것이다. 이제는 못 본 체하는 행위가 마음의 불편함에서 시작되는 것이 아니라, 사람들이 암묵적인 약속을 이행하듯 발생한다. 이런 암시는 못 본 체하는 행위가 개인적 차원을 넘어 집단적 차원에서 발생하도록 만드는데, 특정 집단이 특정 대상을 못 본 체하는 행위는 그 주체가 단절된 개인이 아닌 영향력이 훨씬 큰 집단이라는 점에서 더욱 중요해진다. 집단적으로 이뤄지는 못 본 체하는 행위는 사회적 차원에서 해결되어야 할 문제들을 방치하게 만들기 때문이다. 하지만 익명의 암시는 그 문제가 사회가 지향하는 가치에 어긋남이 없다면 오히려 이에 동조하고 이런 상황을 강화하기까지 한다. 또한 특정 집단에 새로운 사람들이 등장하여 의문을 제시할 수는 있지만, 그들은 곧 이런 분위기를 감지하고 집단속으로 조용히 스며든다.

익명과 상식에 관하여

스스로의 존재를 감추는 것과 이름이 없는 무명을 '익명'으로, 알려지지 않음과 은폐, 그리고 못 본 체하는 일련의 것들을 '익명화'로 나눠지는 거대 익명의 특성을 살펴보았다. 익명은 다섯 가지 특성이 상호 복합적으로 작용하면서 점차 거대화된다. 이런 익명이야말로 한 사회의 거대한 무의식인 것이다. 우리가 익명이라는 것을 눈으로 볼 수 있다면, 그 안은 매우 혼잡하고 무질서한 상태일 것이다. 그리고 익명 안에서 질서를 찾는다는 생각은 분명 무리한 것이라 여겨질 수 있다. 하지만 익명을 다섯 가지 개념으로 나누는 것을 시도할 수 있는 것처럼, 익명의 무질서 안에서 무엇인가를 찾기 위한 노력은 절대로 무의미한 일이 아니다. 내가 제시한 것과는 완전히 다른 새로운 시각에서 논하는 방법이 익명의 본질을 파악하는 데 있어 더욱 훌륭할 수도 있다. 또한 익명이 인간의 삶에 미치는 영향력을 감안한다면, 익명이라는 것이 개념으로만 머무는 것이 아닌 실체적 대상으로 인식되고 다뤄져야 할 것이다.

익명이 암시를 통해 억압하는 것이 아니라 직접적으로 구성원을 통제한다면, 우리는 필시 익명의 노예로 전락할 수밖에 없을 것이다. 포악한 독재자가 지배하는 전체주의 국가처럼 말이다. 하지만 인간 역시 무의식의 영역과 의식적 영역이 함께 자기를 이루는 것처럼, 사회 역시 구성원들의 관계성으로 촉발된 익명이라는 무의식과는 별도로 합리적인 의식의 영역이 존재하기에 이런 일은 좀처럼 발생하지 않는다. 인간이 무의식에 완전 복속되어 살아가지 않는 것처럼, 거대 익명 역시 사회 전체를 완전히 점령하지는 못한다. 사회의 이런 의식적 영역이야말로 인간 문명을 발전시켜 온 주체이자 핵심인 것이다. 그럼에도 사회적 의식 영역은 무의식적 영역인 익명에 뿌리를 내리고 있다는 것을 잊으면 안 된다. 우리는 익명의 목소리가 사회의 의식적 영역으로 적절히 흡수될 수 있도록 해야 한다. 익명은 사회가 지향하는 가치를 암시하는 역할을 수행할 뿐만 아니라, 사회가 품고 있는 위험 역시 암시하고 있기 때문이다. 위험이란 사회체계의 존속에 위협을 가하는 것들로, 익명은 사회 구조의 붕괴 신호를 사전에 암시함으로써 사회가 지속될 수 있도록 돕는 것이다. 이런 암시를 의식적 영역에서 제대로 포착하지 못한다면 그 사회의 미래는 어느 측면에서도 밝다고 할 수 없다. 위험이 가중되다가 어느 순간 폭발한다면 사회적 구조를 이루는 정신적·물질적 토대들은 한순간에 무너져 버릴 것이기 때문이다.

사회 의식적 영역은 익명의 가장 큰 영향인 암시뿐만 아니라 익명성 자체에 대한 반동 작용에 의해서도 영향을 받는다. 익명의 성격에 반하는 유명과 자신의 존재를 드러내고 싶은 욕망 역시 의식의 영역에 표출되는 것이다. 또한 은폐와 못 본 체하는 행위에 대한 반동 작용인 폭로와 일부러 보려 하는 행위에 대한 욕망도 마찬가지다. 수많은 사람들로 구성된 현실 사회의 욕망에는 익명의 반동 작용으로 발생한 욕구와 감정들 역시 지속적으로 영향을 미치고 있다.

익명의 암시와 익명에 대한 반동 작용은 서로 분리될 수 없는데, 그것은 각 존재에 대한 근거가 되기 때문이다. 사회가 지향하는 가치를 위한 행동을 유도하는 것 자체에 대해 좋고 나쁨을 판단하는 것이 의미가 없는 것처럼, 익명의 반동 작용 자체를 윤리적 판단의 대상으로 볼 수 없다. 하지만 반동 기제로 인해 야기되는 현실 속의 결과에 대해서는 윤리적인 판단이 가능할 것이다. 물론 어떤 입장에 서느냐에 따라 그 결과는 사뭇 달라지는데, 익명의 반동 작용으로 발생하는 유명의 욕구는 전적으로 좋게 작동할 수도 있고, 한없이 나쁠 수도 있다. 유명이라는 의미에는 존경받을 만하다는 좋은 의미와 사악한 것이라는 나쁜 의미가 동시에 포함되어 있는 것처럼 말이다. 은폐에 대한 폭로 역시 반동 작용을 수반하며, 그 결과에 대해서만 윤리적으로 판단할 수 있다. 또한 폭로가 무조건 올바르다고 할 수는 없는데, 그것은 은폐의 대상과 성격에 따라 달라진다. 물론 권력형 비리와 같은 은폐의 폭로는 사회의 발전에 좋은 것이라 판단할 수 있다. 일반적으로 은폐에는 권력이 적극 개입한다는 점에서 폭로의 주체는 권력이 없는 상대적 약자일 가능성이 높다. 여기서 스스로의 존재를 숨기는 익명의 제보자, 폭로자가 등장한다. 자신을 당당하게 드러내는 유명의 제보자가 없는 것은 아니다. 자신의 존재를 드러내도 피해가 발생하지 않거나, 오히려 신변의 보호가 강화되는 경우 유명의 제보가 이뤄진다. 어찌 되었든 권력이 없는 자가 권력자를 상대하는 것은 생존의 문제와 직결되는 것으로, 확고한 신념 없이는 어떤 폭로도 할 수 없다.

못 본 체하는 행위의 반동 작용으로 관계성 없는 대상을 의도적으로 보려 하는 행위는 인도적 차원에서 훌륭하다고 할 수도 있지만, 행위 주체가 본인의 감정적 불편함을 해소하기 위함이라면 그 의미는 꽤 달라진다. 그런 사람들은 연민과 동정으로 자선 행위에 참여하면서도, 자신들의 도덕적 욕구를 채우고 마음의 안식을 얻기 위한 동기를 감추고 있는 것이다. 그들은 자신의 이런 마음을 못 본 체 해버린다. 이것은 못 본 체하는 행위의 대상이 타인에서 자신으로 바뀐 것에 불과하다. 일부로 대상을 보려 하는 행위에는 관계의 가능성을 회복시킬 진솔함이 필요하며, 그에 따른 노력은 말할 것도 없이 상당히 요구되는 것이다. 또한 자신의 이익을 포기하고 타인에 헌신하는 행위는 자본주의가 강조하는 경쟁이라는 가치에 반하는 것으로, 폭로에 필요한 용기와는 또 다른 용기가 요구된다.

익명의 암시가 미치는 영향력은 모든 사람들에게 동일하진 않다. 사람들의 기질과 환경적 요인에 따라 암시를 수용하는 정도의 차이가 발생하기 때문이다. 우리 주변 사람들만 봐도 기질적인 차이는 쉽게 알 수 있다. 암시의 수용 정도가 높은 사람은 눈에 잘 띄지 않지만, 수용 정도가 낮은 사람은 보통 자신의 견해를 고수하려는 경향을 갖는다. 이런 사람들은 '자신만의 세계에 빠졌다.'

라고 부정적으로 묘사되곤 한다. 암시의 수용이 낮은 사람들 중 일부는 시대의 생각을 앞서나가기도 하지만, 시대의 흐름을 놓치고 많은 어려움에 처하기도 한다. 어쨌든 익명의 암시가 사람들에게 영향을 미치는 가치의 방향성만은 같은 것이다. 하나의 사회를 구성하는 다양한 가치가 각기 다른 방향을 나타낼 수는 있어도, 하나의 가치가 갖는 의미와 방향은 누구에게나 동일하다. 여기서 심리적 기능의 우월한 부분과 열등한 부분의 차이로 사람마다 익명의 암시를 받아들이고 내재화하는 데 있어 수용성의 차이가 발생하게 된다. 이로써 사람마다 매우 다양한 행태를 보인다고 할 수 있지만, 그럼에도 이런 행태에는 사람들이 동일하게 공유하는 공동의 영역이 더욱 큰 것이다. 그렇기에 익명의 암시는 사회가 지향하는 가치 전달을 통해 사람들이 사회의 구성원의 역할을 수행할 수 있도록 하는 사회화의 바탕이 될 수 있다. 하지만 익명의 암시가 사회화 그 자체라 볼 수는 없는데, 사회화는 익명의 암시가 없다면 성립되지 않기 때문이다. 사회화는 보편적으로 교육을 통해 이뤄지지만, 익명의 암시는 교육에 선행할 뿐만 아니라 공동생활의 토대가 된다는 점에서 그렇다. 익명의 암시는 사회화 기제의 중심축이자 기본 바탕으로 작동하며, 사회가 추구하는 가치를 내면화시키는 데 있어 빠질 수 없는 것이다.

사실상 익명의 암시는 구성원들의 개인적 욕구와 별개로 독립적인 실체로서 작동한다. 우리는 익명의 암시와 함께 일상을 보내고, 타인과의 관계를 이어 가며 익명 속으로 스며들어 간다. 익명의 암시는 구성원이 사회에서 낙오하지 않도록 작동하지만, 그 힘의 조정은 불가능하기에 구성원을 강하게 억압하여 막다른 골목에 몰아넣기도 한다. 거대한 익명도 사람과 마찬가지로 욕구라는 멈추지 않는 동력을 갖기에, 익명이 암시하는 가치와 감정은 또 다른 가치와 감정에 의해서만 조정될 수 있는 것이다. 이런 익명은 존재를 스스로 숨기게 하고, 이름을 없애고, 알 수 없게 하며, 은폐하며, 서로를 의도적으로 보지 않게 하여 지속적으로 인간을 억압하고 익명화시킨다. 그리고 한 인간은 사회를 구성하는 이름 없는 개인이 된다.

우리는 모두에게 익명인 상태로 삶을 시작한다. 그리고 대다수는 여전히 익명인 채로 남아 있다. 우리는 관계를 맺는 가까운 사람들에게만 본인의 존재를 드러내고 고유한 이름으로 불린다. 익명의 관계로 편입되지 않은 사람들은 서로가 존재해야 할 이유를 아주 조금씩 나눠 갖는 것과 같다. 서로에게 존재의 이유가 되는 것이야말로 관계의 본질이며, 그 관계의 마지막 핵심에는 서로에게 모든 것이라 선언하는 사랑이 있다. 이런 관계에는 익명이 기웃거릴 자리가 전혀 없다. 익명이라는 거대한 사막 속의 오아시스가 바로 사랑인 것이다. 익명이 중요한 것은 모든 사랑의 전제에 익명이 있기 때문이다. 사막이 없다면 오아시스 역시 없지 않겠는가? 익명은 사회적 구조가 들어설 수 있는 기본 토양이며, 사회적 구조는 인간의 삶이 펼쳐지는 무대이다.

또한 익명은 개인들이 고통을 회피할 수 있도록 은신처를 제공한다. 몸과 마음을 익명 속으로 은신하여 자신을 숨기는 것은 비겁하게 도망가는 것으로 비춰질 수도 있지만, 한 개인의 입장에서 익명 속에 숨는 것은 여러모로 보나 나쁜 전략이 아니다. 불완전함, 불확실성에 맞서 대항하는 가장 쉬운 방법은 다름 아닌 숨는 것이다. 스스로를 숨기고 이름을 없앰으로써 자신의 신변과 마음을 최소한이라도 보호받을 수 있도록 하는 것이다. 이름 없이 거대한 무리에 참여하여 집단화되는 것은, 자신의 불안을 계속 안은 채 살아갈 수 있는 방법이 된다. 물론 이렇게 익명화된다 해서 불안이 완전하게 사라질 수는 없다. 그 불안이 거대 익명 속에서 동요하는 것은 마찬가지이며, 오히려 불안은 그 속에서 더욱 증식된다. 그런데도 비슷한 어려움에 처한 수많은 사람들은 숨은 것이 나만은 아니라는 공통된 생각으로 집단속에서 안식의 감정을 발견하게 된다. 군중의 불안은 한편으로 위로인 셈이다. 사람은 혼자라는 외로움 속에서 헤어 나오지 못할 때 스스로를 익명화시키는 것이며, 이렇게 얻은 안식은 불안과 함께 익명의 양 기둥이 된다.

익명 속에서 현재 상태에 만족하며 숨어 있는 개인의 소극적인 태도는 암시의 억압과 유혹에 이리저리 휩쓸리며 살아가게끔 만든다. 어떤 상황 속에서든 자신의 정체성에 대한 사유를 멈춘다면 더 이상 정체성은 없는 것이다. 고도화된 자본주의 시장이 개인들을 소비자라는 익명의 무리에 몰아넣어 정체성을 말살시키려는 계획은 일부 성공하고 있다. 말살은 분명 과도한 표현이지만, 새로운 정체성을 위해 기존의 정체성이 사라져야 한다는 것은 사실이다. 자본주의 시장은 개인들을 수많은 소비자층으로 분류하고, 새로운 명칭을 부여한다. 우리는 이런 분류를 자연스럽게 받아들이는 것을 넘어 오히려 자신의 위치가 시장에서 어떻게 규정되는지 스스로 찾아 헤맨다. 이를 모르는 것이야말로 불안의 요인이 되었기 때문이다. 이렇게 불안에 짓눌린 많은 이들이 익명 속으로 더욱 깊이 들어가려 한다. 익명에 발을 내딛는 순간에는 고유한 자신의 이름과 개성은 전혀 중요하지 않다. 아예 없거나 알려지지 않은 이름이 익명이라는 세계를 잘 탐험하도록 돕기 때문이다. 이렇게 익명의 암시로 만들어진 생각 속에는 익명의 암시에 대한 요청 역시 존재하며, 억압과 억압에 대한 요청, 유혹과 유혹에 대한 요청 또한 협력적으로 작동한다. 생존을 위한 인간의 본능에는 거대 익명에 대해 갈증을 느끼는 무엇인가 있는 것이다. 이것은 동참, 은신, 도피, 개성의 포기, 정체성의 집단화, 주체의 객체화 등 수많은 이름으로 불릴 수 있다.

우리는 이런 익명을 대하는 자세에 있어 겸손해야 한다는 것을 잊으면 안 될 것이다. 그것은 익명이 위대해서가 아니라 반대로 인간이 한없이 부족한 존재이기 때문이다. 또한 익명 자체에 대해 탐구하는 것은 개념적으로 가능할지 몰라도, 구체적으로 명확하게 파악하는 것은 불가능하기 때문이기도 하다. 지금까지 살펴본 익명은 그 의미처럼 존재를 감추고 알려지지 않은 것이기에, 익명은 익명적이지 않은 것을 통해서만 그 성격을 비추어볼 수 있는 것이다. 사회의 무의식적 영역인 익명이라는 실체는 그것이 지나가며 남긴 정황적 사실들을 통해서만 추론할 수 있을 뿐이다. 어딘가 남아 있는 상흔을 통해 누군가 총을 쐈다는 것을 알 수 있는 것처럼 말이다. 그리고 그 대상을 합리적으로 개념화·체계화하는 것은 전적으로 의식의 기능에 달려 있다.

익명과 상식에 관하여

IV

익명의 그림자

익명은 사람들의 관계성에서 발생하는 것으로, 개인은 익명의 억압으로부터 벗어날 수 없고 상보적 관계까지 갖는다는 것은 현실과 거대 익명의 관계는 한 방향으로 종속되는 간단한 형태가 아니라 다차원적으로 접근해야 그 모습을 파악할 수 있다는 것을 의미한다. 하지만 익명은 가시성이 없을 뿐만 아니라, 개념적으로도 모든 개인을 포괄하기에 거대 익명의 전부를 속속들이 파악하는 것은 불가능할 것이다. 또한 익명의 중심과 주변도 제대로 구분되지 않기에 익명 속에서의 우리의 위치도 정확히 알 수 없다. 우리는 익명 어딘가에 놓여 있을 뿐이다. 익명은 또한 시간마저 관통하기에 역사적으로 재구성하는 것 역시 만만치 않은 일이다. 시간을 관통한다는 의미는 익명 속에 한 사회의 모든 역사가 동시에 상존함을 말한다. 그리고 익명의 핵심이 사람의 관계성이라 해서 그것이 사람들 자체라고도 할 수 없는데, 익명은 모든 개인의 합을 뛰어넘기 때문이다. 사회와 동일시되지 않는 익명은 독립적인 실체를 갖는다. 익명과 함께하는 것은 인간의 숙명이며, 인간이 삶을 꾸리는 어느 곳에서도 익명은 존재한다. 우리 모두는 익명 속에서 태어나고 익명 속에서 죽는다.

　우리 중 어느 누구도 거대 익명의 손아귀에서 벗어날 수 없다는 사실을 인정하고 받아들이는 것이야말로 좋은 선택과 행동을 위한 현명한 태도일 것이다. 이런 고민은 다분히 현실적인 문제에 대해 현실적인 대안을 찾기 위함이다. 인간이 피부를 맞대고 살아가야 하는 곳은 결국 현실이라는 세상이다. 하지만 우리는 항상 '무엇이 필요한가?'라는 질문만을 앞세워 보이지 않는 길을 찾으려 한다. 이는 분명 간단하고 직선적인 좋은 질문이지만, 우리에게는 충분한 경험이 없기에 정작 무엇이 필요한지 알지 못하며, 우리가 이 질문에 대한 답을 아무리 구한다 하더라도 그에 대해 확신을 가질 수 없다. 그렇기에 똑같은 질문은 해결되지 않고 반복된다. 불행히도 인간은 많은 시간이 지난 후에야 대체로 정확한 답에 가까운 것을 회고할 수 있을 뿐이다. 그렇다면 우리는 지금 '무엇을 피해야 할 것인가?'라는 다소 소극적인 질문의 답을 먼저 구하는 것이 더 요구되는 태도라 할 것이다. 그런 후에 다가올 어려움은 과거의 거울에 비추어 살펴봐야 하는 것이며, 이 질문의 답이야말로 끊임없이 직면하게 될 문제들을 대처하기 위한 최소한의 준비가 될 것이다. 그렇기에 우리는 익명 속의 그림자를 예의주시해야 한다. 우리에게 있어 가장 고통스러운 문제는 그림자의 암시로 발생하기 때문이다.

익명 속에서 가장 어두운 그림자의 영역은 한 사회에서 철저히 외면당하고 좌절당한 모든 것들이 모여서 만들어진다. 아물지 못한 상처와 아픔들도 그림자 속으로 끌려 들어감은 물론이다. 그림

이곳은 도심 속의 생과 사의 경계선이다. 아쉽게도 스스로를
포기하려는 자에게 마지막 손을 내미는 것은 차가운 전화기다.

자에는 빛이라곤 어떤 것도 없으며, 시간도 없다. 당장의 공포와
좌절이 있을 뿐이다. 익명의 그림자는 사회의 가치를 암시하는 데
있어 개인이 감내하기 어렵고 힘든 상황을 만들어 내곤 한다. 익
명의 그림자는 사회적 균열을 일으키는 무의식의 원천이며, 그것
이 우리에게 암시하는 것은 바로 '가능성의 공포'다. 사회에서 탈
락하거나 혹은 나락 할 수 있다는 지속적인 가능성의 암시는 과도
한 불안을 야기하고, 이런 불안은 공포로 변하게 된다. 불안이 여
전히 희망과 양가적인 감정이라면, 공포는 모든 것을 순식간에 잠
식해 버리는 모든 생명체가 가장 두려워하는 것이다. 공포란 스멀
스멀 피어오르는 것이 아니라 어느 순간 엄습한다. 양가적인 감정
조차 없는 공포를 '견딘다'는 능동적인 표현도 올바르지 않다. 공

익명과 상식에 관하여

삶을 포기하는 순간을 지연시키는 것은 이 동상이 아니라
넘기 힘든 원형 형태의 높은 난간이다.

포란 매우 힘들게 '건져 내어지는 것'이기 때문이다. 어떤 것이 지
나가길 기다리는 것 말고는 아무것도 할 수 없다면, 그것은 아마
도 공포일 것이다. 예상치 못한 상황에서 공포가 급습하는 공황장
애에 시달리는 사람은 급격히 증가하고 있으며, 이는 현대인의 대
표적인 정신질환이 되었다. 많은 사람들이 공황장애로 맥박이 빨
라지거나 땀이 나는 것부터, 심하면 호흡장애로 질식의 위험을 느
끼기도 한다. 심리적 고통에 머무는 것이 아니라 신체적인 죽음을
직접 느끼는 것이다. 그들은 결국 공포에 대한 공포로 스스로를
가둬 버린다. 이런 익명의 억압방식, 공포는 개인이 자발적으로
스스로를 배제하게 한다는 점에서 무서움이 더욱 큰 것이다. 하지
만 스스로 구하지 않는 자를 타인이 어떻게 구할 수 있겠는가? 스

스로 죽음에 이르게 하는 병을 누가 고칠 수 있단 말인가? 스스로 포기하도록 만드는 상황에 내몰리는 것이야말로 인간에게 내려진 가장 무서운 형벌인 것이다.

　그럼 '가능성'에 대해 더 알아보도록 하자. 이 세상의 모든 것은 확정적이지 않다. 이는 이 세상 모든 현상의 본질적 성격이 확률적, 곧 가능성이라는 의미다. 이 가능성이 자연의 일반규칙을 의미하는 것은 아니다. 물이 담긴 컵을 뒤집으면 물은 무조건 쏟아질 것이며, 이것은 중력이 작동하는 지구 어디에서든지 확정적이라 할 수도 있다. 하지만 컵을 뒤집더라도 물이 쏟아지지 않는다면, 우리는 컵과 물에 대한 통일된 정의를 갖지 못하고 있거나, 컵을 뒤집은 장소가 지구가 아닐 것이다. 여기서 모든 것이 가능성이란 컵이 그 자리에 그대로 있거나, 뒤집어지는 형태를 갖는 현상에 관한 것이다. 즉, 사물의 모양과 형태는 운동하는 어떤 힘의 크기와 방향에 의해 달라지는데, 그 힘의 작용이 확률로서 존재하는 것이 바로 '가능성'이다. 가능성의 의미는 물리적 상태를 변경하려는 의지와 그에 대한 작용이 발생할 확률로 한정된다. 그래야만 우리는 가능성의 관점을 가질 수 있다. 이 관점에 따르면 사람은 생각과 행동의 가능성이며, 한 사회는 사회를 구성하는 각 사람의 의지들과 모든 사람의 의지, 그에 따른 행동 방식이 거대한 가능성이다. 누군가는 '사람이 죽는다.'는 것 자체는 확정적이니 이 세상 모든 것이 가능성이라는 명제는 틀렸다고 반론할 것이다.

그렇다. 죽음이라는 개념은 확정적이다. 죽음을 뛰어넘고 극복한 사람의 실체적 증거는 아직까지 없으며, 앞으로도 당분간 그럴 것이라 합리적으로 판단되기 때문이다. 하지만 가능성이라는 것을 언급하는 데 있어 우리가 살아가는 이 세상의 현실이야말로 가장 근본적인 조건이 된다는 것을 잊으면 안 될 것이다. 현실은 인식의 한계이자 가능성의 결과이다. 죽음이 가능성이라는 의미는 죽음이라는 개념 자체의 확실함이 아니라 현실에서 죽음으로 이행하는 사건에 대한 확실성을 말하는 것이다. 즉, 시공간으로 이루어진 현실에서 죽음의 위치는 확정적이지 않다. 죽음은 어느 시간, 어느 장소에서나 확률로 존재할 뿐이다. 이런 가능성은 이 세계의 모든 것에 적용된다. 한 명의 인간을 구성하는 욕구들은 다양한 의지를 만들어 내고, 수많은 의지의 상호작용은 의지의 가짓수를 뛰어넘는 엄청난 경우의 수를 쏟아낸다. 우리는 확률적으로 생각하고 확률적으로만 행동할 수 있다. 이렇게 행동이 가능성인 건 생각 역시 가능성이기 때문이다. 인간 행동의 모든 문제는 가능성의 높고 낮음, 그 수준에 달려 있을 뿐이다.

불확정적인 인간으로 구성된 사회 역시 확률, 가능성들로 구축되어 있다. 각 사회가 갖는 가능성들의 차이는 각 사회의 구조적 특성을 비교할 수 있게 해 준다. 가장 유용한 방법은 각종 사회·경제지표를 참조하는 것인데, 이런 지표들이 그 사회의 대표적인 가능성을 나타내는 것이기 때문이다.(대부분의 경제 지표들의 실질적인 분포는 양쪽 꼬리를 갖는 종 모양의 정규분포 형태를 이루고, 평균을 나타내는 지표의 경우는 항상 양쪽 꼬리를 숨기기에 의미의 정확한 파악을 위해서는 편차가 함께 고려되어야 함을 잊으면 안 된다.) 이런 지표의 비교를 통해 각 사회의 구조가 어느 쪽이 더 견고한지 아니면 느슨한지 대략적으로나마 판단할 수 있다. 견고하다는 것은 좋은 의미의 가능성이 높다는 것이고, 느슨한 것은 반대로 나쁜 의미의 가능성이 높다는 것이다. 좀 더 좋은 사회를 만든다는 것은 구성원의 안녕이 보장될 가능성을 절대적으로나, 상대적으로나 제고하는 것을 의미한다. 만약 예상하지 못한 일이 자주 발생하여 견고함이 무너질 가능성이 높은 사회일수록 사람들은 이에 대한 불안을 겪게 되는데, 이는 집단적 증후로 발전하기도 한다.

통계청에서 제공하는 지표 중 사회 구조가 갖는 억압의 취약성을 직접적으로 보여 주는 것은 '자살 시도 여부 및 횟수'와 '자살률'일 것이다. 인간 본연의 생리적, 유전적 이유로 매년 일정 비율만큼 스스로 목숨을 끊는다면, 모든 사회의 자살률은 얼추 비슷해야 할 것이다. 하지만 실제 자살률은 나라별, 계층별로 상당한 차이를 보이는데, 사회적 구조, 법체계, 고유문화, 환경이 자살률에 큰 영향을 미친다는 것을 쉽게 추정할 수 있다. 자살률이 높은 사회에서 유독 두드러지겠지만, 개인을 극단으로 내모는 모든 억압적 외부·환경요인의 중심에는 익명의 그림자, 즉 '가능성의 공포'가 숨어 있다. 물론 외부요인을 포함시키지 않고 특정 사람의 급격한 감정 변화만 고려한다면 자살은 온전히 개인의 기질에 따른 것으로 보여질 수도 있을 것이다. 이것은 지금까지 설명한 것과 대

익명과 상식에 관하여

치되는 것이지만, 만약 개인의 기질만이 자살에 영향을 준다고 하더라도 이 사회 통계는 의미를 갖는다. 감정의 변화로 자살을 중지하는 경우도 함께 감안해야 하므로, 결국 개인의 기질에 영향을 주는 새로운 요인을 찾아야 하기 때문이다. 그것이 지금까지 알려진 외부·환경적 성격이 아니더라도 말이다.

익명의 그림자가 암시하는 공포는 사회가 지향하는 가치에 밀접하게 연결되는데, 그 가치가 무엇을 가리키든 상관하지 않는다. 자본을 지향하는 사회는 자본이 공포를 만들어 내며, 관계를 지향하는 사회는 관계가 공포를 만들어 낸다. 공포는 그 가치의 방향에 따라 함께 움직일 뿐이다. 기본적으로 감정에는 대상이 있으며, 불안과 공포도 마찬가지다. 사회가 지향하는 가치를 통해 공포를 느끼는 사람과 크게 개의치 않는 사람들을 구분하는 기준 역시 만들어질 수 있다. 자본주의 사회에서 상위와 하위그룹의 구분 기준은 당연하게도 수치화된 자본의 양이 될 것이다. 그리고 상위와 하위 그 중간에 속하는 대부분은 초조함을 느끼는 사람들이다. 초조함은 불안과 안식, 다양한 감정들이 한데 뒤섞여 파악하기 힘든 것들을 통틀어 말한다. 우리가 살아가는 고도화된 자본주의 사회에서는 자본이라는 가치가 최상위를 차지하기에, 가장 큰 공포의 대상은 바로 '자본의 박탈', '자본에서 멀어짐', '빈털터리'라 할 수 있다. 자본이 최상위 가치인 사회에서 자본이 없다는 것은 지금 당장 생명을 부지하는 데 어려움을 겪거나 곧 그렇게 될 수 있음을 의미한다. 자본이 사라진다면 자본주의 사회의 밑바닥, 나락으로 떨어진다는 것은 불 보듯 뻔한 것이며, 이는 익명이 암시하는 내용이자 우리가 살아가는 자본주의 사회의 민낯인 것이다. 부자가 될 수 없다는 불안과 자본주의라는 게임에서 패배자가 된다는 불안은 동일한 성질을 갖는다. 자산 가격 폭등기에 동참하지 못한 이들은 아무것도 하지 않았던 자신만을 책망하게 된다. 자본의 확보에서 자신이 배제될 공포는 본인의 자본만 잃는 공포보다 훨씬 크기 때문이다. 아무것도 하지 않음으로 패배자가 된 것이고, 다른 사람이 부자가 된 만큼 자신은 가난해진 것이다. 이런 포모증후군Fear Of Missing Out Syndrome이야말로 그림자의 영향이다. 그렇다고 이 증후군이 자본주의의 부작용이라 생각해서는 안 된다. 이는 엄연한 자본주의의 본질 중 하나로 자본주의 사회에서는 매우 일상적이고 정상적인 것이다. 자산 가격의 하락기에 많은 이들이 고통을 겪게 되는 것 역시 그렇다. 물론 자본과는 직접적인 관계가 없는 공포도 있다. 누군가 당신의 생명을 위협한다면, 당신은 그 순간 무시무시한 공포에 빠지는 것은 당연하다. 알 수 없는 이유로 특정 대상에 공포를 느끼는 정신장애도 존재한다. 공포증의 대상이 반드시 자본일 필요는 없으며, 실로 다양한 관계성에서 그 원인이 생길 수 있다. 하지만 익명은 사회가 지향하는 자본이라는 가치에서 멀어지면 안 된다는 경고를 지속적으로 암시하고 내면화시킨다. 그리고 누군가에게는 불행하게도 공포가 엄습하게 된다. 이런 내면화된 불안이야말로 일상에서 자연스러운 인간의 생

익명과 상식에 관하여

각과 행동에 어떤 것과도 비교할 수 없을 만큼 큰 영향을 끼친다는 것을 잊으면 안 될 것이다. 우리가 억압의 구조를 파헤치고 폭로하지 않는다면 누구도 그림자의 제물이 될 수 있다. 자본주의 사회에서 익명이 암시하는 자본 획득에 대한 모든 결과를 본인이 책임져야 한다면, 그 개인이 받는 고통과 압박은 훨씬 커진다고 할 수 있으며, 고통이 참을 수 없을 만큼 커졌을 때 스스로를 포기하는 것은 하나의 선택지가 된다.

사람의 기질과 환경에 따라 차이가 있겠지만, 일반적으로 나이가 어릴수록 암시의 영향을 크게 받는다고 할 수 있다. 더욱이 성장기 동안 우리는 많은 시간을 피동적 입장에 처하게 되고, 이는 암시를 적극적으로 받아들이게 한다. 한국 사회에서 종종 볼 수 있는 성적비관 자살 사고가 이를 상징적으로 보여준다. 아직은 미성숙한, 한참 사회화되고 있는 학생들에게 극한 경쟁은 약육강식이라는 자연의 법칙을 그대로 습득하라고 강요하는 것과 다를 바 없어 보인다. 하지만 어쩔 수 없다는 식으로 이를 방치하는 한국 사회는 경쟁의 부작용을 당연한 것으로 받아들이고 있다. 그 이유는 우습게도 그들에게 경쟁의 부작용이란 '당연'하기 때문이다. 마치 위대한 실험에서 발생할 수밖에 없는 어디에도 쓸모없는 부산물들처럼 학생들을 대하는 것이다. 놀라운 것은 이렇게 성적을 비관하여 스스로 목숨을 끊는 학생들의 성적이 매우 우수한 경우가 대부분이라는 점이다. 이것은 무엇을 말하는가? 자본주의 사회의 논리는 학업 상위그룹도 아닌 최상위만을 인정한다는 것 아니겠는가? 학생들이 갖는 불안은 경쟁이 치열한 상위로 갈수록 점점 커지는데, 중간 수준의 학생이 갖는 박탈감은 2위권 학생이 갖는 불안에 비교할 수 없다. 또한 1등인 학생이야말로 언제 추락할지 모르기에 가장 큰 불안에 휩싸이게 된다. 이것은 학벌이라는 이름으로 견고하게 서열화되어 있는 한국 사회의 구조를 여실 없이 보여 주는 것이며, 우리가 누군가를 처음 만날 때 서로의 출신대학을 절대 묻지 않는 것으로 이는 증명된다. 어쨌든 극단적인 경쟁을 추구하는 입시제도는 최상위 학생을 가려내는 데 그 목적이 있을 뿐이다. 한국의 학력 사회는 고도화된 자본주의와 끈끈하게 연결되어 있으며, 전문직과 비전문직 계층의 격차가 날로 커지는 자본주의 사회의 경쟁 구조를 교육제도는 충실히 반영하여 그 선제적 판단을 내리는 역할을 맡는 것이다.

익명의 검은 그림자는 개인을 점차 고립시킴으로써 파멸로 이끄는데, 특히 아노미Anomie적인 혼란의 상태에서 그림자는 동시다발적으로 수많은 사람들의 통제력을 잃게 만든다. 고립된 개인은 무엇보다 자신을 억압하는 자가 누구인지도 알 수 없으며, 누구에게 도움을 청해야 할지도 모르는 상황에 처하게 된다. 우리는 누구에게도 반항 한번 하지 못하고 현실이라는 고문을 견뎌 내야 하는 것이다. 익명은 스스로를 숨기고, 알려지지 않기에 이 모든 짐을 개인들 스스로가 져야 한다. 우리는 결국 우리 자신에게서 길을 찾아야 하는 운명을 맞이한다. 이제 질문을 해야 한다. '이 짐은 어디서 온 것인가?', '나는 무엇을 해야 하는가?' 질문을 하는 것은 고된 수련과도 같다. 질문을 하는 것만으로도 생각의 숲에서 새로운 길을 찾아가는 시도다. 모든 암시의 영향에서 점차 벗어나는 것, 그것은 질문으로 시작하는 것이며, 반드시 그래야만 한다. 질문을 하지 않는다는 것은 그 자리에 주저앉고 마는 것이다. 우리는 짧고도 길었던 삶을 잠깐 돌아봐야 한다. '우리는 어디에 있는가?' 우리는 다름 아닌 치열한 경쟁 한 가운데 있었으며, 우리를 막다른 골목으로 몰아넣은 경쟁은 다름아닌 자본이라는 가치를 추구하기 위함이었다. 사회의 외침, 익명의 암시가 우리에게 자연스레 내재시킨 가치가 바로 경쟁과 자본이며, 고도화된 자본주의 사회의 끝없는 경쟁의 소용돌이 속에 익명의 그림자가 있는 것이다. 우리가 당장 해야 할 것은 익명의 그림자의 본체인 자본주의를 향해 나아가는 것이며, 자본주의에 대한 본질적인 이해야말로 익명의 억압에서 우리를 조금이나마 자유롭게 할 수 있는 발판이 될 수 있을 것이다.

사람의 관계성에서 탄생한 익명은 자본주의와 원래부터 하나였던 것처럼 화학적으로 결합한다. 인간의 집단생활은 물물교환의 무대인 시장을 필요로 하고, 시장은 물질문명의 초석이 되었다. 시장의 상품교환체계를 설명하는 경제이론은 사람의 행동을 분석하는 모든 이론과 마찬가지로 심리에 기반하는 것이며, 사람의 심리는 자신과 타자와의 관계성에서 발전하는 것이다. 초기 자본주의 시장의 많은 병폐로 다양한 대안적 시장 모델이 주장되었지만, 결국 승리한 신자유주의 자유경쟁시장은 엄청난 효율성을 바탕으로 지금까지 군림하고 있다. 우리의 물질적 풍요는 자본주의의 자유경쟁체계에 큰 빚을 지고 있다고 해도 무방하다. 인류는 이제 물질적 풍요뿐만 아니라 과거 어느 시대와 비교할 수 없을 만큼 긴 수명을 기대할 수 있게 되었다. 자신의 이기심에 대한 충실함이 결국 모두의 부를 증진시킨다는 자본주의 논리는 단순하고, 명쾌하고, 타당하게 느껴진다. 이런 단순성의 암시는 강력할 수밖에 없다. 논리적 단순성이야말로 공유재산제를 추구하는 공산주의와의 경쟁에서 승리하는 밑바탕이 되었다. 공공소유를 통한 평등은 아무래도 자유보다는 어려운 개념이기도 하였으며, 결정적으로 공산주의 국가가 평등을 앞세우기 위해 선택한 방법이 다름 아닌 자유를 박해하는 것이었기 때문이다. 이런 이유로 공산주의 경제체계의 생산성은 자본주의에 크게 뒤처지게 되었다.

자본주의 시장을 지탱하는 무한경쟁은 끊임없이 효율성의 극대화를 요구하였다. 자랑스러운 '자유경쟁'이라는 말 이면에는 언제나 불안이 도사리고 있었지만, 이런 불안은 오히려 게으른 국민을 채찍질하는 데 용이했다. 자본주의 시장에서 자유경쟁의 맹목적 추구는 개인들의 이기심을 강화시키고 정당화하는 것을 넘어, 자본주의형 인간이 지녀야 할 가장 첫 번째 덕목으로 칭송받기에 이른다. 이기심이 '능력'이라는 가면을 쓰고 스스로를 납득시키는 데 머물지 않고, 많은 이들에게 존경심마저 불러일으키게 된 것이다. 적당한 승부욕을 넘어 극한으로 치닫는 것은 전쟁에 임하는 태도와 다를 바 없는 파괴적인 것임에도, 자본주의 시장은 어떤 아량도 없이 앞을 향해 질주한다.

   자본주의적 인간, 이기적인 인간은 즐겁지 않다. 무의식 속의 이기심은 불안과 함께 있으며, 많은 불안에 파묻히고도 즐거움을 느낄 수 있는 사람은 어디에도 없기 때문이다. 이기심은 즐거움이 아닌 상대방을 압도하여 얻는 쾌감과 연결된다. 사람을 자극하여 동력을 얻는 쾌감이 충족되지 않았을 때 야기되는 불안은 이전의 불안보다 훨씬 커지게 되므로, 더 큰 자극을 위해 쾌감에 몰두하는 것은 매혹적임과 동시에 위험한 것이다. 반대로 즐거움이란 격정적이지 않는 안정된 것을 추구하여, 불안을 포함한 감정의 동요를 최소화하는 것이라 할 수 있다. 그렇기에 이기심이 권장되는 것을 넘어 필수적인 것이 되어 버린 자본주의 사회에서는 진정한 즐거움이야말로 희소한 것이 되고 말았다. 하지만 자본주의는 스스로 영속하길 원하기에 시장을 구성하는 모두를 품으려 하고, 자본주의 시장은 작지만 저렴한 쾌락을 상품화하여 사람들에게 끊임없이 제공한다. 수많은 마케팅 기법은 사람들을 쏟아지는 상품에 관심을 갖지 않을 수 없게 하고, 삶의 즐거움은 점차 세속의 쾌락 뒤로 사라지게 되었다. 이런 유혹은 어떤 이에게는 삶의 이유가 되기도 한다. 작은 쾌락을 일상의 낙으로 삼는 사람의 겉모습을 본다면 어느 누구도 행복하다는 느낌을 받을 수 없을 것이다. 이런 쾌락은 타인과의 진정한 관계성을 파괴하고, 개인을 시장의 일부로 매몰시키기 때문이다. 물론 이렇게 극단적으로 몰입된 사람은 소수일 것이며, 그런 사람들은 이미 자본주의라는 게임에서 탈락했을 것이 분명하다. 그리고 이렇게 탈락된 사람들은 자본주의 사회의 패배자라는 중요한 역할을 수행하며, 이름을 잃고 익명화된다.

우리는 자본주의의 암시에 지속적으로 노출되어 자신의 다양하고 다채로운 감정들에 둔감해진다. 이런 둔감함은 삶의 성찰을 막는 것은 물론, 자본주의 시장에 대해 맹목적인 믿음을 갖게 만든다. 하지만 우리는 어떤 의문도 제기하지 않는다. 눈앞에서 일어나는 일들이란 보이는 대로 받아들여져야 할 뿐이며, 그 일에 대한 옳고 그름을 고민할 필요가 없기 때문이다. 이는 종교적 믿음과도 닮아 있다. 인간은 자신을 포함한 세상의 불확실성을 극복하기 위해 절대자에 대한 염원을 갖고 있으며, 이는 모든 인간의 마음 한구석에 종교의 영역을 만들어 놓았다. 불확실성을 극복하는 가장 좋은 방법은 그 대상을 확실한 것으로 전환하여 인식하는 것인데, 이런 불확실성을 인간의 삶에 단단히 묶어 놓을 수 있는 유일한 것이 그 두려움의 대상을 처음부터 끝까지 관할하는 초월적 존재였다. 이것은 무슨 종교를 가지고 있으며, 어떤 신을 믿는지와는 전혀 다른 문제다. 우리가 만약 신에게 의지하지 않는다면, 우리는 신 대신 다른 대상을 이미 신의 대용으로 만들어 놓았을 것이기 때문이다. 만약 그 어떤 대상도 없다면, 그 대상은 바로 자기 자신이다. 물론 신의 대용인 자신은 의지의 대상으로서의 자신이므로 본연의 자신과는 엄연히 다르다고 할 수 있다. 이렇듯 인간은 사회적 동물인 것만큼이나 종교적 동물이며, 이 두 가지를 빼놓고서는 인간을 조금도 규명할 수 없다. 인간은 혼자 살아갈 수 없으며 반드시 누군가에게 삶의 일부를 의지해야 하는 것은 심리적이나 물질적 측면으로도 지당하다. 그리고 인간과 종교, 인간과 신의 관계는 삶과 죽음의 관계로도 볼 수 있는데, 언젠가 인간이라는 동물이 정확하게 언제 어떻게 죽을지 알 수 있거나 죽음 자체를 극복할 수 있다면, 인류는 더 이상 신을 영접할 어떤 필요도 갖지 못할 것이다. 종교와 대립하는 과학이 인간의 죽음을 뛰어넘지 못한다면 신의 존재를 부정하는 것은 아무 소용없는 일이다. 과학은 언젠가 생명의 기원을 밝혀 신이라는 것이 허상에 불과하다고 선언할 것이라 주장하지만, 이런 발언의 근저에는 종교와 다름없는 과학기술에 대한 종교적 믿음이 깔려 있다. 이 말은 다시 한번 현실 세계의 종교와 상관없이 모든 인간은 종교적일 수밖에 없다는 것임을 일깨워 준다.

자본주의 시장의 절대가치인 자본은 인간의 마음속에 마련된 종교를 위한 자리에 파고들어 절대자를 쫓아내고 순식간에 그 자리를 점령해 버린다. 이로써 현대의 순례자들에게는 신이 반드시 필요하지 않게 되고, 그 신은 자본뿐만 아니라 과학기술, 심지어 자기 자신으로도 대체될 수 있다. 인간은 신의 대용물로 인해 신 없이도 충분히 종교성을 충족시키며 살 수 있는 것이다. 이런 새로운 종교성은 전통적인 신을 영접하는 것과는 꽤 거리가 있다.

그런데도 절대자를 염원하는 인간의 마음은 모든 사람을 종교적인 존재로 만들고, 이런 특성은 인간의 마음과 자본주의가 결합하는 것을 현상적으로 고찰할 수 있게 한다. 우리가 '무엇이든 해결할 수 있는 돈을 구하는 것'이 '신께 기도하며 호소하는 것'과 크게 다르지 않게 느껴지는 이유는 무엇인가? 절대가치에 오른 자본은 신의 영역을 넘보고 있으며, 만약 신의 지위에 오른다 해도 만족하여 멈추지 않을 것이다. 이제는 자본주의 사회에서 살아가는 우리의 마음속 종교적 영역을 차지하고 있는 것이 무엇인지 생각해봐야 할 때가 되었다. 그것은 오직 자신만이 알아낼 수 있는 것이며, 자신만이 바꿀 수 있는 것이다.

한정된 자본 획득이라는 목표로 경쟁하는 대상에 대한 불신과 혐오는 자본주의 시장에 만연한다. 시장이 경쟁심을 부추기는 것 자체에 대해서는 반대할 이유가 없다. 그것은 오히려 권장되어야 하는 것이기 때문이다. 하지만 문제는 언제나 어느 한쪽으로 심하게 치우칠 때 발생한다. 경쟁에 심하게 치중된 사회에서는 냉소주의가 팽배해지는데, 우리는 이런 분위기 속에서 한없이 고립된다. 공동의 정치를 위한 시민은 사라지고 자신의 이익만 도모하는 이기적 개인만 남게 되는 것이다. 이기적 개인은 윤리적 판단을 제대로 할 수 없다. 그들에게 윤리는 언제나 자신의 이익 다음에야 고려되는 것이다. 하지만 윤리의 추락은 무엇보다 노동의 분업화, 전문화로 인하여 거대 산업의 약탈적인 결과물들을 직접 볼 수 없게 되고, 개인들을 지엽적인 성과에만 몰입하게 만드는 구조적인 문제로 더욱 강화된다. 우리의 감정은 거리가 멀수록 감정은 작아지고 가까울수록 커지는데, 우리가 만들어 내는 최종 생산물은 이미 우리에게서 너무 멀어져 버린 것이다. 중국 제나라 선왕이 도살장에 끌려가는 소를 보고는 측은지심을 느껴 살려 주는 대신, 눈에 보이지 않는 양을 도살하도록 했다는 이야기는 눈에 보이는 것에 감정을 더욱 크게 느낀다는 것을 보여 주는 작은 설화다. 이 이야기에서 안타까운 것은 도살당한 양이다. 감정의 이런 성격은 사회적 윤리에 대응하는 개인의 양심에도 그대로 적용된다. 현대인들에게 수행하는 업무의 결과와 영향을 직접 볼 수 있는 기회는 아예 없거나 멀어지고, 우리의 윤리적 판단력은 시장의 거대화에 맞춰 점점 둔화되는 것이다.

　감정의 거리는 현실 세계의 실질적인 거리에 의존하기에, 우리는 감정의 회복을 위해서는 현실의 물리적 거리부터 좁혀야 한다. 하지만 개인들은 사회에 대한 책임보다는 자신의 안위에만 몰입하고 있다. 사람들은 익명의 암시에 의한 불안으로 더욱 심하게 자신의 몫에 집착하게 되는 것이다. 스스로의 삶을 돌본다는 측면에서 누가 이런 행태를 비난할 수 있겠는가? 우리 모두는 그렇게 살아가고 있지 않은가? 물론 모든 구성원이 완벽하게 자신을 돌본다면 어떤 문제도 발생하지 않을 것이다. 하지만 현실은 그렇지 않다. 모두가 스스로를 잘 돌본다는 생각은 자신만을 돌보는 사람의 이기심일 뿐이며, 이런 이기심의 조각들이 모이고 모여 익명의 그림자를 만들어 내는 것이다. 자본주의 시장의 경쟁이 치열해짐에 따라 보이지 않는 죽음에 내몰리는 사람들이 점차 많아지고 있지만, 우리는 개인의 안위에만 매몰된 채 실패자들에게는 그럴 만한 이유가 '당연히' 있을 것이므로 안타깝고 불행하지만 어쩔 수 없다고 생각한다. 우리는 실패한 개인을 보지만 개인을 실패로 내모는 사회적 구조는 보지 못한다. 그것 역시 익명화되고, 은폐되어 있기 때문이다. 이제는 익명의 그림자로 발생하는 사회의 문제들을 도움을 요청하는 급박한 신호로 인식해야 한다. 변화란 우리가 이런 신호에 귀를 기울이는 것으로부터 시작하는 것이다. 사회의 항상성을 위해 경고와 보완체계는 필수적인 것으로, 그림자를 외면하는 것이야말로 최악의 선택을 하는 것임을 알아야 한다. 외면하고 회피한다 해서 그림자의 영향을 피할 수 있는 것도 아닐뿐더러, 사람들의 관계성인 익명의 상처를 발견하고 치유하지 않는다면 그림자는 사회에 더 큰 재난을 가져올 것이기 때문이다. 불행히도 사회는 자본을 바탕으로 심하게 계층화되고 있고, 서로의 목소리에 귀를 기울이기는커녕 극단의 경쟁으로 보이지 않는 총대를 서로에게 겨누고 있는 형국이다. 정신적·물질적 기반이 약해진 사회야말로 점점 커지는 그림자의 위험에 제대로 대처할 수 없다는 것은 말할 것도 없이 명백한 것임에도 말이다.

익명의 암시는 그 스스로의 힘을 조정할 수 없다. 자본주의의 자유경쟁과 단단하게 결합한 익명은 더욱 그렇다. 익명의 암시로 인해 사회의 지향가치인 효율성의 추구는 더욱 강화되고, 그 끝에는 극단의 경쟁이 있으며, 경쟁의 끝에서 가능성의 공포는 폭발하게 된다. 결국 이기적 개인은 이기적 집단을 만들게 되고, 개인적이고 집단적 차원의 이기주의가 동시에 강화되는 최악의 상황이 발생한다. 우리가 추구해야 하는 방향은 두 가지 이기주의를 동시에 약화시키는 것임에도 말이다. 이기주의를 없애기 위해 경쟁 자체를 없애야 한다는 것은 아니다. 자본주의의 경쟁 논리 자체는 윤리적 판단의 대상이 아니며, 경쟁은 경쟁으로서의 순수한 의미와 목적을 갖고 시장을 선순환시키는 동력이 된다. 중요한 것은 경쟁의 적당한 수준을 찾은 것이다. 가능성으로 점철된 세상에서 경쟁의 승자란 무엇을 의미하는가? 승자에게 과연 얼마의 몫을 할당해야 하는가? 지금까지 모든 것의 결정이 시장의 효율성이 전담했다면 이제는 새로운 가치가 등장하여 시장의 효율성과 협업해야 할 때가 되었다. 이런 시기야말로 익명의 장막을 거둬 내기 위해 과감한 결단을 내려야 할 것이다.

익명과 상식에 관하여

V

익명의 안식

현실 세계의 확률, 즉 가능성은 불안의 근원적 토대이며, 이는 거대 익명에 통합되어 큰 불안을 암시하는 핵심 요인이 된다. 근원적 토대란 말 그대로 어떤 것이 비롯되는 근본 배경으로 이 세상 자체라 할 수 있으며, 아무리 견고한 사회라 하더라도 세상은 확률로서 존재하는 것이다. 여기서 주목할 점은 이 세계의 가능성이 사람들에게 부정적인 영향만 일방적으로 미치지 않는다는 점이다. 먼저 우리가 일상 속에서 운이라는 것을 어떻게 다루는지 살펴보자. 사람들은 보통 가능성에 대한 성취를 단순히 '운이 좋았다.'는 말로 겸손하게 표현하거나, 상대방의 성취에 대해 '운 덕분'이라는 이유로 평가절하하기도 한다. 이런 표현은 운이라는 것이 마치 특별한 상황에만 존재하는 것처럼 느껴지게 만든다. 하지만 조금만 생각해 보면 어떤 분야의 성취에서든 그 끝에는 가능성, 즉 운이 자리 잡고 있음을 알 수 있다. 우리는 능력에 대한 정의를 수행하는 일을 '잘하냐?' 혹은 '못하냐?'의 개념을 넘어, 성취 혹은 오류의 가능성, 확률을 최대화 혹은 최소화할 수 있는 능력의 수준으로 이해해야 할 것이다. 실로 스포츠 경기에서 운이라는 것은 순위를 결정하는 데 빼놓을 수 없는 매우 중요한 역할을 담당하며, 사람들은 운이 순위를 좌지우지하는 경기의 결과에 안타까워하고 즐거워한다. 여기서 중요한 것은 운이라는 가능성은 팽팽한 스포츠 경기의 결과에 영향을 주는 데 머물지 않고, 인간의 삶을 지탱하는 중요한 기둥 중 하나라는 것이다. 이런 사실을 명료하게 의식하는 사람은 그리 많지 않다. 이 깨달음이 없더라도 생활에는 별다른 지장을 초래하지 않기 때문이다. 여하튼 이 세상의 가능성인 운은 사람들에게 행운과 불운이라는 이름으로 존재감을 나타낸다. 행운과 불운은 실현 가능성이 낮은 일의 성취와 실패에 대한 즐거움과 슬픔에 관련된 감정이기도 하다. 일상에 존재하는 가능성들은 행운이나 불운이라는 이름으로 변형되어 친근하게 다가오는 이유다. 그리고 이런 가능성은 사람들에게 원하고자 하는 것에 대해, 많은 시간과 노력을 기울여야 할 일에 대해 미래의 성공을 기대하게끔 한다. 이런 미래의 기대가 바로 희망이다. 이 세상은 가능성이므로 희망과 불안을 비롯한 모든 감정이 가능성에서 기원하는 것은 당연한 것이며, 성취를 이루기 위해 많은 노력이 필요한 실현 가능성이 낮은 어려운 목표일수록 그에 대한 희망과 불안의 크기도 커지게 된다.

희망이란 현재를 살아가는 인간이 갖는 미래에 대한 염원이며, 이는 생명력과 다름없다. 만약 감정을 사람의 육체로 묘사한다면 희망만이 심장의 역할을 할 수 있을 것이다. 희망은 인간의 삶에서 빼놓을 수 없는 것으로, 절망에 빠진 사람은 있어도 희망이 아예 없는 사람이란 어디에도 없다. 모든 사람은 그것이 무엇이든 희망 하나씩은 가슴속에 품고 살아간다. 만약 자신의 희망을 모르는 사람이 있다면 어디엔가 숨겨 놓은 그 희망을 찾길 바란다. 희망은 반드시 찾을 수 있다. 희망이 없다는 것은 생명 그 자체가 없다는 것을 의미하기 때문이다. 어떤 사회에서든지 희망의 이런 역할은 필수적이다. 그리고 그 희망의 내용이 사회가 지향하는 가치와 맥락을 같이할수록 현실과 희망의 갈등은 줄어든다. 그리하여 수많은 이의 희망은 익명의 암시 아래 사회의 주된 가치를 지향하게 된다.

희망은 방향이 무엇이든 클수록 좋은 것인데, 사람은 미래의 희망만으로도 안식의 감정을 느낄 수 있기 때문이다. 희망에서 파생되는 안식 역시 미래에 기반을 두게 되고, 이런 안식의 감정은 다시 불안과 뗄 수 없는 짝을 이룬다. 이런 기제가 작동하는 기본 바탕은, 다시 강조하지만, 이 세상 모든 것이 가능성이기 때문이다. 여기서 누군가는 '세상은 왜 확률적으로 구성되었는가?'라 질문할 수 있을 것이다. 하지만 그에 대한 답은 나로서는 알 수 없는 것이다. 이 질문의 답은 인간에 의해 구해질 수 없으며, 단지 예측만이 가능할 뿐이다. 인간이 이 질문에 대답할 수 없는 것은 가능성이 없다면 정신도 없을 것이고 어떤 의지도 없을 것이기 때문이다. 인간이란 정신과 그로부터 파생하는 의지를 빼놓고서는 존재할 수 없는 존재이므로, 인간은 가능성 없는 것에 대해 알 수 없음은 물론 말할 수도 없다.

익명의 암시에는 희망에서 파생되는 안식의 감정이 불안과 섞여 있다. 익명이 지속적으로 불안만을 암시했다면, 인간 모두는 정상적인 사고체계를 가질 수 없었을 것이다. 정상적으로 사고할 수 없는 사람이 정상적인 생활을 할 수 없음은 당연하다. 개인에 따라 천차만별인 외부·환경적 요인, 기질적 수용성에 따라 일부 사람들은 지속적인 불안과 공포에 의한 정신질환을 겪고 있다. 현대 자본주의 경쟁사회에서 이런 어려움에 놓인 사람들이 점차 많아지는 것은 심각한 문제가 아닐 수 없다. 그런데도 익명의 암시 기제가 모든 사람을 정상적이지 못한 생활로 몰아넣지 않은 것은, 불안의 양가적인 감정인 안식 역시 지속적으로 암시되고 있기 때문이다. 누군가는 이런 내용이 아주 다행이라 생각할 수도 있겠지만, 비 온 뒤 맑게 개는 날씨를 두고 크게 안도하지 않고 자연스럽게 받아들이는 것처럼 이를 두고 특별히 다행이라 생각할 필요는 없다. 우리에게는 이를 다분히 자연적인 실체의 산물로 받아들이는 자세가 더욱 유용하다.

우리는 익명의 목적을 단정할 수는 없지만, 익명을 구성하는 사람들의 욕구와 행동의 성향을 통해 그 목적을 대략적으로나마 추정할 수는 있다. 사회의 정신적 토대는 그 사회를 구성하는 모든 사람의 정신의 합과 사람들 간 상호작용으로 탄생하는 관계성까지 포함한 것으로 볼 수 있는데, 이 거대한 정신은 그에 걸맞은 거대한 의지를 갖게 되고, 거대한 의지의 산물이자 이를 수행하는 수단이 바로 거대 익명이다. 사회를 분석하는 것은 어느 모로 보나 익명을 구성하는 개인을 분석하는 것으로 시작하는 것이 타당할 것이다. 하지만 사회는 구성원의 욕구가 뭉쳐 거대화된 욕구, 관계성의 실체인 익명의 방식으로 다시 만들어진 욕구까지 도달해야 하므로 분석자는 결국 개인을 뛰어넘어야 한다. 개인과 사회, 이 둘을 포함하는 것은 이 둘의 합을 초과하는 것이다. 그럼에도 관계의 기본은 개인의 욕구에서 시작한다는 것과 익명의 관계성은 개인들로 구성되어 있는 것을 잊으면 안 될 것이다.

　사람의 일차적인 욕구는 생존에 있다. 우리가 만약 신석기 시대에서 수렵채집 생활을 하고 있다면, 우리의 욕구는 짐승 사냥에 성공하여 든든하게 배를 채우는 것이라 할 수 있을 것이다. 지금의 우리는 자본주의 시대에 살고 있는 만큼 자본을 확보하여 문제없이 생존하는 것이 우리의 욕망이라 할 수 있다. 이런 생존에 대한 일차적 욕구의 추구에는 죽음에 대한 근본적 두려움이 여실 없이 드러나 있으며, 개인의 두려움들이 모여 만들어진 거대한 두려움은 익명이 암시하는 불안의 바탕이 된다. 이런 개인의 생명 유지라는 일차원적인 욕구는 다름 아닌 인간 사회 체제의 영속에 대한 욕구로 이어지는데, 인간이 사회라는 안식처에서 생명을 보호받기를 갈구하는 것은 이 때문이다. 사회가 유지되기 위해서는 공동체가 추구하는 가치에 모두의 욕구가 반영되어야 하고, 이 가치는 새로운 구성원들에게 다시 전파되어야 한다. 가치전파의 역할을 수행하는 것이 익명의 암시다. 하지만 자본주의 사회가 지향하는 자본, 경쟁, 효율성이라는 가치가 과연 모두가 원하는 것인지에 대한 의문이 제기될 수 있다. 만약 어떤 자본도 전부 거부하는 사람이 있다면, 이 명제는 거짓이 될 것이다. 물론 원한다는 것은 다분히 무의식적으로 작동할 수 있는 것으로 일부 사람들에게는 의식되지 않을 수도 있다. 그럼에도 자본주의 사회에서 거의 모든 사람이 자본주의적 가치를 추구하고 있다는 데에는 의문의 여지가 없는 것이다.

자본의 집중화는 자본 권력을 만들어 내고, 자본 권력은 스스로 증식하여 자본주의 시장에서 점차 유리한 고지를 점하게 된다. 그들만의 시장을 완벽하게 구현하지는 못하더라도, 그들이 원하는 방향으로 시장을 끌고 나갈 수는 있다. 결국 자본 권력은 인간의 욕구를 이용하는 것을 넘어 조정하기에 이른다. 자본과 합치된 익명은 어느 순간 사람들로부터 거리를 두게 되고, 익명은 사람들의 욕구를 반영하면서도 그들에게 권력자의 욕구를 암시하게 된다. 또한 익명은 역설적이게도 불안과 안식을 함께 암시하며, 인간 개인이 겪는 괴로움에서 벗어나도록 돕는다. 그 괴로움의 대부분은 사회가 지향하는 가치와 연결된다. 물론 사회적 가치와 동떨어진 괴로움이 없는 것은 아니다. 특히 자연스러운 죽음으로 인한 이별의 괴로움이 그렇다. 죽음은 모든 사회와 시대를 초월해 있기에 이런 괴로움은 예외가 된다.

익명이 안식의 감정을 암시하는 데에는 사회집단의 항상성을 유지하기 위한 목적이 우선인 것이며, 개인의 안위는 그 이후의 문제다. 거대 익명이 사회 집단보다 개인을 우선시할 이유는 어디에도 없다. 집단의 영속을 위해서는 일부 개인의 희생이 어쩔 수 없이 요구되기 때문이다. 그렇다면 개인의 입장은 어떠한가? 개인이라는 개념은 사회집단 속에서 탄생한 것으로 집단에 속하지 않는 개인은 있을 수 없다. 어떤 이유에서든 사회에서 완전히 이탈한 사람이 있다면 그는 더 이상 개인으로 불릴 수 없는 이탈된 한 명의 인간일 뿐이다. 사회를 구성하는 하나의 개인은 사회 전반의 흐름에 몸을 맡기며 생활을 이어 나가야 하며, 사회에서 발생하는 굴곡들은 개인의 삶에 여러 어려움으로 다가온다. 거대 익명이 사회의 존속을 위해 개인에게 암시하는 것과 마찬가지로, 개인 역시 자신의 안위를 위해 안식의 감정을 익명에 요청하며 집단에 스며들기 위해 노력한다. 이런 의존관계로 개인들과 집단성은 한 사회를 이루게 되는 것이다. 인간의 놀라운 능력은 다름 아닌 생존을 위한 안식을 위해서라면 불안의 대상마저 사랑할 수 있다는 것이다. 인간이 생존을 위해 불안을 암시하는 권력을 숭배하는 것은 어려운 일이 아니다. 이런 능력은 인간의 믿음과 종교적인 고유 특성을 바탕으로 발전했다고 볼 수 있다.

현대 자본주의 사회에서 숭배의 대상은 말할 것도 없이 자본이다. 하지만 사람들은 자본주의 가치를 내재화함에 따라 자본숭배를 의식하지 못한다. 자본은 살아가는 데 있어 당연히 필요한 것으로 여겨져도, 자본이 그 어떤 것보다 높은 지위를 차지하고 있음을 직접적으로 의식하지는 못하는 것이다. 이것은 다소 무의식적이다. 이런 자본숭배에 순응하는 행위들은 다양한 합리화의 과정을 거친 후 자연스럽게 발현된다. 혼란스러운 상황이 벌어질 때면 의식의 합리화 기능이 효과적으로 작동하는 것이다. 이런 합리화는 결과에 필요한 새로운 동기와 다양한 원인을 만들어 내고 스스로를 납득시킨다. 엄밀하게 따지고 보면 그 원인이란 합리적이지 않을 뿐 아니라 전혀 상관없는 경우도 허다하며, 때로는 노골적인 동기를 숨기기 위해 어떤 근거도 없는 이유를 만들어 스스로를 기만하기도 한다. 하지만 비정상적인 합리화라는 자기기만은 현대인에게 반드시 필요한 기술로 자리매김한다. 자기기만에는 스스로에게 마법을 거는 듯한 암시의 방법도 포함되는데, 익명의 암시와 자기암시는 서로 부족한 부분을 채우며 전진해야 할 방향에서 절대 벗어나지 않도록 만든다. 만약 자본주의 사회에서 치열하게 경쟁하며 살아가는 사람의 숭배 대상이 자본 그 자체가 아니라 할지라도, 그 대상은 자본과 연관된 사람이나 조직인 것은 의심할 바 없이 확실하다.

공산주의에 대한 자본주의의 승리 이후 급격하게 신장한 자유화에 따른 불안의 폭증은 안식을 추구하는 심리적 경향 역시 강화시켰다. 엄청난 불안을 잠시나마 잠재울 안식은 자본주의 사회에서 반드시 필요한 것이 되었고, 이제는 개인들이 적극적으로 익명에 구원을 갈구하며 손길을 보내고 있다. 익명이 개인을 고립시키면서도 쉽게 집단화할 수 있는 이유가 바로 여기에 있다. 익명의 암시로 인한 고립과 집단화는 개인의 개성, 특질을 최대한 없애려

하는데, 이런 집단화는 과거의 전통적 조직들이 개인 간 결속력을 요구하는 것과는 거리가 먼 것이다. 과거의 조직이 개인 각자의 특유한 역할을 강조했다면, 현대의 집단화에서는 집단성 자체가 개인의 특성을 훨씬 앞질러 버린다. 개인의 차이가 무시된 채 공존하는 사회와 개인의 차이가 어느 정도 인정된 사회의 사이에는 어마어마한 간극이 존재할 수밖에 없다. 예를 들어 사회가 벽돌로 지어진 건물이고 벽돌 하나하나가 개인이라 한다면, 차이가 없는 똑같은 벽돌로 쌓은 건물과 다양한 벽돌 모양으로 인해 단단하게 서로 맞물려 지어진 건물을 어떻게 비교할 수 있겠는가? 똑같은 모양의 벽돌이 쌓여 만들어진 건물의 유일한 장점은 균일한 모양의 재료를 사용하여 빠른 속도로 만들어질 수 있다는 것뿐이다. 물론 어떤 건물이든 목적과 지향하는 가치에 따라 외형은 달라질 것이지만 말이다. 하지만 현재 사회에서 하나의 구성인 개인들의 모습은 어떠한가? 익명의 영향을 제외하고도, 개인들 스스로가 평온을 구하기 위해 익명에 손을 뻗어 안식을 요청하는 것을 우리는 어떻게 바라봐야 할 것인가? 이런 현상은 개인의 주체성을 집단에 헌납하는 것처럼 보이기도 한다. 이 과정에서 불안과 안식의 감정이 동시에 커지는 것은 역설적인 사실이다. 익명을 통해 불안과 안식을 얻는 것 자체는 자연적인 현상이므로 이에 대한 윤리적 판단은 어울리지 않겠지만, 많은 불안과 많은 안식이 좋은지, 작은 불안과 작은 안식이 좋은지 판단하는 것은 의미가 있을 것이다. 물론 이 판단은 각자의 성향에 따라 달라지겠지만, 많은 안식

익명과 상식에 관하여

의 추구로 인해 많은 불안을 수용하는 것은 그다지 현명하지 못한 것이라 할 수 있지 않겠는가?

안식이라는 유혹으로 증대하는 집단화에 대한 우려는 지금의 독창적인 개성의 시대에 어울리지 않는 것이라 생각하는 사람도 있을 것이다. 우리는 어떤 세대보다 개인의 가치와 개성을 중시하고 있으며, 그것을 표현할 수 있는 다양한 수단과 매체를 소유하고 있다. 이런 종류의 다양성 자체가 자유라는 것을 억압하는 것은 아닐 것이다. 또한 지금 우리가 누리는 자유라는 것이 과거 세대들이 예측하지 못한 것임은 틀림없으며, 이런 측면은 우리 역시 미래 세대들의 자유를 언급할 수 없게 만드는 것이기도 하다. 하지만 우리가 누린다는 자유라는 것의 실체를 조금 더 들여다본다면, 현재 자본주의 사회의 자유가 커지면 커질수록 개성의 판단 잣대인 자유로운 행위들은 마케팅에 이용되는 특성으로 탈바꿈된다는 것을 알 수 있다. 우리는 개성 넘치는 소비자로 개발되었고, 앞으로도 그럴 것이다. 우리를 소비자로 재규격화시키는 기술은 거대 기업의 마케팅부서에서 끊임없이 연구되고 있으며, 이제는 시장을 이끌 새로운 학문으로 당당하게 자리 잡았다. 마케팅이야말로 자본주의의 최전방 공격수로 시장의 새로운 이론과 상품을 판매할 방법들을 쏟아내고 있다. 최근 성행하고 있는 상품이 팔릴 때까지 소비자를 쫓아다니는 리타겟팅 광고^{Retarget Ads}는 웹브라우저에 기록되는 쿠키 정보와 각종 ID를 수집하여 이뤄지는데, 이는 개인정보 수집 및 활용에 대한 정당성 및 적법성에 대한 논란을 적잖이 불러일으켰다. 이런 마케팅 기술의 발전에는 거대 플랫폼 기업의 탄생이라는 배경이 있다. 또한 광고 같지 않은 네이티브 광고^{Native Ads} 방법도 널리 쓰이는데, 이는 정보를 제공하는 기사로 둔갑하기도 한다. 향후 마케팅 기법의 발전은 정교하게 소비자집단을 분리하고 타겟팅하는 것에 머무는 것이 아니라, 상품 구매를 완료한 사람이 스스로 광고의 주체가 되도록 유도하는 기술로 진화할 것이다.

만약 자신의 주체성이 사회의 가치와 충돌하여 불안을 만들어 낸다면, 집단성과 어느 정도는 타협할 필요도 생긴다. 세상과 완벽하게 담을 쌓고 살 수는 없더라도, 적당하게 거리를 두고 살 수 있지는 않겠는가? 거리를 두는 것은 매우 효과적인 방법으로 보이며, 실제로도 그렇다. 하지만 익명의 암시는 이런 생각을 가만두지 않는다. 현실의 괴로움에서 벗어나는 일탈적인 상상은 기분을 잠시나마 환기시켜 줄 수는 있지만, 얼마 지나지 않아 익명은 현실의 문제에 대한 불안을 더욱 강하게 암시한다. 암시의 강한 영향력의 핵심은 바로 내재화에 있는데, 내재화는 스스로 고민하게 만든다는 점에서 설득력이 더욱 큰 것이다. 익명이 암시하는 안식의 감정 역시 마찬가지다. 불안이든 안식이든 그것을 제공하는 원인이 되는 대상을 구체적으로 떠올리기 어려운 것 역시 암시의 내재화 덕분이다. 감정이란 어쨌든 우리 내면에서 발생하는 것 아닌가? 우리는 외부에서 원인을 찾지 못하고 감정의 주체인 우리 자신에게서만 그 이유를 구하려 한다. 내재화된 가치로 인해 발생하는 생각을 가려내기 위해서는 스스로의 마음을 낯설게 볼 수 있도록 노력하는 수밖에 없다. 과거의 선인들은 세속을 떠나 산과 광야로 나섰다. 하지만 우리 같은 일반 사람들에게 이런 고된 수행을 요구하는 것은 농담하는 것과 다를 바 없는 것이다. 보통 사람들이 할 수 있는 것은 외부 환경이 바뀌었을 때 자신의 마음이 어떻게 반응하는지 유심히 살피는 것이 전부다. 물론 이런 변화를 민감하게 알아차리기 위해서는 습관적으로 자신의 마음을 표현하고 읽는 연습이 필요하다. 하지만 우리는 사회 가치에 반하는 일탈적인 생각의 문제를 결국 자본이라는 해결책에 귀속시키고 만다. 자유를 얻기 위해서는 오히려 자본 획득에 더욱 치중해야 한다는 결론을 얻는 것이다. 그리고 이것은 억압을 견인하는 매우 효과적인 방법으로 떠오르게 된다.

이런 흐름은 자본주의 시장에서 소위 일탈을 꿈꿀 수 있도록 도와주는 상품들이 쏟아지게 만든다. 다양한 미디어에서 반자본주의적 삶을 살아가는 사람들이 등장하여 도시인들이 꿈꾸는 생활을 보여 주는 것도 그 때문이다. 미디어는 환상을 제공하며 현실을 위로한다. 하지만 이것은 현대인의 욕구를 상업적으로 적당히 활용한 것이며, 적당한 시청률이 확보되기에 폐지되지 않는다. 여행, 관광, 캠핑의 모든 상품은 이런 일탈의 쾌감을 한시적으로 소유할 수 있도록 한다. 상업적인 용도로 쓰이는 것 자체를 비판하는 것이 아니다. 그것은 익명이 안식을 암시하는 것과 다르지 않게, 모든 것을 상품화하는 자본주의 시장이 제공하는 일종의 휴식 처이기도 하다. 일탈에 대한 욕구가 소비를 통해 일부 해소되므로 자본주의 역시 이를 마다하지 않고 적극적으로 일탈을 위한 시장을 형성한다. 자본주의 사회에서 경쟁에 지쳐가는 수많은 사람들 역시 안식을 얻고 쉬어갈 수 있으므로, 어찌 되었든 양쪽 다 이익을 보는 셈이다.

모든 동물은 안정을 추구하고 위험을 기피한다. 인간 역시 마찬가지다. 자본주의 사회에서 안식의 감정이 강하게 추구되는 것은 당연한 것이다. 어떤 방식으로든 어려움에서 잠시 벗어날 수 있도록 하는 안식은 불안 못지않은 사회의 엄청난 동력이 된다. 인간이 만들어 낸 어느 사회에서나 이런 현상은 마찬가지지만, 유독 자본주의 사회에서 그 수준이 심각할 정도로 요구된다는 것은 주목해야 할 점이다. 우리는 다양한 유형의 사회를 경험할 수 없기에 직접적으로 비교할 수는 없다. 하지만 실체를 정확히 알 수 없다는 이유만으로 사유를 멈춰서는 안 될 것이다. 우리가 도달해야 하는 곳은 언제나 완벽한 것에서 조금은 떨어져 있다. 그렇다고 우리에게, 그것이 불완전할지언정, 우리 자신과 사회를 합리적이고 객관적으로 볼 수 있는 능력이 없을 리 없다. 우리는 항상 자신만의 일에 매몰되어 있기에, 이런 주제에 대한 생각의 필요를 느끼지 못할 뿐이다. 다른 말로 우리는 자신만의 일에 몰입한 채 집단성에 동참한다. 마음의 안식은 불안과의 공존에서 반드시 필요한 것이고, 안식을 위해서는 불안이라는 필요 조건이 항상 따른다. 개인이 집단성에 보내는 익명의 요청 배경에는 권력에 대한 무력함과 비윤리적 행위에 대한 심적 불편함이 기저에 깔려 있으며, 이는 개인들을 익명이 암시에 따라 권력에 순종하게 만드는 것이다. 또한 비윤리적 행위에서 거리를 두어 양심의 짐을 어느 정도는 내려놓을 수 있게 된다. 이런 안식은 권력 추구를 통한 생존형 안식과 비윤리적 행위 회피를 통한 윤리형 안식으로 나눌 수 있으며, 생존과 윤리에 대한 안식은 불안이라는 토대 위에서 긴밀하게 연결된다.

우리 시대의 안식은 쉽게 변질될 수 있기에 항상 주의를 기울여야 한다. 언제든지 특정 대상의 파멸을 통해 안도하는 비정상적이고 파괴적인 안식의 감정으로 발달할 수 있기 때문이다. 모두가 상대방의 불운에 의한 안식을 기반으로 유지되는 사회만큼 비참한 곳은 없을 것이다. 그런 사회의 개인들이야말로 완전하게 고립된 것이라 할 수 있다. 상대방의 불행을 근거로 안식의 감정을 느끼게 하는 기제는 자본의 서열로 계층화되는 자본주의 사회에서 매우 활발하게 작동하며, 이렇게 삐뚤어진 안식은 우리 사회에 만연하고 있다. 왜곡되고 파괴적인 안식은 사실 불안과 마찬가지로 자본주의 시장의 경쟁에서 탈락하면 끝이라는 공포심에서 유발되는 것이다. 하지만 이렇게 설계된 마음의 작동방식 자체를 우리가 바꿀 수는 없는 법이다. 이런 마음의 모양은 어떤 인간이든 윤리적 한계에 갇힐 수밖에 없다는 것을 알려주는 것이기도 하다. 수많은 성인들이 속세를 떠나야 했던 것은 위와 같은 감정에서 벗어나기 위한 것 아니겠는가? 이것은 인간이 천성적으로 사악한 마음을 타고난다는 것을 의미하는 것이 아니다. 오히려 공동체를 이루어야 하는 데에는 선한 마음이 더욱 적합할 수 있다. 인간의 사악함만을 일방적으로 주장하는 의견은 언급할 가치도 없는데, 인간의 마음에는 선함과 악함이 반드시 공존하도록 만들어졌으며, 그렇게 진화하였기 때문이다.

그렇다면 우리는 자본주의 사회에서 추락하는 이를 어떻게 바라볼 것인가? 이는 언젠가 우리가 받아야 하는 시선과 태도를 바꿀 수 있는 첫 번째 고민이다. 타인의 추락을 대하는 가장 나쁜 것은 눈을 돌려 버리는 것인데, 이런 행위는 곧 의식에서 사라져버린다. 비극적인 추락 대부분은 알려지지 않고 익명화되기 때문이다. 그럼에도 우리는 누군가의 추락에 애도를 표할 뿐만 아니라 그 죽음을 어떻게 받아들여야 할지 생각해야만 한다. 그 추락의 대상이 우리 자신이 되지 않았다는 것을 다행스러운 일이라 여기고 말 것인가? 앞으로도 그 대상이 자신이 되지 않을 것이라 어떻게 확신할 수 있는가? 이 세상이 가능성임을 잊었는가? 자본주의는 항상 '능력 없는', '재수 없는' 희생자를 찾아 나서고 있다. 그리고 왜곡된 안식은 더 이상 어떤 전진도 이뤄내지 못하게 한다. 오히려 비극적인 사건이야말로 지루한 일상의 자극을 위한 흥밋거리가 되어 버리는 또 다른 비극이 발생하게 된다. 물론 많은 사람들이 자신의 일에 몰입할 수밖에 없는 현실적인 제약, 즉 먹고사는 문제의 무게로 행동하지 못한다는 것은 일부는 핑계이지만 일부는 사실이기도 하다. 또한 왜곡된 안식에 머무는 현상이 개인의 잘못으로만 치부되는 것도 잘못된 것이다. 한 인간의 감정 전체가 왜곡된 안식에 도취되는 경우는 거의 없다. 대부분 왜곡된 안식의 감정과 함께 연민과 동정, 때로는 분노를 느끼기 때문이다. 물론 어느 감정이 우선하는지는 사람들마다 다르겠지만, 이런 감정은 여전히 좀 더 나은 것을 기대할만한 희망이 조금이라도 있다는 것을 의미한다. 우리는 타인의 비극적 순간을 맞이하여 잠시 멈추는 연습부터 해야 한다. 무엇인가 당장 하지는 못하더라도 말이다.

익명은 안식의 감정을 암시하는 것 외에도 긍정적이라 할 만한 다양한 영향력을 갖는다. 그중 하나는 현대 민주주의 발전에 많은 영향을 미쳤다는 것이다. 민주주의 아래에서 다양한 목소리를 담아내는 것은 익명의 이름 아래에서만 가능했다. 사회 구성원들이 익명의 목소리를 빌림으로써 과거 도시국가를 중심으로 발달했던 민주주의라는 것이 현대의 거대 국가에서도 작동할 수 있게 되었기 때문이다. 사회 구성원들의 민주적 의식은 권위주의적 권력에 대항하며 강화되었으며, 지금은 삶의 다양한 양식에서 외형상 권위주의적 권력의 탄압은 찾아보기 어려워졌다. 물론 모든 사회의 형편이 같진 않겠지만 많은 사회가 민주주의적 가치를 중심으로 다원주의를 표방하게 되었다. 이제 어느 정도 다양한 가치들이 공존하는 세상이 펼쳐진 것이다. 하지만 다양한 가치들의 공존은 때로는 혼란을, 때로는 충돌을 야기하며 새로운 문제들을 만들어 낸다. 그럼에도 민주주의적 바탕에서 발생한 문제는 민주주의적 태도와 방식을 통해 해결되어야 하는데, 이것만이 민주주의 가치를 고수 할 수 있도록 하는 유일한 것이기 때문이다. 물론 소수의 입장을 대변하는 집단은 민주주의의 다수결의 원칙에 따라 표결에서 항상 질 수밖에 없는 한계를 갖는다. 패배하는 소수란 전체의 50% 미만이면 해당할 수 있는 것으로, 규모에 따라 사회 전체에 혼란을 야기할 정도의 큰 집단이 될 수도 있다. 이 무대가 되는 정치는 온갖 무의식적 영역에서 암시되고 상징되는 것들이 표출되는 의식적 영역의 중심이라 할 수 있는데, 사회 구조와 다름없는 각종 법령을 제정하는 정치권에 대한 불만들은 수많은 익명의 목소리로 사회에 외쳐지고, 하나로 모인 목소리는 구체적인 사안을 요구하며 궐기하게 된다.

한 사회의 변화를 멀리서 관찰한다면, 특정 사건의 충격에 의해 급격하게 변동하는 것처럼 보일 것이다. 변화를 준비하는 기간에만 평화라 불릴만한 시기가 공동체에 허용되는 것처럼 말이다. 하지만 특별한 사건 없는 평화로운 사회의 표면에서도 사회적 가치에 대한 수많은 불만의 감정들은 지속적으로 끓어오르고 있다. 변화의 기운은 거대 익명 속에 이미 자리 잡고 있기 때문이다. 만약 익명 속의 어떤 감정이 충분히 공감되지 않았다면, 그 감정은 어떤 사건이 발생하더라도 파장을 일으키지 못한다. 모든 사건은 혼적을 남기기 마련이지만, 사소한 사건의 영향이 사회변혁에 이를 수는 없다. 반대로 익명 속에 쌓이고 쌓여 터지기 직전까지 팽창한 감정이 있다면, 작은 사건에도 쉽게 발화하여 수일 안에 폭발하게 될 것이며, 이는 사회에 큰 변혁을 가져올 것이다.

사회에 큰 변화를 몰고 오는 엄청난 사건이 아니더라도 우리의 일상생활 속에서 사회변화를 추구하는 감정의 분출은 흔하게 나타난다. 하지만 우리는 이렇게 흔한 감정의 분출을 쉽게 눈치채지 못하며, 알아차린다 하더라도 자신과 직접적인 연관이 없는 경우 대부분 감정 이입을 잘 하지 못한다. 이것이 거대 익명 속에서 사회의 변화를 요구하는, 소위 사회가 지향하는 가치에 저항하는 감정의 작은 분출이 다른 구성원들에게 상당히 제한적인 영향밖에 미칠 수 없는 이유다. 사회적 불의에 의해 발생한 알려지지 않은 피해자는 거대 익명에 용해되어 버리기 때문이다. 자신과 먼 거리의 사건은 감정 소모의 대상 순위에서 밀려날 수밖에 없게 된다. 소모는 그 자체로 부정적이기에, 감정의 소모도 주체에 있어 가급적이면 피하고 싶은 것이다. 물론 감정 대부분은 양가적으로, 적극적 참여를 통해 발산되는 긍정적 감정을 감정 소모로 생긴 빈 공간에 채워 넣을 수도 있다. 그럼에도 감정 소모의 회피는 보통 사람들이라면 자연스레 지향하는 것이며, 작은 변화의 목소리에 관심을 쏟으며 적극적인 행위에 참여하기보다는 뭔가 찝찝함이 있더라도 자신의 일에 몰입하는 것을 선호한다. 이 배후에는 이런 행위를 당연한 것으로 여기도록 만드는 익명의 암시가 있다.

하지만 이런 작은 목소리 중 어떤 외침은 구체적 인물을 전면에 내세워 사회 구조를 변화시키는 데 성공하기도 한다. 거대 익명 속에서 잊혀져가는 사건의 피해자 이름이 익명의 장막을 뚫고 현실에 등장하는 순간, 피해자의 실체는 비극적인 사건의 상징이 되어 사회 구성원들에게 큰 영향을 행사할 수 있게 된다. 익명의 암시가 갖는 특유의 영향력과는 다르게 실명의 폭로는 무의식에 잠재된 숨은 감정을 직접적으로 건드리는 듯한 강한 영향력을 갖기 때문이다. 거대한 현대 사회를 살아가는 우리에게 누군가의 이름을 안다는 것은 신비로운 것으로 여겨질 정도다. 누군가의 이름이 일으키는 마법이란 감정의 먼 거리를 좁히는 것으로, 자신과는 전혀 상관없을 거라 생각했던 피해자의 이름을 아는 순간 언젠가 한 번쯤은 그 피해자와 거리에서 스쳐 지나갔을 것만 같은 기분을 느끼게 된다. 우리는 피해자와 동일한 이름의 사람을 한 번이라도 만난 적이 있지 않았던가? 이런 감정은 민심의 동요를 불러오게 되고, 상징이 된 이름의 법이 제정되면서 부조리한 사회 구조가 미약하게나마 변화되는 것이다. 거대 익명이 사회가 지향하는 가치의 암시뿐만 아니라 실명의 폭로를 유발시켜 사회를 조금씩 변혁시키는 것은 분명 익명이 사회에 미치는 부정적이지만은 않은 영향이다. 이것은 익명이 개인에게 제공하는 안식과 함께 사회 공동체가 능동적으로 문제점을 해결하고 발전할 수 있게끔 만드는 기능이다. 하지만 이런 기능이 제대로 작동하지 않는다면 비극적인 사건은 익명의 그림자로 휩쓸려 버릴 것이고, 그림자는 점점 비대해질 것이다. 이렇게 그림자의 비극에서 희극을 이끌어 내지 못하는 사회는 퇴화의 방향으로 진화할 수밖에 없다. 또한 실명의 폭로가 갖는 이런 영향력은 부패한 권력이 자신의 치부를 적극적으로 익명화하려는 동기가 되기도 한다.

　우리는 항상 양가성에 대해 주의를 기울여야 하며, 익명의 그림자와 안식의 사이에서 목표를 향해 전진해야 할 길을 찾아야 한다. 문제들은 언제나 우리 앞에 산적해 있지만, 내재화된 가치의 편향은 문제에 대한 인식조차 어렵게 만들었다. 또한 개인으로서 장애물을 헤치고 나아가기에는 감당하기 힘든 어려움이 따른다. 우리는 모든 것을 효율성의 지표로 관리하는 자본주의 시장에서 살아남기 위해 숨 가쁘게 뛰고 있으며, 자본보다 중요한 것을 잃어버리고는 시간이 흐른 뒤에야 그것이 무엇인지 어렴풋이 깨닫곤 한다. 시장의 자본경쟁에서 승리한 자들도 여전히 불안과 안식 사이에서 아슬아슬한 줄타기를 하고 있는데, 헤어 나오기 힘든 빈곤이라는 굴레를 끊임없이 돌리는 경쟁에서 뒤처진 이들에 대해서는 더 이상 어떤 말을 할 수 있겠는가?

익명과 상식에 관하여

VI

나쁜 징후

현대 사회의 거대 익명은 지속적인 억압으로 구성원을 파멸로 이끌기도 하고, 사회가 지향하는 가치에 따라 형성된 구조에서 구성원이 이탈되지 않도록 보호하는 역할을 맡기도 한다. 이런 과정에서 익명은 불안과 안식을 동시에 암시하고, 개인들 역시 익명의 암시에 대한 요청으로 화답한다. 그리고 끊임없이 연결되는 상호 복합적 관계의 고착화는 한 사회를 규정하는 특성으로 자리매김하게 된다. 이렇게 세워진 현대 사회의 공통된 특성이라 함은 무엇보다 자본주의의 거침없는 폭주라 할 수 있다. 공산주의 시장경제의 실패 이후 대다수 사회의 기본 뼈대는 자본주의 시장질서 위에 세워지고 있는 것이다. 자본주의 자유경쟁시장은 '개인의 이기심이야말로 공동의 부를 더욱 효율적으로 창출한다.'는 것과 '능력만큼 얻는다.'라는 매우 간단한 논리에 기반한다. 이런 단순 명확한 논리는 강력한 당위성을 갖게 하고, 이 앞에 우리 모두는 고개를 끄떡일 수밖에 없는 것이다. 특히 자본주의와 구성원 간 관계성인 거대 익명과의 만남으로 자본주의의 영향력은 더욱 증폭되었으며, 이제는 자본주의 가치의 손길이 닿지 않는 곳을 찾아보기 힘들 정도가 되었다. 현대 사람들은 자본적 가치, 경쟁적 우위에 대한 이점 중심, 이익의 확대라는 관점 없이 생각하는 것은 어리석은 것이며, 심지어 멍청한 것이라고 여기고 있다. 우리는 이제 삶의 모든 것을 이득과 손해의 대상으로 너무 쉽게 양분한다. 고도화된 자본주의 사회에서 자본 추구에 대한 멈추지 않는 갈증은 사람들에게 생존의 불안을 때로는 극심한 공포를 느끼게 하지만, 이런 욕망의 폭발은 동시에 사람들로 하여금 엄청난 생산성을 발휘하게끔 만드는 강력한 동기가 된다. 경쟁에서 뒤처지지 않기 위해 능력 이상의 능력을 발휘해야 하는 자본주의라는 게임에 참여하는 개인들은 시장의 성장을 이끄는 주인공인 것이다. 물론 모든 개인이 성과에 대한 혜택을 돌려받을 수 있는 것은 아니다. 공정하지 못한 성과의 배분은 사회의 안정을 위협하는 큰 문제로 군중의 소요를 발생시키기도 하지만, 그럼에도 치명적인 것은 아니다. 무엇보다 수행한 일의 보상이 적정한 것인가에 대한 평가는 그럴듯한 이유들의 끊임없이 대립으로 풀기 어려운 문제가 된다. 또한 이렇게 평탄한 적 없는 시장이 그래도 멈추지 않는 것은, 시장 전체가 무너져 모두가 위험에 처하게 될 정도의 갈등의 폭발은 아무도 원치 않기 때문이다. 하지만 경쟁체계에서 이탈되거나, 그 두려움을 이겨내지 못한 개인들은 심각한 문제에 놓이게 된다. 그림자의 제물로 희생되는 자들이 바로 그들인 것이다. 사람 본연의 타고난 능력의 차이, 상대적인 노력의 부족함, 외부 환경의 제약, 뭐든 전부 감안하더라도 자본주의 체제는 매우 냉정한 것이며, 사회 구성원 대부분이 이에 공감함에도 경쟁이 점점 강화되는 방향으로 자본주의가 진화하는 것은 분명 자본주의의 승자들이 그 방향을 주도하기 때문일 것이다. 패배자를 지속적으로 생산해 내는 그 자체만으로도 잔인한 자본주의 체제는 그 어떤 체제에서보다 매우 엄격한 공정의 기준이 있어야 하지만, 시장은 공정함의 문제에 있어 결코 자유롭지 않다는 것과 많은 부정이 여전히 법의 사각지대에 방치되고 있다는 것을 우리는 알아야 한다. 그나마 불행 중 다행으로 사회 곳곳에 숨어 있는 불공정은 많은 이의 희생으로 인해 조금씩 수면 위로 드러나고 있다. 자본주의 사회의 희생자들은 시급히 해결되어야 할 각종 문제들을 상징하게 되고, 때로는 직접 모습을 드러내며 실체를 폭로하기도 한다. 우리가 그나마 이 정도의 사회적 토대를 마련할 수 있었던 것은 알려지지 않았거나 이제는 잊혀진 수많은 희생자들의 고통과 절규에서 시작된 사회변혁의 시도들이었다는 것을 잊으면 안 될 것이다.

우리의 의무는 희생자들의 신호를 그저 흘려보내지 않아야 하는 것이다. 익명 속에서 작게 메아리치는 그들의 목소리에 귀를 기울이고, 그들의 목소리를 들어 내야만 한다. 하지만 이것보다 더욱 중요한 당면한 사명이 있다면, 그것은 바로 사회의 변화를 가져오기 위해 한발 앞서 능동적이고 적극적으로 사회의 나쁜 징후들을 살펴봐야 한다는 점이다. 한 사회에서 다양하게 벌어지는 모든 사건에는 그 모든 징후가 앞서 존재하며, 그 징후들은 익명 속에서 이미 꿈틀거리고 있다. 그중에서도 우리가 '나쁜 징후'에 주목해야 하는 이유는 나쁜 징후야말로 사람을 파괴적인 상황에 몰아넣을 수 있는 가장 우려스럽고 잠재된 위험이기 때문이다.

나쁜 징후는 우리가 가장 우선하여 주목해야 한다. 우리 사회가 나쁜 징후에 대해 조금이라도 먼저 대처할 수 있다면, 미래의 희생자를 한 명이라도 줄이는 것은 단순히 희망에만 머물지 않게 될 것이다.

물론 나쁜 징후 역시 익명의 암시를 통해 내재화되기에, 문제의 징후를 의식적으로 파악하는 것이란 쉽지 않음이 분명하다. 우리는 심각한 사건으로 충분히 발화될 만한 나쁜 징후들을 보더라도 제대로 의식하지 못한다. 왜냐하면 그런 상황들은 우리에게 자연스럽고 일상적인 것이라 여겨지기 때문이다. 우리는 나쁜 징후가 구체적인 사건으로 발현된 후에야 성찰적으로 되돌아볼 수 있다. 하지만 나쁜 영향을 갖는 것은 좋은 영향을 동시에 미칠 가능성 또한 갖기에, 그것을 가려내어 미리 판단하는 것은 더욱 어려운 일이 된다. 그렇기에 누구도 무엇이 나쁜 징후인지 정확히 지목할 수 없다. 다만, 나쁜 징후의 성격에 대한 고찰을 통해 그 존재를 의심해 볼 수 있으며, 우리는 대응을 위한 최소한의 준비를 할 수 있는 기회만을 가질 수 있는 것이다. 중요한 것은 이를 준비하는 데 있어 당장의 성과에만 매달려서는 안 된다는 점이다. 나쁜 징후에 대처하기 위한 과정은 어느 무엇보다 외롭고 고단한 일이 될 것이다. 하지만 이것은 반드시 필요한 일이다.

나쁜 징후의 가장 큰 특성은 현실을 은폐하는 것이다. 현실이란 사실과는 엄연히 다르다. 사실은 그야말로 특정 대상이나 상황의 있는 그대로의 상태를 의미한다. 하지만 특정 대상이나 상태에 대한 규정이란 목적에 따라 달라진다는 것을 주목하라. 즉, 사실은 목적에 종속된다. 이는 사실을 구성하는 내용 자체가 수정되는 것이 아니라, 목적이 무엇이냐에 따른 특정한 관점이 부여되고, 그에 부합하도록 사실의 범위와 형태가 한정되고 취해진다는 것을 의미한다. 사실은 그 자체로 명백하기에 강한 설득력을 가질 수 있으며, 어떤 논제든 사실이야말로 최후의 근거가 된다는 점에서 그 사실에 대한 규정 방식을 누가 정하였는가를 유심히 살펴봐야 한다. 사실을 규정한 누군가가 보이지 않는다면, 그 사실로 인해 발생하는 이익이 누구에게 흘러가는지를 살펴봐야 할 것이다. 이런 사실들이 충분히 현실을 은폐할 수 있기 때문이다. 사실과 진실 중 우리가 추구해야 하는 것은 당연히 진실에 가까운 것이어야 하지 않겠는가? 현실을 은폐하는 것은 나쁜 징후의 가장 기본적인 특성이다. 그렇다면 사실이 은폐하는 현실이란 무엇인가?

현실 역시 사전적으로는 존재하는 형태나 사실들을 의미하지만, 여기서는 추가 설명으로 현실의 의미를 정확히 할 필요가 있다. 현실이란 모든 것의 존재 형태를 의미하는 것이 아닌, 한 명의 인간 주체가 인지 가능한 대상의 모든 사실들을 의미하는 것이다. 즉, 우리 개개인이 피부로 직접 맞대어 살아가는 공적, 사적 생활 공간의 모든 것이 현실이다. 현실은 삶이 실현되고 타인과 관계가 맺어지는 무대다. 우리는 사회 속에서 살아가는 것이 아닌 사회의 현실 속에서 살아가는 것이다. 현실은 개인의 삶과 직접적으로 연결된 그 자체이며, 이런 현실의 개념에서 본 사실의 의미란 다양한 의지의 목적을 위해 현실을 재규격화한 것이라 할 수 있다. 하지만 사회의 현실 전체를 어떤 방법을 동원하더라도 하나의 사실로 표현할 수 없으며, 이런 표현은 아무도 시도하지 못한다. 이는 현실적으로 불가능하기 때문이다. 그렇기에 조각으로 나눠지고 재규격화된 사실을 통해서는 현실을 제대로 볼 수 없으며, 어쩌면 이런 조각난 사실이야말로 현실을 제대로 보지 못하도록 방해한다고 할 수 있다. 물론 이런 방법론이 포기되어야 한다는 것을 주장하는 것은 아니다. 사회 전체를 조망하기 위해서는 현실을 기반으로 재규격화된 사실들에 근거할 수밖에 없기 때문이다.

사실이 현실을 은폐하는 것을 최대한 방지하기 위해서는 우리가 접하게 되는 수많은 사실들, 그 사실들의 관계를 상관적 관계성에만 입각하는 것이 아닌 맥락적이고 논리적인 연관성에 중점을 두어 해석해야 한다. 이런 해석만이 사실의 단면을 넘어 다양한 측면에 대한 분석의 필요성을 제기하고, 추가적인 사실관계 파악을 유도한다. 우리는 다양한 사실을 다층적으로 접근해야만 현실의 윤곽을 조금이나마 파악할 수 있다. 이로써 우리는 숨어 있는 현실의 진짜 모습을 흐릿하게나마 볼 수 있게 되고, 각종 사실들 사이에 숨어 있는 진짜 현실 속의 문제들을 시급하게 가려낼 수 있게 되는 것이다.

사실을 나타내는 것 중 가장 대표적인 것이 바로 각종 통계 지표다. 자본주의 시장에서 기업은 상품에 대한 생산, 판매, 이익 등

경영의 핵심 정보들을 각종 지표를 통해 관리한다. 지표 자체가 기업의 존재 이유이자 목적이라 해도 틀리지 않을 정도다. 하지만 각종 양과 질을 나타내는 지표는 대상의 상태를 하나의 숫자로 표기해야 하는 한계에 부딪힌다. 상태란 기본적으로 다양한 실체의 수치와 분포의 형태까지 의미한다고 볼 수 있는데, 지표란 이를 정확하게 담아낼 수 없기 때문이다. 특히 어떤 상태와 관련된 평균 지표 하나만 있다면, 그것이 갖는 의미는 사실상 없다고 봐도 무방하다. 분포의 모양을 나타내지 못하는 평균 지표는 특정 대상의 상대적 비교를 통한 의미만을 가질 수 있다. 예를 들어 특성 사회의 평균소득은 소득 간 불평등을 나타낼 수 없으며, 사회의 문제가 평균소득의 수준이 아니라 격차에서 발생한다면 평균소득 지표는 불평등의 문제를 검토하는 데 있어 어떤 의미도 가질 수 없게 된다. 평균소득은 말 그대로 어떤 사람이 그 사회에 속하게 된다면 얻게 될 소득의 기댓값으로 일종의 확률을 의미한다. 세상의 모든 것이 가능성이라는 의미는 현실이란 가능성의 재료이자 모든 가능성의 결과로 드러난다는 것인데, 이런 평균 지표와 기댓값은 현실의 굴곡들을 평평하게 만들어 버리는 것이다. 이것은 우리가 현실을 파악하는 데 큰 장애물이 되고, 다른 말로 현실은 각종 지표 뒤에 은폐된다고도 할 수 있다. 그렇기에 현실을 실질적으로 파악하기 위해서는 하나의 사실이 아닌 다양한 사실들을 연결하여 다각적으로 분석해야 하는 것이다.

익명은 암시를 억압의 도구로서 현실을 가리는 사실을 적극적으로 활용하는 것처럼 보인다. 기본적으로 차별화된 집단들을 대표하는 각종 평균 지표는 구성원을 유혹하는 데 매우 좋은 방법이다. 그와 동시에 자본주의 경쟁 구조에서 밀려나는 사람들의 외침은 평균 지표 뒤로 조용히 은폐된다. 매월, 매 분기 측정되는 각종 경제 지표의 상승은 자본주의 시장의 효율성, 생산성의 상징이 되고, 새롭게 탄생한 자본주의 스타들은 주주들에게 숭배의 대상으로 떠오른다. 기업의 가치를 나타내는 각종 지표의 이면에 가려진 은폐된 현실은 철저하게 무시당한다. 중요한 점은 우리 대부분은 어떤 이의도 제기하지 않는다는 것이다. TV를 통해 반영되는 다큐들 중 많은 것들이 우리 사회의 빈곤층을 소재로 삼고 자본주의가 야기하는 불평등의 문제를 도마 위에 올리지만, 우리가 느끼는 마음이란 잠시 안쓰럽고 슬플 뿐이다. 심지어 그들이 고단한 삶의 위안거리로 전락해 버리기도 한다. 시간은 항상 부족하며, 일상에서 의문을 제기할 필요를 느끼지 못한다. 그럼에도 우리는 현실을 대표한다는 지표를 사용할 수밖에 없다. 모든 현실을 대표하는 완벽한 지표는 애시당초 없었으며, 자본주의 시장이 아니더라도 이런 지표의 활용은 거대 시장에서는 불가피한 것이기 때문이다. 다른 의미로 현실의 은폐는 피할 수 없는 것이라 할 수도 있다. 이런 부분은 우리가 나쁜 징후를 찾아내는 데 있어 어려움을 겪을 수밖에 없게 하는 가장 큰 이유다. 하지만 우리는 현실과 우리 사이에 놓여진 심연의 사이를 인정해야만 한다. 우리는 모든 것을 해결할 수 있다는 마음을 가져서는 안 될 것이다. 겸손하게 한발 물러

서서 '은폐된 현실은 점점 많아지는가?', '그 현실의 문제는 얼마나 심각한 것인가?'라는 질문부터 되풀이해야 한다.

나쁜 징후는 사람을 숨긴다. 사람을 숨긴다는 것은 사회의 구성원 간 관계에서 개인의 고유한 정체성을 숨기는, 숨겨지는, 단절되는 것을 통틀어서 의미한다. 익명 안의 나쁜 징후는 익명의 특성을 그대로 이어받는데, 사람을 숨기는 특성으로 인해 서로 간 감정의 거리가 멀어지고, 타인의 문제를 둔감하게 받아들이게 될 뿐 아니라 양심의 짐을 쉽게 내려놓게 된다. 본인도 눈치채지 못한 순간 양심의 무게는 이미 사라지고 없다. 또한 이런 거리가 유지되면서 자신의 일에만 몰두하게 된 개인은 익명 속의 외침 자체를 제대로 들을 수 없게 되는데, 행여 들리더라도 아무것도 할 수 없다. 그것은 말 그대로 그저 들리는 것에 그치기 때문이다. 특히 자본주의 시장에서 사람을 숨기는 방식이 나쁜 징후가 되는 이유는, 사람을 숨기거나 관계를 단절시키는 방식이 대부분 이익률을 극대화하는 목적에 부합하기 때문이다. 자본주의 시장은 새로운 기술이라는 이름으로 이를 포장해 버린다. 시장의 효율성은 짧은 시간에 최대의 이익을 거두는 것으로, 사람들 간 우애의 감정은 불필요한 것으로 판단하고 허용하지 않는다. 이런 감정의 교류는 시장의 효율성을 낮출 뿐만 아니라, 개인들을 연합시킬 여지도 제공하기 때문이다. 자유주의 시장은 노동자 조합과 소비자 연대를 가장 혐오한다. 자유주의 시장은 스스로의 지속적인 존속을 위해 하나의 가치에 반하는 연대 역시 필요하다는 것을 깨우치지 못한다. 자본주의 권력은 눈앞의 이익만을 중시하기 때문이다. 익명만이 이러한 사실을 알고 있다.

시장에서 이뤄지는 사람들 간의 다양한 관계는 크게 두 차원으로 나눠 볼 수 있다. 바로 생산과 판매 차원이다. 생산은 기업과 노동자, 노동자 간 관계이며, 판매는 기업, 생산자와 소비자의 관계다. 먼저 생산을 담당하는 기업을 살펴보자. 기업이 생산에 투입하는 노동자의 인건비는 경제적 위기 상황을 돌파하는 데 가장 큰 걸림돌이 된다. 인건비를 탄력적으로 운영하는 데에 한계가 있기 때문인데, 어떤 기업가들은 이런 부분을 부각하여 인건비와 종신고용제야말로 기업 부실화의 원인이라고 주장하기도 한다. 물론 이런 주장은 특정 목적을 염두한 것으로, 과장된 것이다. 하지만 일부 기업은 이런 기조에 맞춰 낮은 기본급과 높은 성과급의 탄력적 연봉체계를 운영한다. 이런 연봉구조는 회사의 이익이 기대에 미치지 못하면 이익에 연동된 성과급도 감소시켜 인건비가 자연스레 줄어들게끔 작동한다. 많은 회사들이 성과급 중심 급여체제를 도입하고 있으며, 이는 조간만 시장의 표준이 될 것이다. 여하튼 자유주의 시장의 탄력적 급여에서부터 노동유연화까지 일련의 정책은 경제위기 이후에 항상 강화되는데, 이런 위기상황에서 기업의 경쟁력이 전면에 부각되기 때문이다.

능력성과주의가 도입된 기업의 노동자들은 동료들과 과거의 관계성을 유지할 수 없다. 이는 당연한 것이다. 그들은 더 이상 한 직장에서 평생 얼굴을 맞대고 일하는 동료가 아니다. 동료들은 필요에 따라 임시적으로 고용된 타인일 뿐이며, 언제든지 자리를 옮길 수 있다. 타인에게 있어 본인도 마찬가지다. 관계성의 지속에 대한 의문은 동료들이 서로 먼저 다가가지 않게 하는 가장 큰 이유가 된다. 이 의문은 시간이 흐르면서 확신에 가까워지고, 그와 동시에 경쟁적 관계는 더욱 강조된다. 적은 회사 밖에 있지 않고 바로 옆자리에 있는 것이다. 이런 능력성과주의는 최선이자 동시에 최악의 선택인데, 성과에 대한 정의와 기준이 모두의 합의로 세워질 수 있다면 최선의 선택이라 할 수 있지만, 만약 그 합의가 동의되지 않거나 중도에 무너지기라도 한다면 조직을 한순간에 와해시키는 최악의 선택이 될 수 있기 때문이다.

경쟁만을 지향하는 환경은 타인과의 관계성을 약화시키는 완벽한 상황을 만든다. 이런 흐름 속에서 수행 업무 또한 세분화되어, 기능적이고 업무적인 부분의 연결 고리 역시 약해진다. 노동자는 최종 상품의 영향력에 대해 고민할 필요도 없고, 그럴 능력도 갖추지 못한다. 자본주의는 개인에게 부분만을 강조하는데, 자본주의 시장에 있어 하나의 개인은 자신이 맡은 일만을 경쟁적으로 수행하면 그만이기 때문이다. 결과적으로 이익률의 가장 큰 걸림돌인 인건비를 줄이기 위해 '벨류체인Value Chain의 디지털화'라는 그럴 듯한 이름으로 자동화 시스템이 도입된다. 전 과정에서 사람은 점차 숨겨진다. 현대인들에게 경쟁이란 확신과 의문 사이 애매한 곳에 위치하게 되는데, 그 범위가 너무 넓고 희미하기 때문이다. 이는 결국 자신을 마지막 경쟁 대상으로 삼게 하고, 때로 심각한 자기 괴리는 스스로를 숨겨 버리는 행위도 서슴지 않게 한다.

판매 차원에 있어서도 사람이 숨겨지는 것은 마찬가지다. 이제는 일반화된 음식점의 키오스크^{Kiosk}를 통해 한마디 말없이도 식사를 끝마칠 수 있다. 키오스크는 비대면을 선호하는 유행 때문이 아니라 사람을 직접 고용하는 것보다 비용이 적게 들기에 활성화된 것이다. 주문에 대한 작은 노동을 소비자에게 전가하는 부분과 키오스크 주문방식에 익숙하지 않은 노인들이나 도움이 필요한 장애인들이 사전에 차단되는 문제를 차치하더라도, 이런 경향은 점차 미래의 저숙련 노동시장에서 사람들을 찾아보기 힘들게 만들 것이다. 또한 사회적 거리두기로 배달시장이 급성장한 것 역시 사람을 숨기는 데 기여했다. 우리는 앱을 통해 몇 번의 선택만으로 음식을 바로 문 앞까지 주문할 수 있다. 배달원들, 소위 라이더들과 마주칠 일은 거의 없다. 라이더들은 익명화되었으며, 익명화된 대상과의 감정의 거리는 멀어진다. 우리는 그들이 배달플랫폼회사를 대상으로 시위를 한 것에 대해서는 어떤 관심도 갖지 않는다. 우연히 기사를 접하게 되고, 불합리한 사건들이 그들에게 발생했음을 알게 되었다 하더라도, 감정의 이입은 멀어진 거리만큼 쉽게 이뤄지지 않는 것이다. 우리가 라이더들에 느끼는 감정이란 도로를 종횡무진 달리는 것에 대한 불만뿐이다. 그들은 눈에 보이지 않기에 이런 모습으로만 상징화된다. 상징이 갖는 영향력을 경계해야 하는 이유는 그것이 균형을 잃고 한쪽 방향으로 치우칠 수도 있기 때문이다. 이것은 거대 익명의 암시가 품고 있는 나쁜 징후다. 하지만 이런 상황은 우리에게 너무 익숙하지 않은가?

　나쁜 징후는 탐욕을 감춘다. 자본주의 사회에서 탐욕이란 무엇인가? 그것은 자본에 대한 멈추지 않는 욕구이다. 자본이 증식되면 될수록 자본을 더욱 탐하게 되는 감정으로, 탐욕은 공포와 마찬가지로 양가적 감정을 허용하지 않고 모든 것을 잠식해 버린다. 탐욕에 빠진 사람이 정상적으로 의사 결정을 할 수 없음은 공포에 빠진 사람이 정상적일 수 없는 것과 마찬가지다. 투자 심리를 예상하는 '탐욕과 공포지수Fear&Greed Index'는 이에 대한 실례라 할 수 있다. 시장에서 비정상적인 행동이란 앞의 지수가 의미하는 것처럼 실제 가치와 상관없이 주식을 매집하거나 투매하는 행태 말고도, 탐욕적인 목적으로 시장을 구성하는 법의 테두리를 비정상적으로 벗어나는 것 또한 포함된다. 견디기 힘든 탐욕이 법에 접촉되는 행위를 지시하지는 않더라도, 법의 회색지대를 과감하게 침범하는 결정만은 쉽게 하는 것이다. 이런 거대한 탐욕은 대개 거대 자본을 거느린다. 탐욕이 급격한 자본증식을 이룬 장본인인지 아니면 거대 자본화되면 자연스레 탐욕을 갖게 되는지에 대한 선후관계는 중요하지 않다. 자본주의에서 자본은 그 자체로 탐욕적 성격을 갖기 때문이다. 탐욕은 사람의 감정에 국한되는 것이 아니다. 어쩌면 탐욕은 자본주의 시장에서 승리하기 위한 궁극의 열쇠일지도 모른다. 탐욕은 수단을 가리지 않을 뿐만 아니라, 자본 획득에 도움이 되지 않는 모든 것을 잔인할 정도로 냉정하게 포기해 버리기 때문이다. 가장 먼저 포기되는 것은 다름 아닌 관계를 위한 감정들이다.

자본주의 체제는 구성원 개개인의 자본에 대한 욕구를 쉴 새 없이 자극하고 충분히 활용한다. 욕구가 탐욕에까지 이르지 않더라도 상관없다. 개인의 욕구만으로도 자본주의 시장에 필요한 동력을 만들어 내기 충분하기 때문이다. 욕구하는 본능은 대상을 향해 전진할 뿐이며, 다양한 욕구를 충족시키는 것들은 수많은 상품으로서 시장에 등장하게 된다. 자본주의 시장에서 사람들은 돈으로 살 수 없는 것을 의외로 욕망하지 않는데, 욕망들은 모두 돈으로 살 수 있는 상품으로 만들어졌기 때문이다. 자본주의 시장은 상품과 상품이 아닌 것으로 나눠지는 것이 아니라 상품과 아직 상품이 되지 않는 것으로 나눠지며, 어떤 것이라도 욕망의 대상이 되는 순간 매력적인 상품으로 탄생할 수 있다. 그 일 순위는 바로 우리 자신, 인간이다. 전통적인 인간 중심적 가치들은 이제 새로운 상품 중심적 가치로 변모하고 있다. 이제 자본주의에 한 인간이 갖는 유일무이한 고유함이란 개념은 사라지고 없으며, 시장에서 매매되는 노동력과 소비력만이 한 인간의 가치를 의미하게 된 것이다.

시장에서 비상품은 끊임없이 상품화되지만, 상품이 비상품화되는 경우는 찾아보기 힘들다. 모든 상품은 모든 사람의 욕망의 실현이라 볼 수 있으나, 욕망은 사라지지 않기 때문이다. 여기서 더 나아가 시장주의자들은 상품이 무궁무진한 것처럼 사람의 욕망도 마찬가지라고 주장한다. 상품이 계속해서 늘어나는 것은 인간의 무한한 욕망 때문에 어쩔 수 없는 것이라 말한다. 하지만 사람의 욕망이 무한하다고 단언하는 것은 오만한 태도일 것이다. 무한은 인간에 의해 쉽게 말해져서는 안 되는 단어다. 나는 인간의 욕망이 무한에 비할 수 없다 하더라도 엄청나게 크다고 말해지는 것이 자본주의 시장이 일방적으로 요구하는 것이 아닌가 하는 의구심을 갖는다. 분명 인간의 타고난 욕심이 자본주의에서 유독 두드러지고, 자극되며 커지는 것은 부인할 수는 없다. 욕심과 자본은 서로에게 끌릴 수밖에 없지 않겠는가? 현대 사회에서 상품들을 소유할 수 있는 수단은 돈인데, 돈에 대한 단순한 '필요'를 뛰어넘는 '욕심'이야말로 자본주의가 시장의 구성원들에게 더욱 분발할 것을 목적으로 요구하는 것 아니겠는가? 시장에서 사람들은 더욱 효율적으로, 더욱 생산적으로 일하기 위해 많은 시도와 실패를 거듭하고, 성공에 가장 가까운 실패를 한 자가 유리한 고지를 밟는다. 그리고 구성원들은 지속적인 불안과 안식의 암시 아래에서 사회가 지향하는 가치에 충실하기 위해 노력한다. 자본주의 경쟁시장에서는 매일 매 순간 이익을 얻는 자와 잃은 자로 나눠지고, 끊임없는 상품의 생산과 판매로 누군가는 자본을 손에 쥐게 하며 승리자의 자격에 한발 한발 다가간다. 물론 승리자로의 등극은 항상 요원한 것이지만 말이다. 자본주의는 대다수를 실패자로 양산하는 체제이며, 우리는 더 나은 실패자가 되기 위해 노력해야 하는 처지에 내몰릴 뿐이다. 자본주의 시장에는 노력하여 얻은 자도 있지만, 심지어 그렇지 못하고도 얻은 자도 있다. 그리고 누구의 주목도 받지 못하는 잃는 자 역시 있다. 그렇다고 잃는 자의 존재 자체가 부정되는 것이 아니다. 그들의 존재는 주목받지 못할 뿐 자본주의에 있어 필수불가결한데, 그들은 누구보다 중요한 역할을 수여받는다. 그것은 바로 능력이 없다면 이렇게 실패하게 된다는 것을 보여 주는 역할인 것이다.

자본은 주변의 작은 자본들을 끌어모으고, 증식하며, 점점 비대해진다. 거대 자본의 욕심이 탐욕에 이르는 순간, 자본은 모든 것 위에 군림하게 된다. 탐욕이 그 대상을 이 세상의 왕으로 즉위시키는 것이다. 하지만 이런 거대 자본화가 극단적으로 이뤄져, 누군가의 탐욕이 모든 자본을 독점하게 된다면 자본주의 시장의 존속은 불가능하게 될 것이다. 이런 사회는 존재할 수 없을 뿐만 아니라, 자본 독식 사회가 만약 있다 하더라도 그것은 자본주의 사회와는 다른 것임이 틀림없다. 그 사회에서 경쟁이란 있을 수 없기 때문이다. 시장을 운영하는 각 사회의 정부는 법으로서 지켜져야 할 시장의 규범을 명문화하는데, 그 목표는 다름 아닌 사회 체제의 안녕과 영속에 있으며, 이는 개인들이 가장 우선적으로 생존 안식을 요구하는 것과 다르지 않다. 사회는 개인의 생존본능을 충실히 반영한다. 자본의 완전한 독점은 자본주의 시장의 붕괴를 의미하므로 정부는 사회의 존속을 위한 최소한의 자원배분이 이뤄지도록 규제해야 하는 것이다. 자본주의는 자신의 안녕과 영속을 추구하면서도, 스스로를 파괴하고 있다는 것만 보더라도 허점투성이인 시장 체제임이 틀림없다. 하지만 공산주의 시장경제의 몰락 이후 독보적 지위에 오른 자본주의 자체를 폐기할 수는 없는 상황에 이르렀다. 그것은 이미 현실이라는 토대에 깊은 뿌리를 내리고 있다.

자본이 소수에게만 집중된다면 사회 곳곳에서 경직성이 유발될 것이다. 시장에서 돈의 흐름이란 사람의 육체에 피가 순환하는 것과 비슷하다. 시장의 효율성을 최대한 활용하면서도 시장이 한쪽에 치우치지 않고 유지될 수 있도록 각종 법을 제정하고 집행하는 것은 시장관리자인 정부의 역할이다. 정부는 시장의 주치의인 셈이다. 이런 정치권력이 추구하는 이념에 따라 시장의 운영 방향 역시 크게 바뀌게 되는데, 시장 논리를 강하게 옹호하는 보수주의자들은 각종 규제 철폐를 요구하며 전적으로 시장의 자율성과 역동성에 모든 것을 맡겨야 한다고 말한다. 그들은 각종 공공사업을 민영화하여 시장 논리에 복속시키려 한다. 또한 자본의 거대화야말로 시장을 더욱 성장시키는 동력이 되며, 거대 자본에서 발생하는 낙수효과로 모두에게 이익이 나눠질 것이라 주장한다. 그들에게 성공한 자들의 능력은 그 결과로서 알 수 있는 것이다. 시장에서 발생하는 일들이 시장의 이치에 맞지 않을 수는 없기 때문이다. 기본적으로 기업들은 보수주의자들의 정책을 반기며, 그들이 정치적 입지를 단단히 할 수 있도록 적극 지원한다. 반면, 진보주의자들은 거대 자본 중심의 시장 성장에 따른 빈부격차와 불평등을 해결하기 위해서는 규제가 강화될 필요가 있으며, 시장의 순기능보다는 부작용을 우려하여 정부가 적극적으로 시장에 개입해야 한다고 주장한다. 그 근저에는 시장의 부는 개인의 능력을 제대로 반영할 수 없고, 거대 자본 역시 공적자원을 바탕으로 가능했기 때문이라는 생각이 깔려 있다. 그들은 또한 공공사업의 민영화를 반대하고 공공기관의 적자를 용인하기도 한다.

정치는 사회의 무의식적 영역인 익명의 외침과 암시를 의식화하는 중심에 있으며, 이를 현실화시킨다. 그렇기에 익명의 그림자로 야기되는 문제가 현실에 터져 나오면 결국 정치적 문제로 귀결되는 것이다. 이념적 입장 차이에도 불구하고 시장의 존속을 위해 반드시 지켜져야 하는 행위를 위반하는 탐욕적인 행태들은 법으로 금지된다. 특히 경쟁은 자본주의 시장의 핵심 가치로, 경쟁을 무력화하는 자본의 탐욕적인 행태야말로 시장에서 퇴출되어야 할 가장 우선적인 것이다. 하지만 불법적이고 탐욕적인 행태들은 익명 속으로 철저하게 감춰지는데, 이것이야말로 나쁜 징후의 특징이 된다. 나쁜 권력은 이런 행태들을 정치·이념적 문제로 바꿔 버리고, 지속적으로 대립할 수밖에 없는 새로운 국면의 갈등을 유발시킨다. 정치라는 게임을 시작하는 것이다. 정치적 분열만 남게 만들어 문제의 본질은 해결하지 않고 조용히 은폐시키려는 목적인 것이다. 이런 탐욕의 행태 중 대표적인 것이 바로 카르텔이다. 경쟁이야말로 최고의 덕목인 자본주의 시장에서 기업들은 카르텔을 통해 경쟁을 훼손하여 막대한 이익을 손쉽게 얻을 수 있게 된다. 그 피해는 사회 구성원 대다수인 소비자에게 고스란히 전가되는 것은 말할 필요도 없다. 이런 행태는 정부가 엄중하게 처벌하는 대상인데, 보통선거를 통해 선발되는 정치인들에게 시장질서 유지는 가장 중요한 문제가 되기 때문이다. 카르텔에 대해 무능한 정권은 지속되기 어렵다. 정치인들은 어쩌면 집권 기간 중 일어난 이런 불법 행태가 차라리 알려지기 않기를 원할지도 모른다.

카르텔로 만들어진 부정 가격은 탐욕을 철저히 숨기고, 탐욕은 거대 익명 속으로 용해된다. 이것은 사회에 잠재되어 있는 거대 익명의 나쁜 징후 중 하나다. 탐욕을 감추는 가격을 찾아내는 것이 어려운 것은 말 그대로 탐욕은 철저하고 깊숙하게 숨겨져 있기 때문이다. 이것을 철저하게 감추는 것은 무엇일까? 그것은 바로 아무나 접근할 수 없는 전문지식이다. 우리는 보통 정보의 홍수에 살고 있다고 말한다. 누구나 인터넷을 통해 수많은 정보에 접근할 수 있지 않은가? 하지만 문제는 정보 자체가 너무나 많다는 것이다. 거기에는 정확하지 않아 쓸모없는 정보들 역시 포함되어 있다. 결국 전문적인 정보는 그에 준하는 지식이 있어야 구분할 수 있고, 습득할 수 있다. 유료화로 접근성이 차단된 정보들도 많아지고 있지만, 보통 사람들은 특정 사실의 확인을 위해 돈을 지불하지는 않는다. 지식이 없다면 정보에 접근하는 것조차 어려운 것이다. 이는 정제되지 않은 정보란 지식이 아니며, 지식이 없다면 정보를 정제할 수 없다는 것을 의미한다. 결국 자본과 지식은 독점된다는 공통된 성격을 갖게 된다. 이런 독점적 지식은 정부가 시장을 제대로 규제할 수 없게 만드는데, 매우 전문적이고 기술적인 내용으로만 설명할 수 있는 복잡한 상품에 대한 문제를 정부의 행정 관료들이 제대로 판단할 수 없기 때문이다. 만약 카르텔이나 기술적 속임수의 구체적인 정황이 밝혀진다 하더라도 그것이 법 조항에 합치하느냐 그렇지 않으냐의 문제로 이어진다. 시장에 존재하는 수많은 잘못된 행태들은 법 조항의 문구에 정확히 맞아떨어지지 않는 한 현실적으로 제재되기 쉽지 않다. 규제 대상인 불법 카르텔 역시 전체 카르텔의 일부에 불과하게 되는 것이다. 시장의 치밀함과 교묘함은 법을 앞서간다. 어떤 사회의 시장이든 규제 불가능한 부분은 반드시 있을 수밖에 없다. 그리고 이렇게 원칙적으로 관리할 수 없는 실질적 한계는 현실 자본주의 시장의 불완전한 특성 자체로 받아들여져야 할 것이다.

규제 불가능한 전문지식의 벽은 익명화의 특성이기도 하다. 알려지기 어려운 전문지식의 독점은 시장이 공정하게 유지되는 것을 어렵게 만들고, 증식하는 불공정은 거대 익명의 그림자를 만드는 중요한 원인이 된다. 탐욕을 감추는 나쁜 징후는 전문지식의 벽에 막혀 사실상 밝혀내기 어렵게 된다. 물론 아예 불가능한 것은 아니다. 탐욕을 숨기는 기업의 내부고발이 있다면 가능하긴 하다. 이런 폭로 행위는 은폐에 대한 반동 작용으로 충분히 발생할 수 있다. 물론 폭로자의 큰 용기가 필요하기에 이런 일은 흔하게 발생하지 않는다. 탐욕을 감추는 나쁜 징후는 특히나 금융 분야에서 두드러진다. 그것들은 복잡하고 전문적인 지식을 바탕으로 법의 경계를 오가는 것이다. 현대 자본주의의 종주국인 미국에서 경제사범에 대한 형량이 매우 높은 것은 의미가 있다. 자본주의 시장에서 규제가 많이 완화될수록, 자율성이 많이 보장될수록 책임을 크게 묻는다는 방침인 것이다. 이런 엄벌주의는 시장의 효율성을 유지하면서도 나쁜 징후들을 조금이나마 예방할 수 있는 하나의 방안이다.

　나쁜 징후는 집단화를 강화한다. 특히 징후로서 나타나는 나쁜 집단화는 자신의 이익만을 위한 타인과의 적대적 관계로 형성되는 집단화를 의미한다. 이런 적대적 관계는 개인 사이에서 발생하는 것이 아닌 집단 간 발생하는 것이다. 나쁜 집단화는 소속감에 따른 안식의 감정을 얻는 것이 주안점이 아니라 무엇보다 상대방에 대한 혐오의 감정만을 분출하기 위한 목적으로 집단화에 참여하는 것이다. 혐오는 단순한 미움이나 증오에 머물지 않고, 상대를 하찮게 보는 멸시의 감정이 포함되어 있다. 이런 혐오의 만연은 현대 사회에서 드러나는 가장 심각한 나쁜 징후이며, 이미 수많은 혐오범죄로 이어지며 그 문제가 현실의 수면 위로 떠오르고 있다. 혐오의 대상은 주로 태생적이고 생리적인 특성으로 정해지기에, 그 대상으로 한번 지목되면 빠져나오기 매우 어렵다. 대표적인 것이 국적과 인종이 다른 이주민에 대한 혐오다. 하나의 사회 내에서 출신 지역이나 성별에 따른 혐오 논란은 끊이지 않으며, 이는 정치적으로 이용되면서 분열로 인한 갈등은 더욱 커지게 된다.

　　　　　　　익명과 상식에 관하여

혐오는 득표수를 올리기 위한 아주 쉬운 방법이기 때문이다. 혐오와 정치의 의존적인 역학관계는 사람들을 정치 자체를 혐오의 대상으로 삼게 만들고, 관심을 다른 곳으로 돌려 버리게 한다.

우리는 이런 혐오가 자본주의와 결합하여 더욱 강화된다는 것에 주목해야 한다. 자본주의 사회의 거대 익명 자체가 불안을 암시하며 개인을 고립시킴과 동시에 개성을 말살하고 집단화시키는 성격을 갖는데, 미움과 멸시라는 혐오의 감정 이면에도 불안이 자리 잡고 있기 때문이다. 익명이 암시하는 불안과 혐오의 이면에 존재하는 불안은 사실상 다르지 않다. 또한 자본주의 시장은 경쟁 구조에 따라 구성원들이 계층화되어 있기에 혐오를 발산할 나쁜 집단을 만드는 것은 어려운 일이 아니다. 특히 자신의 신분을 숨기고 활동할 수 있는 인터넷 커뮤니티는 혐오의 중요한 무대가 되며, 익명과 결합한 혐오의 강도는 더욱 높아진다. 나쁜 집단에 참여하는 개인들은 서로 알기를 꺼리는데, 그 관계는 어떤 의미도 갖지 못하기 때문이다.

고도화된 자본주의 사회의 나쁜 징후는 사실을 은폐하며, 사람을 숨기고, 탐욕을 가린다. 그리고 혐오의 대상을 찾아 헤매는 나쁜 집단을 만들어 낸다. 이런 징후들은 결국 익명의 그림자로 말려들어 가고, 익명은 사회 구성원들에게 지속적으로 불안을 암시하며 억압한다. 그런데 놀랍게도 우리는 이런 징후들에 대해 경각심을 갖지 않는다. 우리는 이런 상황들이 세상에서 발생하는 당연하고 자연스러운 일들이라 생각하기 때문이다. 우리에게 이런 위험이 없다면 오히려 이상한 것 아닌가? 우리는 나쁜 징후를 그저 받아들이고 마는 쉬운 선택을 반복하는데, 이런 선택은 모두가 자신의 일에 매몰되어 있기에 그렇다. 자본주의는 이런 경향성을 한층 더 강화하는데, 자본주의에서 경쟁이란 대상을 특정하지 않기 때문이다. 조직 간 경쟁은 물론 조직 내 경쟁에서도 승리해야 한다. 이런 상황에서 우리는 기어이 스스로에게 자신을 뛰어넘으라 강요하고 책망하게 된다. 경쟁의 대상은 어느 누구도 아닌 바로 자신이며, 자신에게 패배한 자는 어떤 변명거리도 없이 스스로의 무능을 인정해야 하는 것이다. 이런 자기 혐오적인 인정은 자본주의 시장의 승자에게는 마땅한 이유, 노력과 능력이 반드시 뒷받침되어 있을 거라는 생각에 근거한다.

치열한 경쟁은 익명 속의 불안으로 변모하여 암시되고, 경쟁은 다시 불붙기 시작한다. 우리는 그것을 쉽게 인지하지 못하며 남들이 그러하듯 끊임없는 경쟁의 고통을 견뎌 내고 있다. 고통을 감내하는 것이야말로 삶이라 생각하기 때문이다. 우리는 이 사회에 매달려 있기 위해 중요한 무엇인가를 이미 포기했는지도 모른다. 우리는 익명의 암시 속에서 나쁜 징후들과 함께 살아가고 있지만, 불행히도 징후라는 것을 명확하게 간파할 수 없다. 과거를 거울삼고 있음에도 불구하고 현재를 보지 못하기 때문이다. 우리가 겨우 발견하는 것은 언제나 과거에 있을 뿐이다. 그나마 현재와 떨어진 과거의 시간을 줄일 수 있다면 절반의 성공이라 할 수 있을 것이지만, 이 역시 쉬운 일이 아니다. 지금 이 순간에도 익명의 그림자와 희생자들은 구조의 신호를 보내고 있을 것이다. 우리는 자신을 포함한 어느 누구도 이 치명적인 위험에서 벗어날 수 없으며, 그것은 사회의 계보를 포함하는 구조의 문제로 발생함을 겸허하게 받아들여야 한다.

익명과 상식에 관하여

VII

익명에서 상식으로

익명이란 사람들의 관계성임과 동시에 세상을 이해하는 가장 중요한 방식이기도 하다. 세상의 원리를 이해한다는 것은 자신을 둘러싼 타인들과의 관계가 현실에서 어떻게 이뤄지는지, 이 관계성 속에서 자신의 행동이 어떻게 발현되는지 질문을 던지는 것이다. 자신의 의지와 선택에 대한 성찰적 반성을 위해서는 결국 내재화된 사회가 지향하는 가치에 의문을 가져야만 하며, 이런 의문을 통해서만 새롭고 자유로운 길을 찾기 위한 시도를 할 수 있다. 이것이야말로 거대 익명 속에서 주체적인 삶을 희망할 수 있는 유일한 방법이다. 그렇기에 우리는 익명의 암시가 우리를 안심시키려 할수록 그에 대한 의문을 더욱 품어야 한다. 목적을 달성하기 위해 의심을 피할 수 있는 (안심을 포함한) 다양한 수단을 동원하는 것은 익명에게는 너무 마땅한 일이기 때문이다. 의식하기 어려운 것을 의심하는 것은 어려운 것이지만, 안심되는 것을 의심하는 것이란 더더욱 어려운 법 아니겠는가? 익명에서 얻는 것이 불안한 안심이라 하더라도, 그 암시는 쉬운 것을 선택하도록 유도하여 우리를 불안에서 벗어나게끔 도와주는 것처럼 보인다. 어쩌면 익명의 주체이자 소산인 우리는 우리를 둘러싼 익명화 과정의 일부만이라도 중지시키거나, 그 성격을 온전히 간파할 수는 없을 것

익명과 상식에 관하여

이다. 개인은 익명에서 벗어날 수 없는, 익명 속에 파묻혀진 존재이기 때문이다. 그렇다고 이렇게나 불완전한 인간이 현실에서 완벽함을 추구할 필요는 없다. 이는 인간에게 분에 넘치는 욕심이다. 하지만 완벽함을 갈구할 필요가 없다는 생각이 우리가 현실적인 가치에만 집중해야 한다는 것을 의미하진 않는다. 현실에서 이상만큼 훌륭한 길잡이 역할을 하는 것은 없기 때문이다. 그럼에도 이상적 가치가 갖는 다양한 영향을 간과해 버리면 안 될 것이다. 그 영향에는 당연히 부정적인 것들도 있기 마련이기 때문이다. 우리에게 필요한 것은 현실 속에서 이상을 발판 삼아 나아가야 할 방향을 정하고, 한발 내딛는 것 차제에 의미를 두는 태도가 되어야 한다.

개인이 사회화된다는 것이 단순하게 사회의 공유 가치가 내재화된다는 것을 의미한다면, 익명의 암시는 가치의 내재화를 포함할 뿐만 아니라 생각의 지향에 영향을 미치는 감정의 총괄적 반응 기제이자 원리를 의미하는 것으로 사회화보다 한 차원 넓은 것이라 할 수 있다. 익명은 한 사회의 무의식적 영역을 담당한다. '의식이 없다.'는 의미와는 다르게 무의식은 의식의 기원이며, 사회적 차원으로도 마찬가지다. 사회의 의식적 영역이 바다 위를 표류하는 한 척의 배라면, 익명은 그 바다와 같다. 한 명의 사람이 다양하게 인격화되는 것처럼 익명 역시 한 사회를 구성하는 다양한 집단성을 대표하는 상징들로 가득 차 있는 것이다. 한 사회의 다양한 익명은 다시 전체의 익명으로 통합되고, 전체의 익명은 다시 하나의 익명으로 통합된다. 거대 익명은 다양한 층위로 이뤄져 있으며, 익명 속의 작은 익명들은 서로 쉴 새 없이 충돌하고 갈등을 빚는다. 개인의 마음과 사회의 마음의 작동 원리는 크게 다르지 않은데, 그 영향력과 규모가 압도적으로 차이가 날 뿐이다. 특히 현대 국가의 거대 익명이라면 더욱 그렇다. 또한 익명의 암시는 지속적으로 개인의 주체성을 사회적 공동 가치 아래 종속시키는데, 이 과정을 통해 개인들은 타인의 시선을 통해 외부에서 자신을 바라보는 법을 배우게 된다. 구성원들은 이제 공동의 눈으로 모두를 바라본다. 우리는 타인을 보면서 동시에 우리 스스로를 바라보는 것이다. 이런 공동의 눈을 통해 개인은 타인의 행동을 관찰하고 자연스레 모방하려 한다. 그리고 특정한 상황과 대상에 대해 타인과 비슷한 감정을 공유하며 일체감과 소속감을 느낀다.

한 사회를 구성하는 개인은 익명을 형성하는 주체이자 그 암시의 대상이다. 그리고 동시에 사람으로 이뤄지거나 연결된 모든 것들도 넓은 의미의 암시의 연결고리로 그 역할을 담당한다. 한 사회에서 익명의 영향 밖에 있는 것이란 없다. 사회란 이제 거대 익명을 의미하기 때문이다. 만약 익명과 상관없는 것이 있다면 그것은 사회 안에서 어떤 상호작용도 없는 것들이기에 우리가 일상적으로 접할 수 없는 대상인 것이다. 우리는 암시의 주체로서 가족, 친구, 동료들에게 마땅히 해야 할 일들에 대해 시시콜콜 떠들며, 일상의 대화를 통해 마땅히 공유되어야 하는 것들을 암묵적으로 전달한다. 대화 중에 표현되는 다양한 말투와 표정을 통해 특정 가치를 표방하는 태도가 은연중에 내비치듯 조용히 암시되는 것이다. 우리의 이런 역할은 자연스럽게 여겨지므로 쉽게 의식되지 않는다. 이런 행위와 말들이란 어느 정도 무의식적으로 작동하기 때문이다. 당연하다고 생각되는 생각에 대해서는 의심할 어떤 이유도 없는 것이다. 우리는 특별한 생각 없이도 일상생활을 하는 데 어려움을 느끼지 않고, 대부분은 이렇게 별다르지 않은 하루를 보낸다. 이런 상황은 인간이란 생각한 대로 행동하는 것이 아닌, 행동한 대로 생각하는 존재인 것처럼 느껴지게 한다. 내재화된 생각은 너무 빠르게 스쳐 지나가 버리고, 그에 따른 행동들은 특별한 문제를 발생시키지 않기 때문이다. 그리고 이런 생각은 상식이라는 이름으로 의식의 영역에 모습을 드러낸다.

익명의 암시는 사회의 모든 구성원들에게 영향력을 행사한다. 그리고 익명이 암시하는 내용은 점차 굳어지면서 사회에서 일반적으로 통용되기 시작한다. 사람들은 이를 '상식'이라 부른다. 상식은 익명의 끝자락에 등장하며, 사회의 의식적 영역에 자리를 튼다. 익명의 암시와 같이 상식은 다양한 형태로 사회가 지향하는 가치를 내포하는 것이며, 사람들의 분별력을 포함한 포괄적 지식이자 기본 교양이라 할 수 있다. 이런 상식은 언어로 말해질 뿐만 아니라 문자로 기록될 수 있으며, 기록된 상식들은 다양한 지식들의 토대로 발전한다.

대부분의 상식은 이미 머릿속에 있는 것이며, 각자의 주어진 상황에 맞춰 상식을 의식하기에 우리는 상식적인 행동과 그렇지 못한 행동을 구별할 수 있다. 생각과 행동에 미치는 상식의 영향력은 암시보다는 범위가 좁지만, 그 효과는 암시와 비교할 수 없을 만큼 크다고 할 수 있다. 암시가 행위를 유도한다면, 상식은 암시를 바탕으로 행위가 이뤄지는 데 있어 의식적인 확신을 주기 때문이다. 물론 상식적 확신 없는 암시에 의한 무의식적 행위가 가져오는 결과의 영향력이 작지 않은 경우도 있지만, 암시에 의한 행위는 상식에 기반한 행위보다 주체의 의지가 약할 수밖에 없으므로 보통은 그 효과가 작다고 볼 수 있다. 즉, 익명의 암시가 생각을 지배하는 것이 목표라면, 지속적인 암시를 통해 형성된 상식은 행동을 지배하는 것이 목표인 것이다.

특정 행위가 윤리적으로 올바른 것인지 판단하는 것은 생각보다 어려운데, 윤리적 문제는 다양한 상식의 충돌로 발생하는 상황에서 사회가 보편적으로 수용할 것으로 합의한 것들의 우선순위를 고려해야 하기 때문이다. 그래서 어떤 문제이든 그 문제가 윤리적 판단의 대상인지에 대한 검토가 선행되어야 하는 경우가 많다. 특히 현대 사회의 많은 문제들은 외형상 윤리적 판단의 대상처럼 보이지 않기 때문이다. 윤리적 문제는 상식적 문제보다 한 차원 높은 어려운 문제인 것이다. 하지만 우리가 '상식적인가? 비상식적인가?'를 판단하는 데에는, 그게 맞건 틀리건 간에 큰 어려움을 느끼지 않는다. 상식은 이미 우리가 알고 있는 것이기에 그

익명과 상식에 관하여

것을 위배하는 행위를 보면 우리는 바로 의식할 수 있다. 물론 특정 행위의 유형과 상황에 따라 오랜 시간이 걸리는 경우도 있으며, 사람마다 판단의 결과가 다를 수도 있다. 이는 현실에서 상식의 문제는 다양한 상식이 복합적으로 얽혀서 일어나는 것이며, 하나의 사회에 수많은 가치가 공존하고 있는 만큼 상식의 층 역시 다양하다는 의미를 갖는다. 상식에는 모든 것을 포괄하는 상위의 상식도 있는 반면, 사회의 부분을 이루는 각 집단의 가치를 지향하는 하위의 상식도 있다. 이는 사회의 익명 자체가 다양한 층위로 나눠져 있는 것과 동일한데, 상식은 익명의 암시로부터 탄생한 것이기 때문이다. 사람들이 일반적으로 알고 있는 상식이라는 의미와는 다르게 각 사람들의 상식에는 그 사람이 속한 계층의 특성들이 반영된다. 상식들은 현실 사회의 복잡한 구성처럼 혼재되어 있는 것이다.

특정 상황에서 상식과 상식이 충돌하는 경우에는 상식적인 판단을 내리는 데에 오랜 시간이 필요하다. 간단한 예를 들어 보자. 어떤 사람이 도서관에서 자동차 열쇠를 주웠다. 그 도서관에는 100명이 독서 중이었다. 누가 자동차를 타고 왔는지 열쇠를 잃어버렸는지 도무지 알 수 없었으나, 이 열쇠는 도서관에 있는 사람의 것이 틀림없었다. 도서관 직원은 보이지 않고, 안내 방송 역시 할 수 없는 상황이다. 도서관에서 정숙해야 한다는 상식과 누군가 잃어버린 물건을 찾아 줘야 한다는 상식이 부딪힌다. 당신은 불가피한 사정으로 도서관에서 바로 나와야 한다. 고민 끝에 열쇠를 찾아 주기 위해서는 모든 사람이 들을 수 있도록 큰 소리로 말할 수밖에 없음을 깨닫는다. 당신은 1명을 위해 99명을 잠시 방해할 것인가? 99명을 위해 열쇠를 그 자리에 놓고 그냥 나갈 것인가? 자동차 주인은 열쇠가 없더라도 다른 방법을 통해 차를 탈 수 있거나, 다른 사람이 열쇠를 찾아 줄 수도 있을 것이다. 만약 이런 방법도 통하지 않는다면 당신은 큰 소리로 외칠 것인가? 만약 99명이 아니라 9명이 방해를 받는다면 큰 소리로 외칠 것인가? 이것은 상식의 아주 작은 충돌이며, 두 상식은 모든 사람이 당연하게 인정하는 것이다. 또한 두 상식은 상반된 의미로 충돌하지 않는다. 다만, 열쇠를 찾아 주기 위해서는 불가피하게 큰 소리로 말해야 하는 상황이 생겼을 뿐이다. 이는 사소하지만 일상에서 흔하게 일어날 수 있는 일이며, 상식은 그 자체의 의미가 아니더라도 주어진 상황에 따라 충돌할 수 있음을 보여 준다.

혼재된 상식들을 살펴보면 (앞의 예와는 다르게) 시대적 성격을 강하게 반영하는 상식들이 충돌하는 경우가 많다는 것을 알 수 있다. 사람들에게 강한 영향을 미치는 사회의 정신적·물질적 토대는 시간의 흐름 속에서 서서히 변하는데, 각 개인의 나이야말로 사회화 과정을 겪었던 시대적 상황을 가장 잘 반영하는 요인이다. 이렇게 나이에 따라 꽤 다른 시대적 성격이 반영된 상식은 세대 간 분열을 일으키는 결정적인 원인이 된다. 이렇게 세대를 대표하여 대립하는 상식들은 상반되는 가치를 대변하는 경우가 많다. 연령이 높을수록 집단적 가치에 더 순응적이고, 연령이 낮을수록 개

익명과 상식에 관하여

인적 가치에 더 순응한다. 한때 청년이지 않은 노인은 없으며 청년은 분명히 노인이 될 것이지만, 그들의 시대는 겹쳐 있으면서도 어긋나 있다. 전쟁과 가난을 겪은 세대와 치열한 경쟁과 풍요를 겪은 세대의 상식이 같을 리 없다. 사람들이 다양한 기준에 따라 범주화되는 것처럼, 상식 역시 사람들에 따라 범주화되는 것이다. 물론 세대 간 갈등에 시대적 성격의 차이만 반영되는 것은 아니다. 신체의 나이는 그 사람의 노동 가능 수준과 자산의 규모에 직접적인 영향을 미친다. 젊은 층은 노동 가능 수준이 높고 자산이 낮은 반면, 노령층은 노동 가능 수준이 낮고 자산이 많을 가능성이 높기에, 세대 간 상식의 차이의 이유에는 시대적 배경과 함께 현재의 신체, 재산 상태도 포함된다고 보아야 한다. (물론 선형적 상관성은 계층의 특성 전부를 보여 줄 수 없으며, 다양한 가설에 근거하여 하위 그룹을 설정하고, 다층적으로 분석을 진행해야만 실제에 근접한 결과를 얻을 수 있을 것이다.)

한 개인의 차원에서 상식은 어떻게 구성되는가? 한 사회에서 상식간 충돌이 발생하는 것은 앞의 예에서 봤듯 너무 자연스러운 일이다. 그렇다면 한 명의 사람에게서도 상반된 상식이 충돌하는 것일까? 이 역시 그렇다고 할 수 있다. 우리가 평소 내면에서 겪는 가치의 갈등이란 다름 아닌 상식의 충돌에서 기인하는 것이다. 한 명의 개인에는 어린아이, 청년, 중년, 노년에 이르기까지 다양한 인격들의 욕구가 감추어져 있으며, 이런 다양한 욕구에 부합하는 상식들의 충돌이 마음속의 갈등을 일으킨다. 한 개인의 상식들에도 사회의 다양성 및 변화상이 그대로 반영되기에, 우리가 받아들이고 있는 것은 현대와 과거 상식의 혼재라 할 수 있다. 이런 충동 자체는 무의식과 의식을 가리지 않고 발생할 수 있지만, 상식의 충돌에 대해 고민을 하는 것은 분명 의식적인 행위다. 또한 자신에게 암시되고 내재된 다양한 가치들을 의식적으로 깨우치는 순간 갈등은 표면화되는 반면, 아직 내재화되지 못한 새로운 가치는 다른 상식과 갈등을 일으키지 못한다. 그것은 흥밋거리에 머물게 될 뿐이다.

익명의 암시로 견고화된 상식들 중에는 기존의 상식과 충돌하여 전복되고 폐기되는 상식도 있는 반면, 기존의 상식과 공존하는 상식 역시 수두룩하다. 물론 상식이 폐기되는 과정이란 순탄치만은 않은데, 상식의 폐기는 현실의 거대한 기둥 하나가 무너지는 것과 크게 다르지 않기 때문이다. 현실에서 사람들과 함께 공존하는 상식은 정신적이고 물리적인 힘을 수반한다. 상식이란 누군가의 입에서 말해지는 한마디, 누군가가 종이에 쓴 한 문장을 넘어서는 실체적인 힘을 갖는 것이다. 상식이 사람을 살리기도 죽이기도 한다는 말은 과장된 것처럼 들릴지도 모르지만, 상식이라는 이름 아래에서 자행된 수많은 사건들은 한 명이 아닌 수많은 사람들의 생사를 갈라놓기 충분한 것이었다. 이성과 논리적 타당성에 근거한 합리주의적인 상식을 도래시킨 과학기술의 발전은 인류의 진보에 해가 되는 비합리적인 상식을 폐기시켰다. 하지만 이런 근대의 합리성은 그 본질을 밝히지 못한 신비주의적 혹은 종교적 상식들마저 폐기시키는 과오를 저지르고 말았다. 과학의 가장 큰 약점은 스스로 설명할 수 없는 것들을 '비과학'이라는 범주로 몰아넣은 후 '신비주의'로 매도해 버리는 것이었다. 그런데도 지상주의를 고수한 과학의 생존 전략은 엄청난 성공을 거두었으며, 현대를 대표하는 상식 대부분은 이성적 합리성에 근거를 두게 되었다. 지금도 과학적으로 증명되지 않은 과거의 상식들은 그 지위가 약화되거나 사라지고 있다. 물론 완전히 사라진 상식은 알 수 없음으로 언급할 수 없을 것이다. 그럼에도 옛이야기처럼 전해지는, 사라지고 있는 희미한 상식들은 어렵지 않게 찾아볼 수 있다. 예를 들어 중세 유럽에서는 누군가 기침을 하면 영혼이 빠져나간다고 생각하여 주변 사람이 "신의 가호가 있기를^{Bless you!}"이라 반드시 외쳐주었다. 영혼은 입을 통해 빠져나가기 때문이다. 하지만 지금은 누군가 기침을 하면 고개를 돌리고 입을 막는다. 비말로 인한 균의 전파는 누구나 알고 있는 현대의 상식이며, 입을 막지 않고 기침을 하는 것은 매우 몰상식한 행위가 되었다. 오랜 상식의 잊혀짐과는 달리 새로운 상식의 전파는 개념 자체의 의미를 수정하기도 한다. 대표적인 것이 바로 '인권'이라는 개념이다. 모든 인간은 신의 평등한 자녀라는 과거의 인권 개념에서 인간 중심주의적 의미로 점차 변화되었다. 그리고 현대의 인권은 인간 중심주의를 벗어나 시장에서 자유롭게 생산과 소비를 할 수 있는 경제적 주체의 권리를 의미하게 된 것이다. 이런 인권의 의미변화는 무엇보다 사회가 지향하는 가치에 자본주의가 들어섰기 때문이며, 이는 익명의 암시로 만들어진 새로운 상식들이 수많은 개념들의 의미를 바꿔 놓았기 때문이다.

상식의 충돌이 비단 시대적 흐름에서만 기인하는 것은 아니다. 최근 많은 사회들이 주창하는 가치에 따라 상식은 민주주의에 힘입어 평등을 지향하는 성격을 갖게 됨과 동시에 자본주의의 급격한 성장으로 차별 지향적 성격을 갖게 되면서 충돌의 양상은 점차 격화되고 있다. 물론 차별을 지향하는 것이 자유라는 이름으로 불리고는 있지만 말이다. 여하튼 평등과 차별이라는 상식의 충돌은 시대적 흐름을 초월하는 것이다. 이는 사람들을 분열적인 상황에 놓이게 함으로써 극복될 수 없는 문제들을 야기하고, 이런 비틀린 상황은 사람들을 혼란스럽게 만들고 정신적인 어려움에 빠지게 한다. 서로를 납득하는 데 실패한 상식은 어느 정도 절충되거나 없어져야 하지만, 상식의 강한 힘은 쉽게 굽혀지지 않는다. 상식은 분열하고, 합쳐지고, 대치하며 기이한 형태로 변형된다. 상식의 변형이란 의미의 변화와 재탄생, 소멸 모든 것을 의미한다. 이런 상식의 변화는 많은 상흔을 남기는데, 사람들은 자신이 당연하게 받아들이고 있던 상식이 무너지는 것을 두 눈으로 지켜보며 자신의 존재 자체가 부정당하고 있다는 느낌을 받게 된다. 상식의 부정은 존재의 부정과 다를 바 없다는 것, 이것이야말로 사실이다. 상식은 개인의 가치관을 형성하는 기초로 마음속의 집을 세우는 데 반드시 필요한 네 개의 기둥인 것이다. 만약 기둥이 허술하게 세워진다면 집은 쌓여 올려지다 허물어지고 말 것이다. 상식이란 인간의 수많은 생활 양태처럼 다양한 가치들이 의식화되는 것이고, 충돌하고 폐기되는 것이자, 진화하는 것이다. 자본주의 시장의 자유경쟁은 사회계층을 차등하는 동력으로 작용하기에, 자본주의 사회의 상식들이야말로 빠른 속도로 차등되고 분열된다. 과도하게 분열된 사회의 구성원들은 각기 다른 상식을 갖고 있을 가능성이 높으며, 이와 동일하게 너무 많은 상식이 난립하는 사회는 과도하게 분열되었을 가능성이 높다.

많은 사람들의 서로 다른 지식과 분별력이 인정되는 사회에서는 상대적인 가치가 우위를 차지할 수밖에 없으며, 우리 사회는 이를 표방하며 민주주의라는 이름으로 진화해 왔다. 하지만 수많은 가치의 충돌에도 많은 사람들이 한 사회를 이루고 살아갈 수 있었던 것은 자본주의 가치를 옹호하는 상식을 거의 모든 구성원들이 공유하고 있었기 때문이다. 이 세상은 자본으로 이뤄져 있으며, 자본 획득을 추구하며 열심히 일하면서 살아야 한다는 것은 너무나 상식적인 상식이 되었다. 그렇다면 분열된 사회의 정신을 자본주의적 가치가 부분적으로나마 통합한 것으로 볼 수 있는가? 이것은 외형상 그렇게 보일지는 몰라도 그 속내를 보면 전혀 그렇지 않다. 계속 강조하지만 자본주의는 자본이라는 가치 아래 지속적인 계층의 분열을 강화하는데, 이는 자본주의의 원동력이자 본질이기 때문이다. 이제 자본주의라는 보편 상식이 전통적 가치를 대변하는 상식들을 압도해 버리고, 그 권좌를 차지하고 있는 것이다.

상식의 충돌의 바탕에는 구성원 사이에서 발생하는 투사의 영향이 있다. 투사란 자신의 열등한 감정이나 부정한 욕구 등을 타인에게 그대로 전가하는 무의식적 심리 기제다. 투사의 작용을 통해 타인에 대한 견해나 해석에 알게 모르게 자신의 심리를 포함시키는 것이다. 우리는 이제 열등감이나 죄의식에 대한 방어기제로서의 투사라는 좁은 의미가 아니라, 자신이 갖는 상식에 이르는 넓은 범위에 투사의 개념을 적용할 필요가 있다. 상식 역시 무의식적 기원을 갖고 있기 때문이다. 사람들이 의심할 수 없는 것으로 받아들인 상식을 타인 역시 그대로 받아들이고 있다는 생각에는 넓은 의미의 투사가 영향을 미치는 것이다. 우리는 우리 자신이 알고 있는 상식은 상대방도 알고 있다는 전제하에 행동하고, 자신이 갖는 상식적인 내용을 욕구와 마찬가지로 상대방의 행동과 말을 통해 확인하려 하는 것이다.

일상 속에서 우리는 자신의 마음을 타인이나 그 밖의 대상에 항상 투사하기에, 우리가 타인에 대해 갖는 견해에 있어 자신의 감정을 무시할 수 없다. 어쩌면 특정 대상에 대한 감정과 견해란 우리가 비추는 마음의 빛을 확인하는 행위에 불과할지도 모른다. 이는 의식되지 않으며 자연스러운 것이다. 이런 투사의 현상을 볼 수 있는 예가 있다. 한 조직에서 구성원들 간 수행평가를 진행한다고 하자. 총 10명의 구성원은 자신을 뺀 나머지 9명을 평가해야 한다. 각자는 9명의 평가를 받는다. 평가 방법은 피평가자에 대해 자유롭게 기술하는 것이다. 여기서 의미를 두고 봐야 하는 것은 한 명에 대한 9명의 평가 내용이 아니라, 한 명이 작성한 9명의 평가 내용이다. 왜냐하면 한 명에 대한 9개의 평가지는 각자의 주관적 평가로 하나의 결론으로 종합하는 것이 매우 어려운 반면, 한 평가자의 마음이 투사된 9개의 평가지에는 그 개인의 특성이 더욱 잘 나타나기 때문이다. 이런 평가방식에서는 업무 능력이 높은 직원이 다른 직원들의 업무 능력도 높이 평가하는 경향을 보인다. 이렇듯 보통 한 사람의 주관적 견해에는 모든 심리를 포함하는 마음이 투사되기에, 대상에 대한 견해를 통하여 오히려 그 사람의 심리를 역으로 알 수 있는 것이다.

상식 역시 넓은 의미의 투사의 대상이며, 우리는 다른 사람을 대할 때 그 사람 역시 자신과 같은 상식을 공유한다고 여기게 된다. 자신의 상식에 부합하는 행위를 상대방에게 자연스레 기대하는 것이다. 그리고 이런 상식이 공유되었다는 전제가 깨지는 순간 상식의 충돌로 인한 갈등이 표출하게 된다. 투사의 확장은 인간 행동의 많은 부분을 설명할 수 있는 마음의 중요한 작동방식이며, 이는 개인을 넘어 사회적으로도 마찬가지다. 이렇게 사람과의 관계에 있어 투사되는 상식들은 서로에게 말해지지 않고, 서로에게 어떤 어색함이나 이질감을 유발하지 않는 상식들은 기본적으로 공유되었다고 전제된다. 대화를 통해 서로의 생각을 교환하면서 비로소 상식과 관점의 차이를 확인하게 되는 것이다. 상식의 차이는 어느 정도 호기심을 유발하며 관계를 지속시키는 이유가 될 수도 있다. 하지만 상식의 권위가 큰 만큼 이런 관계의 유지는 쉽지 않다. 그리고 '비상식적이다.'라는 말은 누군가를 비난하는 의미이지만, 그런 비난은 상대방의 입장에서도 마찬가지라 할 수 있다. 마지막으로 개인 간의 상식의 차이가 관계성에 많은 영향을 미치는 것과 동일하게 집단 간의 상식의 차이도 크게 다르지 않다. 오히려 집단의 이기심은 개인의 이기심에 비할 바 없이 크기에 적대적이고 파괴적인 관계도 마다하지 않는다.

익명과 상식에 관하여

VIII

상식의 본질

익명의 암시로 견고화된 상식은 익명의 구조와 같이 다양한 층위로 나눠지고 혼재되어 있다. 상식은 충돌과 소멸의 반복으로 변형되기도 하고, 새로운 상식에 자리를 내주기도 한다. 이런 오랜 영향은 상식의 성격에 본질적 특성을 부여하게 된다. 우리는 상식의 본질적 성격을 네 가지로 구분하여 살펴볼 것이다.

첫 번째, 상식은 한 집단의 구성원 대부분이 알고 있는 것이자 구성원들에게 일반적으로 인정되는 것이다. 구성원 대부분이 알고 있다는 것은 상식의 내용이 이미 상호 간 동의되었다는 것을 의미한다. 상식은 공유된 집단 내에서는 반박되지 않는다. 하지만 현실 속의 상식은 언제나 전파의 과정을 거치기 마련인데, 이제 성장하여 집단의 상식을 점차 받아들여야 하는 어린 구성원들과 다른 집단에서 이주한 사람들에 의해 수시로 반박당한다. 이렇게 현실의 상식은 언제나 반박될 여지를 가지며, 이는 다른 상식과의 충돌을 의미하는 것이다. 일상적으로 반박되는 과거의 상식은 고정관념이라는 부정적인 용어로 의심을 사고, 다른 상식과의 충돌로 그 생명력이 다하기도 한다. 만약 새로운 상식과의 충돌에서 승리하면 그 상식이 갖는 믿음은 더욱 강화될 것이다. 하지만 대부분의 상식들은 사회라는 동일한 공간에서 상반된 내용을 갖는 상식들과 불완전하게 공존하며 분열적인 상태를 이룬다. 상식이 다른 상식의 의미와 비슷하거나 그 의미를 다른 측면에서 보완하는 것과는 반대로, 그 의미가 상충하는 것을 넘어 아예 모순적인 것들도 함께 무리를 이루며 존재하는 것이다. 이는 세상이란 득성 가치로 일원화되어 있지 않으며, 그럴 수도 없다는 것을 보여준다. 그리고 거대한 신념의 충돌로 인해 하나의 상식이 급격히 무너지기라도 하면 사회 전반에 큰 변혁을 가져오게 되는 것이다. 물론 오랜 시간에 거쳐 만들어지고 소멸하는 상식의 특성상 이런 일은 흔치 않지만 말이다.

앞서 정의한 것처럼 상식은 자연스레 습득하게 되는 기본 교양이라는 성격에서 지식과 구분된다. 지식은 의식적인 배움과 다양한 경험을 오래 반복함으로써 습득하는 것으로, 상식이 의미하는 내용보다 범주는 좁지만, 복잡하고, 전문적인 것으로 그 깊이가 훨씬 깊다고 할 수 있다. 그렇다고 모든 상식과 지식을 단선적으로 구분할 수는 없는데, 상식에 기반하지 않는 지식이란 찾아보기 힘들고, 상식과 지식 정보는 어느 정도 섞여 있기 때문이다. 어떤 학문적 지식이 있을 때 밑바탕이 되는 기초를 분석하여 내려가다 보면, 결국 상식과 마주하게 된다. 상식과 지식을 구분하는 방법 중 하나는 시간적 지향성에 따르는 것인데, 상식이 다소 과거 지향적이라면 지식은 미래 지향적이라 할 수 있다. 모든 지식은 과거를 통해 현재를 이해하고 미래를 보기 위함이다. 지식에 있어 상식의 위치는 기하학에서 공리가 차지하는 위치와 비슷하다. 공리란 별도의 증명 없이 자명한 것으로 인정되는 규칙을 말하는데, 상식 역시 다양한 지식에 있어 이와 같은 역할을 담당한다. 지식의 기초가 되는 상식은 마땅한 사실로서 인정되는 것이며, 그렇게 믿어진다. 지식의 기반이 된다는 점에서 상식의 중요성은 매우 높으며, 상식의 옳음과 그름에 대해 탐구하지 않는 것은 그만큼 미래에 관심 없는 태도와 다름없는 것이다. 상식이 시대적 흐름에 따라 폐기되는 경우도 있다는 것은 잘못된 상식에 기반한 잘못된 지식 역시 존재한다는 의미이며, 현재의 지식 중에서도 상식의 폐기와 함께 무너져 내려야 할 지식이 우리 주변에 널려 있다는 의미다. 이런 잘못된 상식으로 폐기될 지식은 과학 분야에 있어서도 자유롭지 않다. 과학적 접근법은 정량화된 데이터를 기반으로 각종 기술적 분석을 수행하는 것이지만, 조사된 숫자의 해석을 아무리 합리적 이성에 기대어 수행한다 해도 이성이란 완벽하게 합리적일 수 없기에 분석자가 가진 상식이 해석에 관여하게 될 틈이 생겨 버린다. 합리적 판단은 이성의 주된 기능이지 이성 그 자체가 아니다. 과학자가 가진 상식 중 잘못된 것이 연구에 영향을 미쳤다면, 그 결과는 과감하게 폐기되어야 마땅한 것이다. 대표적인 사례가 지구 온난화 현상이 가짜라고 주장하는 기후 변화 부정론자들이다. 그들의 잘못된 이론의 근저에는 지구 생태계에 인간이 미칠 수 있는 영향력 자체가 매우 미비하다는 가정이 확고하게 깔려 있으며, 이런 편향된 시각은 추론 과정의 각종 해석도 왜곡하게 한다. 하지만 불행하게도 잘못된 상식을 스스로 깨우치는 것은 너무 어려운 일이다. 그들 스스로의 실수로 잘못된 상식에 빠질 수도 있지만, 만약 외력에 의한 것이라면 이는 더 큰 문제일 것이다. 결국 온난화에 따른 심각한 징후들이 지구 곳곳에 나타나자, 기후 변화론자의 목소리들은 점차 사그라지고 있다. 비단 이것뿐만이 아니다. 19세기 골상학을 기반으로 인종의 우열을 가려내려 했던 독일 나치의 예를 보면 알 수 있듯이, 잘못된 상식에서 시작된 사이비 과학이 과학이라는 권위에 힘을 빌리게 되면 어떤 비극을 불러올 수 있는지 여실히 보여 주었다. 잘못된 상식으로의 변질은 하나의 가치가 다른 가치를 압도하여 독보적으로 부각될 때 발생하기 쉬워진다. 특정 상식이 다양한 차원에서 비정상적으로 벗어나지 않았는지, 사회의 구성원 대다수가 수용할 수 있는지의 여부를 가려내기 위해서는 반드시 다른 상식들과의 충돌이 수반되어야 하기 때문이다. 사회의 기반들이 나락으로 떨어지는 중이 아니라면, 그 사회에서 살아남은 상식은 분명 좀 더 나은 의미를 가질 수 있는 것이다. 그럼에도 위험한 지식을 최대한 회피하기 위해서는 사실이라 여겨지는 것이야 말로 진실일 것이라는 생각을 경계해야 한다. 특히 인습에 기초한 상식의 기반 위에 세워진 지식이라면 더욱 그렇다.

모든 지식에 근본적 바탕이 되는 상식은 인간의 인식체계가 기본적으로 작동하고, 최초의 판단을 내리는 데 없어서는 안 될 기준 정보가 된다. 인식체계가 그릇이라면 상식은 그릇에 담긴 최초의 물과 같다. 인식체계에서 사고체계로 이어지는 생각의 과정에서, 무의식에 미치는 암시의 영향과 마찬가지로 의식 영역에서 상식이 행위의 결정에 미치는 영향은 매우 큰 것이다. 지속적인 암시로 만들어지는 상식으로 암시가 더욱 효과적으로 작동할 수 있게 된다고도 할 수 있다. 이렇게 익명의 암시와 상식은 무의식과 의식의 영역에 걸친 하나의 의지로 보일 만큼 강한 연결성을 갖는다. 한 집단의 대다수에게 수용된 상식은 수많은 암시의 시도에서 성공한 결과물들인 것이다.

두 번째, 상식은 사실만을 의미하는 것이 아닌 그래야만 하는 것이다. 이 성격은 첫 번째 성격의 연장선 위에 있다. 모두가 알고 있는 상식은 강한 당위성을 갖게 되고, 그 당위성은 상식이 의미하는 현실적 사실들을 뛰어넘게 만든다. 사회의 현실과 암시가 만들어 낸 상식의 강한 당위성은 현실의 상황과 상황의 인식을 반대 방향으로, 즉 현실의 토대에서 만들어진 상식이 이제는 현실에 영향을 미치는 것이다. 이것은 현실과 상식의 지위 역전이라 할 수 있다. 우리는 일상에서 일어나는 사소한 행동들에서도 상식의 당위성을 쉽게 관찰할 수 있는데, 우리가 당연하게 여기는 것들 중 다수는 그것이 사실이라는 이유보다 그것이 상식이라는 이유에서 연유하는 것이다. 사회적 약속, 규범, 교양은 주로 가정과 학교의 교육을 통해 체계적으로 사회화되며, 이는 상식의 공식적인 전파방식이다. 개인의 타고난 성향의 차이에도 동일한 상식을 통한

익명과 상식에 관하여

행동 규제는 사람이 집단화를 이루는 데 많은 장벽을 제거하며 하나의 무리로서 어울릴 수 있도록 만든다. 물론 상식은 그보다 선행하는 익명의 암시가 있어야 가능하므로 집단화의 역할을 상식에 한정할 수는 없다. 그럼에도 상식은 익명이 의식화된 최초의 영역이며, 윤리적 판단의 첫 번째 근거로 작동하는 것이다. 만약 상식에 위와 같은 당위성 자체가 없었다면, 상식은 어떤 방향으로도 발전할 수 없었을 것이다. 이런 상식에 기반한 윤리적 판단이야말로 다양한 인간 행위를 수용과 기피로 양분하고, 사회적 규범을 이루는 밑바탕이 된다.

마땅히 그래야만 하는 상식은 사람의 인지체계에 강한 영향을 미칠 수밖에 없다. 이것은 상식적 내용이 윤리에서 법으로 명문화되어 발전하는 것과는 다른 차원이다. 우리는 현실에서 어떤 대상을 매번 새롭게 인지하기보다는 이미 받아들인 상식적인 사실을 따르곤 한다. 상식의 지위가 현실을 넘어섰기에 매우 효율적인 인식방식이 가능해진 것이다. 하지만 이런 인식의 역전은 사람을 상식의 주체에서 상식을 따라야만 하는 객체의 지위로 격하시켜 버리는 것이기도 하다. 우리가 알고 있는 세상이란 다름 아닌 상식 속의 세상이다. 이렇게 묘사하는 것을 누군가는 못마땅하게 여길 수도 있지만, 우리가 객체의 역할을 수행하는 것은 분명한 사실이다. 상식은 우리도 모르는 사이에 어마어마한 권위를 갖게 되었다. 확고부동한 상식의 권위는 반박되더라도 쉽게 굴복당하지는 않는다. 이런 현상 자체는 판단의 대상이 아니라 이해의 대상일 뿐이다. 그러므로 우리는 익명과 상식의 작동 기제를 대략적으로나마 이해하기 위해 노력해야 하며, 그 이해를 바탕으로 이제 내용에 주목해야 한다. 현대 자본주의 사회의 일부 상식은 권위를 뛰어넘어 위력을 행사하고 있으며, 위력적인 힘으로 자행되는 사회의 수많은 문제의 배경이 되는 상식들을 비판적으로 검토해야 할 것이다. 그 상식은 하늘 높은 줄 모르고 솟아올라 사람의 머리 위에 군림하고 있다. 그리고 이런 강한 당위성은 상식의 두 번째 본질적 성격이 된다.

현대 상식이 확고한 영향력을 넘어 현실을 종속시켜 버리는 지위에 오른 배경에는 무엇보다 자본주의 체계의 영향력을 빼놓을 수 없다. 상식은 이제 보이지 않는 자본주의 권력에 충실히 복종하는 신하가 되었다. 자본주의 사회의 익명이 암시하는 내용이 그렇듯 상식 역시 자본주의 가치를 직접적으로 나타내거나, 자본주의 가치를 지향하는 의미로의 전환이 이뤄지고 있는 것이다. 그리하여 익명이 암시하는 자본 획득을 위한 모든 행위의 필요성이 상식으로 의식화되고, 자본주의는 사람들을 시장이 원하는 방향으로 더욱 효과적으로 내몰 수 있게 되었다.

상식화된 의식은 그래야만 하는 강제성을 갖게 되고, 우리는 상식에 따라 행동을 결정하며 다양한 일을 수행한다. 특히 자본주의 시장의 무한 경쟁을 통한 효율성의 최대화라는 위대한 목적은 상식에 위력적인 힘을 부여하기 충분했다. 또한 자본주의 사회의 각 개인들에게 경쟁과 승리라는 선전 문구가 좌우명처럼 주어진 이상, 구성원들은 시장에서 자신의 노동력이 갖는 경쟁력을 부각하는 것에만 몰두하게 되었다. 현대 사회는 거의 모든 것들을 계량화하는데, 개개인의 경쟁력 또한 마찬가지로 그 대상이 된다. 사람을 선별하는 것 역시 효율적으로 처리되어야 하기 때문이다. 사람들의 경쟁력 지표인 스펙은 학력, 자격증, 연수 경험 등이 점수화되어 나열된다. 그들의 고유한 이름은 어떤 의미도 갖지 못한 채 분류를 위한 코드만이 부여된다. 이런 자본주의 경쟁사회에서 아무도 의심하지 않는 상식이란 경쟁력이 남들보다 뒤처지면 성공할 수 없다는 것이다. 자본주의적 상식에서 인간의 삶은 성공과 실패로 양분되어 있을 뿐이다. 이런 자본주의 사회의 불안 속에서 학생들 대다수는 단조롭지만 효율적인 평가체계에 부합하는 동일한 공부에만 매진하고 있다. 한 사회의 학생들이 똑같은 내용을 공부하는 것만큼 낭비적인 것이 또 어디 있을까냐만은 이것은 우리의 한계이자 현실이다. 스펙 쌓기 경쟁에서 밀린 학생이 당연히 성공에서 멀어진다는 것은 현대의 상식이며, 많은 학생들이 이에 무력감과 절망감을 느끼고 있다. 경쟁자에 비해 무능한 자신의 실력을 인정해야 하는 것 또한 우리 시대의 상식이기 때문이다. 상식이 자본주의 권력에 복종한다는 것은 바로 이런 것이다. 하지만 자본주의 정신은 전혀 개의치 않는다. 승자와 패자를 일찍이 구분할수록 인재를 발굴하기 유리한 것이며, 이는 시장의 성장뿐만 아니라 개인의 행복을 위해서도 당연히 장려되어야 하는 것이라 여기기 때문이다.

상식에서 체계화된 전문적 지식은 더욱 강한 당위성을 획득하는데, 특히 권력에 충성하는 상식을 기반으로 탄생한 지식은 권력의 합당성을 뒷받침하는 논리적 틀을 제공하게 된다. 당위성이 강해지고 굳어져 버린 지식은 이제 논리적 틀 안의 상식마저 고정시켜 버린다. 지식은 상식으로부터 확장되었음에도 강한 지식의 힘에 의해 상식이 왜곡되는 경우가 발생하는 것이다. 위력적인 지식은 이성의 합리적 영역에 자리 잡음으로써 자신의 지위를 확고히 하며, 한 시대의 중심에 서게 된다. 혹자는 영향력이 막대하고 권력에 복종하는 지식이라는 이유로 무조건 경계할 필요는 없다고 말한다. 권력이란 언제나 나쁜 것만은 아니며, 강한 영향력이야말로 논리적인 근거를 갖는 확실한 증거라는 것이다. 하지만 탄탄하다고 널리 알려진 지식의 근거가 허약한 상식에 기반하고 있을지도 모른다는 의심은 거둬들여서는 안 될 것이다. 오히려 영향력이 큰 만큼 비판적 시각을 더욱 견지해야 한다. 우리가 만약 세상의 모든 상식을 검토해야 한다면, 우선순위는 단연히 영향력이 큰 것이다. 중세 시대에는 신학이 대표 주자였다면, 이제는 의학, 과학, 경제, 경영학이 그렇다. 영향력의 크기는 정당성에 대한 어떤 증거의 자격도 갖추지 못한다. 이런 의미에서 현재 인문학이 갖는 위치는 초라하기 그지없다. 자본주의 사회에서 인문학은 자본 획득에 유리한 점을 제공하지 않기 때문이다. 하지만 인문학이 개인의 경쟁력에 포함될 수 있도록 계량화가 이뤄진다면 주류에 편입될 가능성이 아예 없지는 않을 것이다. 그런데도 인문학에는 자본

익명과 상식에 관하여

주의 시장 논리와 상충하는 것이 많기에, 자본주의 사회에서는 교양 수준에 머물 수밖에 없는 한계를 갖는다.

시대의 상식과 시대를 대표하는 지식의 흐름은 어색하게 느껴지지 않는다. 오히려 우리는 과학의 발달을 환영하고 열광하고 있지 않은가? 사람들은 스스로 인류의 일원인 것을 자랑스러워하며, 과학만이 인류 최후의 심판에서 구원의 손길을 내려 줄 것이라 믿는다. 우리에게 수많은 문제는 결국 이성의 힘으로 해결될 것이라는 위안은 과학의 미신이자 상식이다. 이런 상식은 거대 자본의 힘으로 강력해지고, 다양한 미디어를 통해 선전된다. 저명한 과학자들은 이론적 근거를 찾기 위해 골몰하고 있으며, 거대 자본은 과학기술의 발달에 집중될 것이다. 과학이 인류를 구할 수 있는 여부를 따지는 것은 멍청한 짓이다. 과학만이 인류를 구원할 것이고, 반드시 그래야만 하는 것이다.

세 번째, 상식은 익명적이며 익명의 연장선에 있는 것이다. 여기서 익명은 앞서 검토한 한 사회의 거대 익명을 의미하며, 익명성을 그대로 물려받은 이유는 상식은 다름 아닌 익명의 암시를 통해 만들어진 것이기 때문이다. 익명과 같이 상식을 만들어 낸 사람은 알려지지 않았으며, 무명이다. 사람들에게 상식의 기원은 언제나 추측될 뿐이다. 사실 사람들은 그것을 궁금해하지 않으며, 굳이 알아야 할 필요성을 느끼지 못한다. 지금 알고 있는 것만으로도 상식은 존재하고 유용하기 때문이다. 익명은 사회가 지향하는 가치의 암시라는 고유한 목적을 가지며, 상식 또한 그만의 목적을 갖는 것은 익명과 마찬가지다. 익명의 암시가 사회의 욕구를 사람들이 추구하도록 하는 임무에 있어서, 익명의 연장으로서의 상식은 사람들의 행위를 합리화하는 매우 중요한 역할을 맡는다. 우리는 익명적이고 무의식적 토대에서 발생한 상식을 현실에서 통용되는 자신의 지위와 상황에 일치시킴으로써 합리화한다. 익명의 암시가 생각의 방향성에 영향을 미치고 행동을 이끌어 내는 데 있어 상식은 의식적으로 자신에 대한 생각부터 행위에 이르는 전 과정을 확인하고 결정할 수 있도록 하는 것이다. 우리는 상식에 근거를 두기에 일상생활에서 수많은 결정을 신속하게 처리할 수 있다. 만약 자신의 행위가 상식의 범위를 벗어날 수도 있다고 판단된다면, 그 사람은 주변을 둘러보며 다른 사람들의 행위를 관찰하기 시작할 것이다. 자신의 상식이 틀리지 않는다 하더라도 타인들의 행동을 통해 자신의 행동을 상황에 맞게끔 일시적으로 교정할 수 있기 때문이다. 이런 행위는 특정 상황에서 무의식의 참여를 의도적으로 단절시키고, 의식적으로 수용한 상식을 따르는 경우라 할 수 있다.

상식이 익명의 성격을 갖는다는 것은 스스로를 감추거나 무명인 익명의 특성뿐만 아니라 익명의 나쁜 징후들 역시 상식을 통해 드러남을 의미한다. 우리가 일상에서 '그럴 리가 없어.'라고 말하며 손사래를 치는 것은 어떤 사건의 전말에 대한 놀라움의 표현이면서도 해당 사건이 상식적이지 않다는 이유로 인정하지 않거나 관여하지 않으려는, 관심의 대상에서 제외시키는 표현이다. 익명의 나쁜 징후들, 자본주의 시장에서 탐욕을 숨기는 나쁜 행태들은 비상식이라는 이름으로 면죄부를 받기도 하는 것이다. 여기에는 상식적인 것은 틀리지 않다고 여김과 동시에 비상식적인 것을 잘못된 것으로 치부해 버리거나, 특히 전문적인 내용으로 치장된 정보들은 의심할 필요가 없다는 식의 태도가 근저에 깔려 있다.

　나쁜 집단화의 원인이자 그 결과이기도 한 선입견이라 불리는 비틀린 생각의 경우는 특정 집단에 대한 고정적인 관점을 유지한 채 상식의 지위에 오르고, 상대에 대한 혐오를 공인하며 나쁜 징후를 만들어 낸다. 익명의 나쁜 징후는 선입견으로 구체화되고 강화되는 것이다. 심지어 이런 삐딱한 상식이 지식화되어 발생하는 갈등은 첨예하게 대립하는 양상으로 발전하게 된다. 많은 상식들 중에도 익명의 나쁜 징후들을 강화하고 눈가림하는 상식을 구별해야 하는 것이 우리의 주된 임무가 되어야 하는 이유다. 징후 자체를 의식하지 못하게 하거나 가볍게 넘기도록 만드는 상식이야말로 철저히 밝혀내어 추방해야 한다. 현실의 수많은 문제가 충분히 해결될 수 있음에도 그렇지 못한 것은, 이를 방해하는 상식들이 너무 많기 때문이다. 만약 나쁜 징후와 상식에 대한 판단이 어렵다면, 우리는 그 상식에서 파생되어 발생하는 일들이 이 사회에 어떤 영향을 미치는지 하나하나 따져봐야 할 것이다. 하지만 이런 방법은 너무 많은 시간이 소요되는 한계로, 부정적인 영향을 역으로 추적하여 잘못된 상식을 찾아내는 방법을 우선적으로 고려해야 한다. 상식과 그로부터 파생된 현상을 연결하여 맥락적인 인과성을 파악할 수 있다면, 우리는 분명 기존의 상식을 판단할 수 있는 최소한의 기준을 세울 수 있을 것이다.

네 번째, 상식은 감정에 호소하는 것이다. 상식이 감정적인 성격을 갖는다는 것은 상식이란 감정적인 판단에 근거한다는 의미와 같다. 우리가 어떤 행동이나 말을 했을 때 감정적으로 어떤 거리낌이나 어떤 안도감도 느껴지지 않는다면, 그것은 본인의 가치에 있어 어떤 상식의 대상도 아닌 것이다. 반대로 어떤 행위로 불쾌함이나 부끄러움 등의 감정적 동요가 느껴진다면 그 행위는 상식의 범주에 포함된다고 볼 수 있다. 타인의 행위로 인해 불쾌감이나 분노가 야기된다면 그 행위는 본인에게 있어 상식의 대상이 되는 것 또한 마찬가지다. 만약 감정의 동요를 전혀 동반하지 않는 것이 있다면, 그것은 상식이 아니라 하나의 사실이나 정보일뿐이다. 하나의 사실과 상식은 감정과의 연결이라는 지점에서 구분된다. 하지만 '상식적인 정보'라는 말에서 볼 수 있듯이 객관적 사실이라 할지라도 일상에서 어떤 방식으로 접하느냐에 따라 상식이면서 동시에 사실이나 정보로 인지될 수도 있다. 즉, 상식은 특정 사실에 인간 행위에 일부 영향을 미치는 감정적 판단이 더해진 것이다. 예를 들면, 어떤 사람이 언제 어디서 투표를 해야 한다는 고지를 받았다고 하자. 이것은 그 자체로 객관적인 정보로 취급되는 것이다. 하지만 민주주의 사회의 시민이라면 투표에 참여해야 하는 것이 지당하다는 가치적 판단은 일종의 책임감이라는 감정에 호소하는 것이며, 민주주의 사회의 구성원이 투표하는 행위는 상식으로 통용된다. 상식의 당위성은 그 내용에 대한 감정적 호소력에서 발생하는 것이다. 다른 예로, 사람이 살면서 무엇인가 배우고 습득해야 함은 상식적인 내용이지만, 그 배움의 대상 자체는 사실일 뿐이다. 하지만 감정이 아주 조금이라도 개입되는 대상 전부를 상식이라 할 수는 없다. 인간의 인지기능에서 감정은 사실상 모든 것과 연결되어 있기 때문이다. 감정에 호소한다는 것이란 인간 행위 일부에 영향을 줄 수 있는 수준의 감정적 동요로 봐야 합당할 것이다.

감정에 호소하는 상식의 변용에는 애국심을 예로 들 수 있다. 애국심이야말로 거대 익명의 암시로 충실하게 주입된 대표적인 가치이기도 하다. 일상에서 애국심에 충만한 채 생활하는 사람은 거의 없지만, 어느 순간 우리는 마음속 깊은 곳에 강렬한 애국심이 숨어 있음을 깨닫곤 한다. 애국심은 어떤 방식으로 감정에 호소하는가? 이 감정은 가슴속에 무엇인가 불타오름을 느끼게 하고, 국가를 무엇보다 신봉하게끔 만든다. 하지만 대부분의 구성원들은 애국심이라는 감정을 평소에는 느끼지 못한다. 간혹 국가를 대표하는 누군가가 세계적으로 인정받는 성과를 달성했을 때에야 우리는 그 사람만이 아닌 국가도 열렬히 사랑하는 감정에 휩싸이게 되는 것이다. 국가를 대표하는 사람은 국가 자체를 나타내는 상징으로 작동한다. 우리는 서로 애국심을 확인하기 위해 다른 이의 반응을 지켜보고, 동조하고, 화답한다. 그리고 사람들은 어떤 나라와도 비교할 수 없는 자랑스러운 자신의 조국에 속해 있음을 격한 감정을 통해 경험하게 된다. 그 사회의 물질적 기반의 상대적인 열세는 더 이상 어떤 문제도 되지 않고, 애국심이라는 마땅히 그래야 할 상식은 엄청난 감정적 호소력을 발휘한다. 여러 이유로 국가에 대해 날 선 비판을 하는 사람들 역시 애국심이라는 감정을 느끼는 것은 마찬가지다. 물론 그들은 그 감정을 애국심이라 부르지 않을 것이지만 말이다. 하지만 감정의 이름은 중요하지 않다. 조국에 대한 사랑, 애국심이야말로 암시의 강한 영향력을 보여주는 증표이자 상식이다. 그런데도 애국심은 우리가 의심해 봐야 하는 상식 중의 하나임은 틀림없다. 이 열정의 휩싸임으로 자유로운 사고와 행위가 제약될 여지가 어느 것과 비교하더라도 많기 때문이다.

애국심뿐만 아니라 사람과 관련된 상식들도 강한 감정적 호소를 수반한다. 자식이라면 마땅히 부모를 잘 섬겨야 하는 효도도 그렇다. 형제나 친구 간에 지켜야 할 우애라는 것 역시 그렇다. 또한 특정 상황에서 지켜야 할 예의범절 같은 상식들 역시 강하진 않지만, 감정적 호소를 수반하는 것은 마찬가지다. 우리는 예의를 지키지 않았을 때 창피하거나 부끄러운 감정을 느끼게 되고, 반대로 예의를 지켰을 때 작은 안도감을 느끼는 것도 상식이 감정에 호소함으로 발생하는 것이다. 상식은 수많은 감정으로 이뤄진 익명을 통해 만들어지기에, 상식이 감정에 호소하는 것은 넓은 의미의 세 번째 본질적 성격에 포함되는 것이기도 하다.

　상식은 우리가 이미 알고 있는 것이며, 강한 당위성을 갖고, 익명의 의식적인 연장이며, 감정에 호소하는 것이다. 이것은 상식의 본질적인 성격이다. 한 인간의 눈에 비친 세상, 한 인간이 말하는 세상은 바로 그 인간의 상식이라 해도 틀리지 않은 것이다. 상식은 사람의 사고와 행동체계에 있어 매우 강한 영향력을 발휘하고, 사회화된 사람들 중에 상식이라는 개념이 없는 사람은 없다. 사회화란 바로 그 사회의 상식을 습득한다는 의미이기 때문이다. 상식은 인간이 환경에 적응하고, 위험을 극복하는 데 있어 어느 종보다 생존에 유리하도록 만들었을 것이다. 상식은 생각에서 진화된 믿음의 체계로, 믿음이란 어쩌면 상식을 통해 발명되었는지도 모른다. 진화된 인류의 수많은 상식 중 외부에서 주어진 것이 일부 있다 하더라도, 이는 내면화된 암시와 짝을 이뤘기에 의식체계에 빠르게 자리 잡을 수 있었을 것이다. 물론 거부되고 사라진 상식도 많았음이 틀림없다. 여하튼 사회의 테두리 안으로 들어선 상식은 구성원 대부분이 알고, 서로 투사하며, 의사소통을 통해 직접적으로도 확인이 가능하기에 그 의미의 영향력은 점증적으로 강화되었다. 또한 문자로 표기된 상식이 강한 전파력을 갖게 되면서 거대 공동체를 이루는 데 반드시 필요한 윤리적·법적 체계의 성립이 가능하게 만들었다. 그것은 문자의 특성과 상식이 갖는 본질적 특성이 더해져 엄청난 파급효과를 낼 수 있었기 때문이었다. 그리고 이렇게 전파된 상식은 광범위한 지식의 뿌리가 될 수 있었다.

한 사회에서 보편적으로 통용되는 상식은 윤리적 판단의 기준이 되고, 그중 강제성이 요구되는 일부가 법제화된다. 이 세상에서 가장 강력하고 단단한 구조인 법의 중요한 바탕은 다름 아닌 상식이기에, 어느 시대의 법이든 상식을 앞서갈 수는 없다. 법의 모순 역시 상식의 충돌에서 기인하는데, 이런 혼란스러운 상황에서 민주주의 사회는 대중의 관심과 다양한 목소리를 요구하고, 상식이 다름으로써 생기는 갈등들은 정치적인 문제로 부각된다. 이 문제를 해결하는 것이야말로 한 사회가 상식의 충돌을 봉합하며 절충된 상식에 기반한 합의를 이끌어 내는 민주주의적 절차인 것이다. 물론 민주주의적 방법에 따른다 하더라도 언제나 최선의 결과가 도출되는 것은 아니기에, 고단한 정치적 참여는 계속 되어야 할 것이다. 이것은 공동체가 민주주의적 가치를 얼마나 잘 수호하는지에 대한 문제다. 하지만 그전에 우리가 더욱 주목해야 하는 것이 있으니, 그것은 현실에서 혼란스럽지도 않고 어떤 문제로도 여겨지지 않는 상식들의 믿음에 관한 것이다.

IX

상식과 현실

상식은 진리에 도전한다. 하지만 대부분의 상식이 진정한 의미의 진리에 다가가는 것은 매우 어려운 일이다. 진정한 진리란 어떤 것을 막론하더라도 언제나 그 의미가 참인 것을 말한다. 진리란 어디서 바라봐도 한 치의 오차 없이 모양이 동일한 완전한 구와 같다. 그러나 상식은 언제나 다른 상식의 간섭과 도전을 받기에 진리를 향한 여정은 제동이 걸릴 수밖에 없게 된다. 만약 모든 도전과 역경을 이겨 낸 상식이 있다면 그것은 진리라는 정상에 오르게 될 것이며, 우리가 만약 진리를 안다면 그것은 분명 상식 중 하나일 것이다. 진리를 향한 상식의 도전은 그 내용이 확실하다는 믿음, 어떤 반박이든 무력화시킬 수 있다는 믿음에 근거한다. 이런 믿음은 때로 맹목적이기도 하다. 물론 어떤 상식도 처음부터 무조건적으로 믿어질 수는 없다. 상식의 믿음이 갖는 맹목성은 오랜 시간의 퇴적작용을 거쳐 만들어지는 거대한 지형과 같기 때문이다.

상식에 대한 믿음은 현실을 조금씩 왜곡하기에 이른다. 상식은 현실을 가리고 은폐하는 부정적이고 징후적인 익명의 성격을 그대로 이어받는다. 현실 세계를 반영할 수밖에 없음에도 현실을 은폐하는 익명의 독자적인 실체화는 상식 역시 현실과의 괴리를 만들어 내는 것을 피할 수 없게 하는 것이다. 이런 상식들은 대부분의 사람들에게 의심받지 않은 채 도처에 널려 있으며, 상식적이라는 이유만으로 우리의 행위를 결정하고 합리화시킨다. 하지만 행위를 유도하고 결정한다는 것이 자유를 제한한다는 의미로만 이해되어서는 안 될 것이다. 타인의 자유를 위해 기꺼이 자신의 자유를 제한할 수 있을 때에만 모두의 자유가 보장되는 것으로, 자유를 위해 마땅히 상호 간 지켜져야 할 상식적인 행동들도 있기 때문이다. 물론 예의범절이 너무 과하여 발생하는 부작용이 있고, 이를 비판하는 목소리가 끊이지 않는 것은 사실이지만, 구성원 서로의 가치를 지킨다는 목적만은 상식의 순기능에 포함된다고 볼 수 있다. 문제는 현실의 부조리에 대한 비판적인 시각을 가리거나 방치하는 행위들을 합리화하는 상식들이 버젓이 그 모습을 드러내 놓고 있다는 것이다.

먼저 '평등'이라는 상식에 대해 언급해 보자. 우리는 평등, 인권, 공정함 등으로 표현되는 기본적 가치를 상식적으로 받아들이고 있다. 한 명의 인간에게 평등함이라는 가치가 주어진다는 것은 누구도 의심하지 않는 것이며, 한 사회가 그 구성원들을 평등한 주체로 인정한다는 것 또한 모두가 알고 있는 것이다. 이것은 우리 시대의 상식이다. 하지만 모든 사람이 평등하다는 상식이 현실과 괴리된 일종의 오해일 뿐이라 주장한다면 많은 이가 놀랄 것이다. 분명 오해라는 표현은 과장된 것이지만 현실 속의 실제 평등은 다름 아닌 '법 앞의 평등'으로, 매우 제한된 의미로 규정되어 있는 것이 사실이다. 그렇다고 우리가 법에서 정하는 평등의 범위에 대해 비판할 필요는 없다. 최소한의 평등원칙에 대해 비난하는 것보다는 법 자체가 과연 평등한가에 대한 의문을 가지는 것이 더 유익할 것이다. 어쨌든 우리 사회에서는 절대적이고 완벽한 평등은 적용되지 않는다. 이것을 다르게 표현하자면, 합리적 차별은 합법적으로 얼마든지 가능하다는 얘기이기도 하다. 최소한의 평등원칙은 합리적 차별이야말로 평등이라는 가치에 합당함을 인정하는 것이며, 평등이라는 가치에는 차별이라는 가치가 이미 내포되어 있음을 보여준다. 하지만 이렇게 제한된 의미의 실제 평등과는 별도로, 마땅히 차별 없이 동등하게 대우받아야 한다는 이상적 가치 중심의 평등이 세상의 이치인 양 상식으로 자리 잡게 된다. 이것은 널리 퍼져야 할 좋은 생각임이 틀림없다. 하지만 문제는 이런 평등의 상식이 현실을 제대로 인지하지 못하게 한다는 데 있다. 최대한의 평등원칙은 모두가 평등하다는 것을 상정하게 유도함으로써 현실의 불평등을 가려 버린다. 우리가 잠시 멈추어 현실을 바라본다면 평등과 인권이라는 상식은 금세 깨질 것이 틀림없음에도 말이다. 본인의 목숨을 부지하기도 힘든 수많은 사람들이 여전히 고통 속에 있다. 인간의 권리라는 것이 생명을 이어 갈 수준에도 미치지 못하는 것인가? 최소한의 삶을 위한 복지의 사각지대에 놓인 사람들에게는 상식 속의 인권은 어디에도 없다. 오히려 혜택을 받는 기초생활 수급자들을 노력하지 않는 게으른 사람

익명과 상식에 관하여

들이나 일하지 않는 무임승차자로 낙인찍기 바쁘다. 자본주의 사회에서 모든 사람이 평등하다는 실제 의미는 게임에 참여할 출전권을 똑같이 부여받는다는 것이며, 사람들은 오히려 결과의 평등을 매우 경계하고, 이에 대해 경기를 일으킬 정도로 민감하게 반응한다. 여기서 심각하게 부각되는 것은 모든 차별의 문제가 평등의 실체인 합리적 차별에 휩쓸려 정당화된다는 것이다. 하지만 우리 삶에서 차이와 차별은 자연스레 받아들여지고 있다. 능력주의가 과연 수용 가능한 합리적 수준에서 작동하고 있는지 의문이 제기되어야 할 때이지만, 능력주의와 평등은 이제는 우리가 이질적으로 느끼지 못하는 잘 어울리는 한 쌍이 된 것이다.

이런 현대 사회를 살아가는 우리는 모든 사람이 평등하다는 의미의 상식을 갖는다. 상식과 현실이 동떨어져 있는 것에 크게 개의치 않고 말이다. 물론 세상은 불평등하고 불공정하다는 상식 역시 있다는 것도 사실이지만, 대부분 사람들은 세상은 그나마 평등하고 공정하다는 상식을 선호하며, 그것을 믿는다. 역설적이게도 이런 상식이야말로 불평등한 현실의 문제를 평등이라는 이상으로 덮어 버림에도 말이다. 그렇다고 이 세상이 불평등하고 불공정하다는 것이 진실이라는 것은 아니다. 반대로 모든 것이 불평등하다는 편견에 가까운 상식은 현실 속의 평등을 가린다. 그런데도 우리 대다수는 평등하다는 상식을 갖기에, 은폐된 불평등을 들춰내기 위한 목적으로 평등과 관련한 상식들을 좀 더 살펴볼 것이다.

'직업에 귀천이 없다.'라는 말이 있다. 이 말은 모든 직업이 갖는 기회나 결과 모든 것이 평등하다는 의미가 아니다. 이는 어떤 직업에 종사하든 사람이 갖는 직업정신은 모두 고귀하다는 의미다. 그렇기에 모든 사람은 존중받아야 마땅하고, 자신의 직업에 자긍심을 가져야 한다는 의미를 담고 있다. 하지만 이런 이상적인 의미는 오히려 현실의 상황이 그렇지 못함을 고스란히 드러내는데, 현실의 이런 상황이 '귀천이 없다.'는 말로 은폐되는 것이다. 현실에서 다양한 직업군에 종사하는 사람들은 직업의 귀하고 천함이 있음을 당연히 느끼며, 인정한다. 냉소적인 자본주의적 가치에 입각해 보면 급여가 높은 직업은 귀하고, 급여가 낮은 직업은 천하다고 표현할 수도 있다. 실제로 급여가 높은 전문 직업의 진입장벽은 매우 높은 반면, 급여가 낮은 저숙련 직업은 그렇지 않다. 급여의 차이야말로 바로 경쟁의 결과물이 아니겠는가? 물론 직업의 귀함과 천함이 단순히 급여의 차이에서만 기인하는 것은 아니다. 미래의 노동력을 담보하는 육체적 건강을 훼손할 가능성이 높은 직업군도 있으며, 극심한 감정노동으로 정신적 어려움을 야기하는 직업군도 있다. 이는 사람의 기본적 욕구인 생존을 위협하는 것이다. 과연 누가 이런 직업군이 귀한 것이라 말할 수 있겠는가? 많은 위험이 도사리는 직업들은 냉혹한 자본주의 논리에 의해 유지되고 있을 뿐이다. 직업에 귀천이 없다는 말은 현실과 맞지 않을뿐더러, 이런 상식은 현실의 문제를 철저하게 은폐시키는 것임을 인지해야 할 것이다. 차라리 '직업에 귀천이 있으니 죽도록 노력하라.'는 말이 자본주의 사회의 현실을 솔직하게 반영하는 것이다.

평등이라는 단어에는 말 그대로 모든 사람이 평등하다는 오해의 의미가 아닌 '사람이라면 평등해야 함이 마땅하다.'는 이상적 가치를 내걸고 있기도 하다. 이런 차원에서 직업에 귀천이 없다는 것 역시 직업에 귀천이 없도록 해야 한다는 미래지향적인 이상적 가치에 관한 것으로 읽힐 수도 있다. 평등하다는 말에는 평등과 의미가 반대인 불평등이 혼용되어 있는 것이다. 하지만 이런 식의 가치의 의미 혼용은 현실에 대해 착각을 유발하고 의미를 왜곡시킨다. 대표적인 것이 바로 모든 인간은 평등하다는 것, 시장에서 기회는 공평하게 주어진다는 것, 직업에 귀천이 없다는 것들이다. 평등하지 못한 현실은 모두가 평등하다는 잘못된 상식 뒤로 숨는다. 모두는 평등하기 때문에, 누군가에게 발생한 문제는 평등함과는 거리가 먼 다른 문제로 해석될 여지가 생기는 것이다. 이는 공교롭게도 자본주의 시장이 추구하는 방향과 일치하는 것이기도 한데, 자본주의의 이런 논리는 시장에 참여하는 모두의 불만을 쉽게 잠재울 수 있기 때문이다. 모든 것은 평등했고, 결과는 당신의 노력에 따라 주어진 것이다. 시장의 법칙은 누구에게나 공평하게 적용된다. 단순하고 타당해 보이는 논리를 반박하는 것은 쉽지 않다. 우리는 이미 자본주의 논리에 순응하고, 내면화했기 때문이다. 그리고 이것은 우리 시대의 상식이 되었다. 하지만 이제는 이 세계가 평등하다고 주장하는 상식의 믿음에 대해 질문을 던져야 할 때이다. 질문의 첫 번째 대상은 그 믿음을 갖는 자신이 되어야 한다. 자신에게 던지지 못한 질문을 타인에게 할 수는 없는 법이다. 모든 질문은 자신으로부터 시작해야 하는 다른 이유는, 그 답을 찾기 위한 고민이 있어야 타인의 답변을 진정 이해할 수 있기 때문이기도 하다. 물론 그 과정은 쉽지 않을 것이다. 무엇보다 우리는 일 자체와 그 일을 위한 일들에 매몰되어 있으며 언제나 시간에 쫓기고 있지 않은가? 자본주의 사회를 살아가는 우리에게 이런 고민은 사치스럽게 느껴질 뿐이다. 하지만 스스로 답을 찾는 과정을 거쳐야 타인에게 질문을 할 수 있고, 그와 대화를 시작할 수 있다. '우리가 믿고 있는 상식이 현실을 그대로 보여주는가?', '우리는 그 믿음을 통해 어떤 감정을 얻는가?', '이 믿음은 어디서 유래하는가?'라는 질문으로부터 이런 성찰적인 의문은 조용히 전파될 수 있을 것이다. 타인의 의견은 우리에게 새로운 경험이 되고, 질문의 답을 찾아가는 데 반드시 필요한 도움이 된다. 그 역시 우리와 같은 처지이기 때문이다. 결국 우리가 집중해야 하는 것은 믿음을 만들어 내는 자본주의적 가치에 향하게 될 것이고, 자본주의 시장이 작동하는 세세한 방식을 깨우치는 순간 맹목적이고 근거 없는 믿음을 가려낼 수 있다는 희망을 얻을 수 있을 것이다.

여기서 우리는 가려진 현실과 현실을 가리는 이상적 가치를 명확하게 구별해야 한다. 하지만 이상적인 가치가 현실을 은폐하는 성격을 갖는다 해서 그 가치를 부정하는 것은 올바르지 못하다. 이상적 가치가 현실에서 실현 불가능하다는 것에만 치중하여 그 이상을 부정하는 것 또한 마찬가지다. 모두가 평등한 사회가 현실적으로 가능하지 않다는 이유로 평등이라는 가치를 비현실적인 몽상에 불과한 것으로 치부하는 식으로 말이다. 이런 식의 평가절하는 사람을 무력하게 할 뿐 아니라 어떤 것이든 쉽게 포기하게 만든다. 의지가 약한 사람들 중에는 이상을 부정하는 극단적 현실주의자가 많은 이유다. 닿을 수 없기에 의미가 없다는 것은 쉬운 합리화에 불과하며, 지나친 회의는 비관으로 치달을 수 있기에 우리는 낙관주의만큼이나 비관주의를 경계해야 한다. 이 둘은 동일하게 비판적인 생각을 마비시키기 때문이다.

개인에게 주어진 소명은 한 개인의 능력만큼이나 아주 작은 것이다. 우리는 생각보다 많은 것을 할 수 없다는 것을 인정해야 한다. 실현 가능한 만큼만 꿈을 꾸는 것은 패배주의가 아니며, 꿈이란 작은 꿈의 실현을 통해 점차 키워나가면 되는 것이다. 그렇기에 우리는 아주 작은 것부터 시작하면 된다. 우리에게 필요한 것은 오직 한 걸음뿐이다. 그것이 지금의 세계를 만들지 않았는가? 단, 그 방향이 옳아야 한다는 것만큼은 매우 중요하기에, 이에 대해서는 깊은 고민이 필요하다. 특히 다양한 가치들이 품고 있는 이상은 그 방향을 설정하는 데 있어 절대적으로 필요한 것이다. '우리는 평등하다.'는 의미 역시 모두가 평등하다는 것이 아닌, 불평등한 부분을 지속적으로 찾아서 모두가 평등할 수 있도록 개선해야 하는 근거로 그 의미를 받아들여야 한다. 만약 한 사회에서 불평등한 행태가 발견된다면, 그 사회의 구성원들은 다시 한번 평등의 대상과 범위, '어디서부터 어디까지 평등해야 하는가?'에 대한 사회적 합의를 이끌어 내야 할 것이다.

하지만 불평등한 행태가 발생하는 현실의 영역은 절대적 평등의 대상에서 슬그머니 빠져나와, 합리적 차별이라는 명분 아래 유지되고 있다. 이렇게 자신의 정체를 숨기는 불평등은 떳떳한 명분 아래 심화되고 있을지도 모른다. 그렇기에 우리는 합리적 차별이 과연 합리적 수준에서 이뤄지는지 질문을 던져야 하는 것이다. 합리적으로 여겨지는 것들이 점차 평등의 대상에서 제외되어 버리기 때문이다. 예를 들어 고용의 안정성과 급여의 수준은 정규직과 비정규직에 따라 크게 다른데, 이것은 평등의 대상에 비정규직은 포함되지 않기에 그런 것이다. 정규직이라는 어려운 경쟁에서 승리한 자들이 더 많은 것을 얻는 것이야말로 자본주의적 논리에 당연히 합당한 것이며, 오히려 비정규직에 대한 이런 처우가 평등의 가치에 부합된다고 생각하는 사람들이 대부분이다. 이런 생각은 모두가 평등하다는 상식과 어느 정도 대치되지만, 상식들은 그저 분열적 상태로 공존할 뿐이다. 오히려 세상은 평등한 것이니 그것 또한 자세히 알고 보면 평등의 일환일 것이라는 상식에 근거한 믿음을 갖게 만든다. 현실은 철저하게 자본주의 논리에 따라 돌아가고 있음에도 말이다. 반면 비정규직은 처우개선과 정규직 전환을 요구하지만, 시장에 잉여 인력이 넘쳐남으로 이런 시도 대부분은 실패하게 된다. 그들이 투쟁을 위해 자리를 비우는 결단을 감행한다 하더라도, 그 자리는 곧 잉여 인력으로 채워질 것이다. 기업의 입장에서 노동자의 높은 대체가능성을 유지하는 것이야말로 새로운 인력 운영의 성패를 결정짓는 새로운 관건이 된다.

현실에서 인간의 평등이 이상적인 의미를 갖는 것은 인간이 처한 현실의 상황이 그렇지 못함을 의미하지만, 많은 사람들이 이 세상은 공정할 것이라고 막연하게 생각한다. 그것이 상식이기 때문이다. 전쟁과도 같은 자본주의의 경쟁에서 밀린 사람들은 스스로를 책망하는 것 말고는 할 것이 없다. 만약 상식과 공정이 지켜지지 않는 세상이라면 그들은 더 큰 무력감과 비참함을 맛봐야 할 것이기 때문에, 실패의 원인이 자신에게 있다는 것은 차라리 하나의 위로와 기회가 된다. 어쨌든 노력이라는 것을 통해 다시 재기할 수도 있다는 희망은 사라지지 않았기 때문이다. 이것은 정말 역설적인 상황이라 할 수 있다. 그들은 다시 자본주의 사회에 희망을 건다. 노력한 자가 마땅히 결실을 얻는 것이 이 세상의 이치가 아닌가? 어떤 누가 사회의 구조가 비정상적이라고 증명한 적이 있는가? 설령 문제가 있더라도 그런 문제는 어디에나 있기 마련인 부작용 아닌가? 이런 믿음이 나쁜 것만은 아니다. 목숨을 부지하는 데 도움만 된다면 말이다. 또한 이상이란 사회가 발전해야 하는 방향을 지시하는 중요한 기능을 갖기도 한다. 그렇기에 이상은 포기되어서는 안 된다. 하지만 우리는 모든 사람이 평등하다는 믿음으로 인해 그 결과가 정당화되는 것을 주목해야 한다. 정당화된 결과들 중에는 분명 정당성과는 거리가 먼 것들이 교묘하게 숨어 있기 때문이다. 때로는 정당하지 못한 결과가 오히려 오만하고 당당하게 모습을 드러내기도 한다. 이것은 상식이 갖는 가장 큰 위험이자 유혹이다. 상식으로 감춰진 잔인한 현실을 직시하고 스스

평등과 자유의 상식은 우리를 불편한 마음에서 벗어나도록 돕는다.
상식은 이런 감정을 덮어 버리는 매우 훌륭한 수단인 것이다.

로를 포기하는 사람들 역시 날로 증가하고 있지만, 그들의 외침은 익명 속에서 메아리칠 뿐이다.

그렇다면 평등이라는 상식처럼 '자유'가 갖는 오해는 무엇일까? 자유는 어떤 구속도 없이 자유롭게 말하고 행동할 수 있는 권리를 의미하는데, 자유의 개념은 다행히도 평등보다는 쉬운 것이다. 자유는 모두에게 주어지는 기본적인 권리라는 점에서는 평등과 동일하다. 그리고 자유와 평등은 동전의 양면 같은 관계를 갖기도 해서, 이 둘이 갈등할 일은 사실 필요하지 않다. 자유는 모두에게 평등하게 주어진 것이기 때문이다. 물론 모두 알다시피 현실은 그렇지 않다. 자유와 평등이라는 명패를 내건 이념 대립은 공산주의 시장 경제가 무너진 이후에도 여전히 계속되고 있다. 그럼에도 현대 사회는 외형적으로나마 권위주의적 가치의 억압에서 탈피하고 있으며, 우리는 자유라는 것들을 어느 정도 누리며 살아가고 있다. 자유를 보장받고, 자유를 갖는다는 것은 우리 시대의 상식인 것이다. 하지만 우리가 갖는 자유란 얼마나 편협한지 조금만 생각해 봐도 금방 알 수 있다. 우리는 자유롭기 위해 자유롭지 못한 것들에 의존할 수밖에 없기 때문이다.

우리는 가장 먼저 생활의 많은 시간을 노동에 투여하고 있다. 하루 법정 근로 시간은 점심 식사 1시간을 제외한 총 8시간이다. 평일 아침 9시부터 저녁 6시까지 밥벌이를 위해 자신의 노동력을 팔아야 한다. 물론 노동의 형태나 급여의 수준에 따라 더 많은 시간을 노동에 투여하는 것도 흔한 일이다. 만약 법정 근로 시간만 노동을 한다면, 평일 저녁과 주말에만 경제 활동에서 해방된다. 이런 상황에서 우리는 자유롭다고 할 수 있을까? 누군가는 노동 그 자체도 자유의 범주에 포함되어야 한다고 주장할 수 있다. 노동 역시 자신의 자유의지에 따라 선택한 것이라면 그것은 자유로운 행위로 볼 수 있으며, 또한 어느 누구도 그런 식의 노동을 강제하지 않았기 때문이라고 말한다. 노동의 자유도 전적으로 자유로운 선택에 포함된다는 말 역시 근거가 전혀 없는 것은 아니다. 하지만 자본주의 사회에서 생계를 위해 돈을 벌어야만 하는 것이 자유롭게 선택한 것이라 볼 수 있는지는 여전히 의문이다. 우리가 노동의 자유에 그나마 적용할 수 있는 것은 진로나 직업을 선택할 자유뿐 아니겠는가? 물론 특정 직업군의 높은 진입장벽은 자유로운 선택의 폭을 거의 없다시피 하게 만들지만 말이다. 노동 자체는 자유의 영역과는 거리가 먼 것으로 보는 게 더욱 적절한 것이다. 노동과 같은 인간의 숙명은 피할 수 없는 것으로, 자유라는 것역시 숙명 위에 부분적으로만 성립할 수 있다. 우리에게 내려진숙명을 거부하기 위해서 우리는 죽음 말고는 어떤 다른 선택도 할수 없으며, 이는 명백히 자유의 성격과 반대된다. 즉, 경제 활동자체를 자유롭게 선택할 수 없는 한 우리는 완전히 자유롭다고 할수 없다. 자유라는 개념 자체가 잘못된 것이라 말하는 것이 아니라, 우리가 온전히 자유롭다고 생각하는 것이 매우 기만적이라는것이다. 우리 자신은 그저 자유롭게 놓여 있기에 자유롭다고 착각하기 쉬울 뿐이다. 물론 어떤 사회적인 관계도 없다시피 하면서자신의 자유로운 의지만을 앞세우는 사람도 분명 있다. 그는 어떤면에서 진정한 자유에 가깝다고도 할 수 있다. 하지만 자본주의시장은 자유롭게 있는 자에게 책임을 반드시 묻는 법이다. 자본주의는 그 사람이 생활을 이어나는 것을 어렵게 하여, 자유를 추구하는 상태를 일시적인 것으로 만든다. 결국 그는 일자리를 찾아야하며, 시간을 빼앗기고, 좀 더 빠른 신체적 노쇠함을 피할 수 없게된다. 현실에서 우리가 평등하지 못한 것과 마찬가지로 우리는 자유롭지 못한 것이다. 정확하게 말하면 우리는 부분적으로는 자유롭지 않고, 부분적으로는 자유롭다. 우리가 살아가는 자본주의 사회에서 자유를 위해 필요한 물질적 기반을 획득하기 위해서는 반드시 돈에 의존해야 하기 때문이다. 그리고 이런 절대적인 의존성은 자본주의 사회에서 돈, 화폐 자체가 점차 자유를 의미하도록 만들었다.

고도화된 자본주의 사회가 아닌 어떤 사회에서라도 돈은 다양한 상품을 구매하는 데 필요한 물건이고, 사람들은 돈으로 구입한 상품을 통해 자유롭고자 하는 욕구를 어느 정도 충족시킬 수 있었다. 이런 자본이 최고의 지위를 차지한 자본주의 사회는 어떤 것이든 상품화하려는 경향을 가지며, 상품은 넘치고 넘쳐 생산되고 얼마 지나지 않아 쓰레기로 대량 처분되는 지경에 이르렀다. 어찌 되었든 돈이라면 무엇이든지, 어디든지, 언제든지 소유할 수 있게 된 것이다. 이렇게 자본주의 사회에서 자유란 돈만 있다면 무엇이든 자신의 의지대로 구입할 수 있는 소비자의 권리를 의미하며, 어떤 상품을 사는 것은 당신의 자유를 누리는 것이며, 이것이야말로 인간이라면 마땅히 가져야 할 기본권이 되었다. 하지만 이런 의미의 자유에 예속되는 순간 우리는 진정한 의미의 자유와 거리를 둘 수밖에 없게 된다. 진정한 자유란 자유로운 행위를 막는 제약 조건을 최소화하는 것이며, 그에 필요한 조건은 타인에게 동일하게 주어진 자유라는 가치를 침해하지 않는 것뿐이다. 하지만 소비라는 새로운 자유는 모든 이에게 활짝 열린 채로 달콤한 유혹을 보내고 있으며, 왜곡된 자본주의적 자유는 현대인들의 자유 대부분을 차지하게 되었다. 소비를 통해 얻는 즐거움은 인간에게 있어 매우 중요한 것이고, 삶의 중요한 동력 중 하나임을 부정할 수 없지만, 우리는 달콤하고 새로운 자유를 얻기 위해 대부분의 시간을 자본 획득에만 쏟고 있다. 더 중요한 진정한 자유를 희생하면서 말이다. 고도화된 자본주의 사회에서는 자본에 대한 집착이야말로 너무 당연한 상식이 되었으며, 우리는 이를 자연스레 받아들이고 더 이상 자유의 의미를 되돌아보지 않는다. 소비의 쾌락에 빠져 자신의 분수를 넘어서는 사치스러운 생활을 하는 것은 물론, 구두쇠처럼 몹시 지나치게 돈을 아끼는 태도 역시 자본에 예속된 부자유 상태라 할 수 있다.

그렇다고 자본이 현대 자본주의 사회의 삶의 토대임을 부정해서는 안 될 것이다. 문제는 적당한 욕심이 아닌 과한 욕심이다. 과한 욕심은 탐욕이 되어 스스로의 목숨까지 위협할 것이기 때문이다. 우리가 자본으로부터 그나마 가장 자유로울 수 있는 방법은 생활을 이어 나가는 데 적당한 재산을 유지하는 것이다. 이런 목표를 갖는다면 상황에 따라 노동시간도 줄일 수 있을 것이며, 노동을 줄임으로써 새롭게 확보한 시간을 통해 성찰적으로 자신과 사회를 돌아 볼 수 있을 것이다. 또한 물질만으로는 채울 수 없는 정신적 목마름을 느끼고 새로운 길을 모색해 볼 수도 있을 것이다. 물론 언제나 문제가 되는 것은 적당함이란 어느 수준인가 하는 것이다. 자본주의 사회는 구성원들에게 끊임없이 불안을 암시하여, 적당함의 수준을 한없이 높여 잡을 수밖에 없게 만든다. 이것으로 자본주의 시장은 오히려 더욱 활력 넘치고 효과적으로 작동할 수 있게 된다. 이런 풍경은 자본주의라는 운동장에서 불안한 마음에 앞만 보고 뛰고 있는 사람들이 속도를 줄일 엄두조차 내지 못하는 꼴과 비슷하다.

우리가 자유롭다는 상식의 나쁜 영향은 평등의 가치와 마찬가지로 현실에서 자유롭지 않은 것들을 은폐시키는 것이다. 구걸하는 노숙인이나 박스를 줍는 고령의 노인들이 자유로운 행위를 한다고 볼 수 있겠는가? 그것은 엄연히 부자유의 차원이 아닌, 삶을 버텨내기 위해서는 어쩔 수 없이 해야만 하는 강제 행위나 다름없는 것이다. 그들은 어떤 잘못을 지었기에 영원히 바위를 밀어 올리는 형벌을 받았는가? 모두가 자유롭다는 현실에 대한 오해가 아닌 자유의 이상에 따라 모든 이가 자유롭게 살아갈 수 있도록 최소한의 삶의 기반이 마련되어야 하지만, 자유 뒤의 현실은 그렇지 못하다. 자유의 이런 성격은 개인적 차원에 있어서도 마찬가지다. 자유롭다는 생각의 가장 나쁜 영향은 다름 아닌 스스로 자유의 범위를 한정시켜 버리는 것에 있다. 우리가 이미 자유롭다고 생각하는 순간, 아직 자유의 대상에 포함되지 못한 수많은 생각들이 자유롭게 떠올려지지 못한 채 사라지고 말기 때문이다. 자유라는 것은 다름 아닌 생각의 숲에서 다양한 길을 찾을 가능성이다. 하지만 가능성이 차단되면 우리는 눈앞의 길 중에서 제한된 선택만을 할 수밖에 없는 것이다. 그것 역시 우리는 자유롭게 선택했다고 착각할 것이지만 말이다. 우리는 자유로운 상태에서 자유를 방해하는 것들을 의심하지 못하기 때문에, 결국 자유롭다는 생각이 자유를 제한하게 된다. 그렇기에 우리가 정말 자유로운 상태에 있는지, 자유를 방해하는 것들이 무엇인지 고민해야 하는 것이다. 자유의 범위를 넓히기 위해서는 차라리 자유롭지 못하다는 기본 가정이 오히려 도움이 될지도 모른다.

평등과 자유를 마땅히 누려야 할 인간의 존엄성은 보장된 것이 아니라 보장되어야 하는 방향성에 관한 것이다. 인간에게 존엄성이 필요한 이유란 간단하게 현실에서 존엄한 대우를 받지 못하는 사람들이 존재하기 때문이다. 그리고 모든 인간은 현실에서 평등하지 않고, 자유롭지도 않다. 부분적으로만 평등하고, 자유로울 뿐이다. (여기서 부분적이라는 말이 쉽게 넘겨져서는 안 되는 것임을 알아야 한다. 한 사회의 부분이 누군가에게는 전부가 될 수도 있기 때문이다.) 일상 속에서 평범한 상식이 된 가치들은 왜곡된 현실을 은폐하려 한다. 우리가 비참한 현실을 눈앞에서 바로 볼 수 있다면 상식이 갖는 이상과 현실의 괴리를 느끼는 것은 어렵지 않을 것이다. 또한 이런 괴리는 현실이 아닌 이상이 만들어 낸 것임을 금방 알아챌 수 있다. 현실이야말로 우리가 피부를 맞대고 살아가는 곳이며, 실체로서 존재하고 있는 것이기 때문이다. 이런 괴리감은 현실 속의 실제를 분열적인 상황에 놓이게 한다. 우리는 현실을 바로 보기 위해 비상식을 추구해야 하는 모순에 빠지게 되는 것이다. 물론 세상의 대부분의 것들은 상식을 따를 것이다. 상식은 현실이라는 배경에서 나름의 목적을 갖고 탄생한 것이기 때문이다. 그렇기에 상식을 의심하는 것은 힘들고 어려운 일이다. 무엇보다 상식을 비상식화한다는 것은 익숙한 방법이 아니기 때문이다. 중요한 것은 이런 익숙함 속에서 현실이 곪아가는 것은 엄연한 사실이라는 점이다.

이런 상식들 속의 진짜 삶이란 고단하고 외로운 것이라는 사실을 모르는 사람은 거의 없다. 상식을 상식으로 여기는 것을 다른 측면으로 보면, 힘겨운 삶을 버텨 내고 이겨 내기 위해 상식이 갖는 희망에 의지하는 것이라고 볼 수도 있다. 하지만 우리에게는 익명의 암시를 통해 받는 감정뿐만 아니라, 감정의 주체로서 느낄 수 있는 진솔한 감정들이 있음을 잊지 말자. 일상을 떠난 장소에서 어느 순간 피어오르는 자신만의 온전한 감정을 느끼게 되는 경험을 겪어보지 못한 사람은 없을 것이다. 이런 순수한 감정은 시간의 재촉을 무시하게 하고, 진실한 관계를 회고하게 하며, 성찰적인 반성을 갖게 만든다. 그리고 우리는 삶의 기쁨과 슬픔들에 대해 진지하게 생각하게 된다. 위와 같은 경험은 일상적인 생활을 지속하는 데 있어 정신적으로 많은 도움을 주는 것이다. 이런 애환이 풍겨나는 삶의 터전인 현실이야말로 상식들의 치장이 없는 실제와 가장 근접한 곳이기도 하다. 상식과 현실의 괴리 속은 이렇게 사람들의 애환들로 가득 차 있는 것이다.

삶의 슬픔은 언젠가 기쁨이 되어 돌아올 것이고, 기쁨은 다시 슬픔으로 바뀔 것이다. 기쁨과 슬픔은 순환한다. 그런데도 많은 사람들은 짧은 기쁨에도 불안을 느끼기 마련이며, 슬픔에 깊이 빠져들어 헤어 나오기 힘들어한다. 이런 삶의 애환은 대중문화로 승화된다. 특히 우리가 아는 현실이 아닌 진짜 현실의 애환들은 많은 노래로 만들어지고 사람들에게 전해진다. 그 노래는 혼자만이 아닌 많은 이들에게 불린다는 이유만으로 위로가 된다. 노래 가사에 현실의 냉혹함이 여실 없이 드러난다 하더라도 말이다. 모두가 비슷한 상황에 처해 있다는 사실은 큰 안식의 역할을 하는 것이다. 노동요도 마찬가지다. 노래라는 장치를 통해 무의식적으로 잠재되어 있는 내용이 가사로 지어지고, 음의 흐름에 따라 목소리가 내뱉어질 때 큰 힘이 발산하게 된다. 노래를 통한 감정적 자극은 정신을 각성시키기 때문이다. 이런 음률이 갖는 리듬감은 노동의 능률을 올리는 데 효과적일 수밖에 없다. 하지만 더욱 중요한 것은 노동에 참여하는 모두에게 불린다는 사실에 있다. 군가와 민중가요 역시 이런 기제를 통해 그 목적을 달성하고자 한다. 종교적 의식에서 불리는 찬가들 역시 마찬가지다. 종교적 찬가는 그 특유의 거룩하고 고결한 감정을 통해 정신적 고양을 불러일으킨다. 사람들에게 불리는 노래들은 이상과 현실의 괴리에 굴복당하는 것에 대한 순응이자, 그것을 극복하기 위한 반항이다. 삶의 애환이 승화되는 것은 노래뿐만이 아니다. 문학, 연극, 영화 등 대중문화 대부분이 이런 감정적 호소에 기대고 있으며, 이런 격심한 감정과 함께 살아가기 위해 반드시 필요한 인간의 능력이 바로 문화라 할 수 있다. 물론 자본주의 시장에서는 대중문화야말로 상품화의 핵심이기에, 문화적 경험을 통한 감정적 환기 역시 철저하게 자본의 크기에 따라 차별되지만 말이다. 이런 상품의 중요한 역할은 이상과 현실이라는 괴리가 갖는 위험이 발산되거나 폭발하지 않게끔 기능하는 것이다.

　우리가 현실을 올바르게 바라보기 위해서는 상식을 과감히 거둬 내고, 현상을 새롭게 파악하는 작업이 필요하다. 그리고 현실과 상식의 대조를 통해 그 상식으로부터 연역되는 사실들이 그에 부합하는지 면밀히 검토해야 한다. 차라리 새로운 상식을 만들어 내는 것이 가장 좋은 방법일지도 모른다. 마치 인류의 일원이 아닌 것처럼 철저하게 제3자의 입장에서 바라보는 것이다. 아니면 특정한 상황에 자신을 대입하여, 체험하듯 사고하는 것 또한 방법이다. 이는 현실을 왜곡하는 많은 장애물을 간파할 수 있는 훌륭한 방법이지만, 완벽한 방법은 될 수 없다. 그렇기에 이 과정의 반복은 필수적이며, 이는 쉽지 않은 과제가 된다. 그럼에도 우리는 해야만 한다. 상식 뒤의 현실에 누군가의 생명이 걸려 있을 수도 있기 때문이다. 또한 그 누군가는 바로 나 자신, 가족, 친구, 아니면 당신이 될 수도 있다. 따라서 '인간이 존엄하다.'는 상식이 현실에서 그렇지 못하다면 우리는 과감히 다음과 같이 수정해야 한다. '모든 인간은 존엄해야 하며, 그렇지 못한 이에게는 최소한의 존엄을 보장할 수 있는 삶의 기반을 제공해야 한다.'라고 말이다.
　가끔 비극적인 사건을 겪거나 삶을 힘겹게 유지할 수밖에 없는, 도움의 손길이 필요한 사람들을 보고 슬픔에 빠지는 것을 비난하는 사람이 있다. 그런 사람은 슬프고 애석한 감정으로 그들을 동정하는 것이야말로 오히려 상처를 입히는 행위라고 주장한다. 하지만 나는 이 모든 것에 동의할 수 없다. 기본적으로 슬픔은 마음에서 피어오르기에 의식적으로 막을 수 있는 것이 아니다. 중요한 것은 슬픔을 느끼되, 슬픔에만 머물면 안 된다는 것이다. 물론 가장 심각한 것은 슬픔조차 느끼지 못하는 사람들이다. 그런 사람들이 슬픔을 느끼지 못하는 것은 그 상황을 제대로 인식조차 하지 못했을 때 발생하는데, 소위 감정 결함을 타고난다는 사이코패스의 경우를 제외하고는, 제대로 된 상황 인식이 따른다면 누구에게라도 슬픔이라는 감정은 정상적으로 발현될 것이다. 그리고 그 감정은 어떤 누구에게도 상처를 주지 않는다. 그럼에도 슬픔에만 머물면 안 되는 이유는, 슬픔의 감정은 불행하게도 그들이 어떤 상황을 타개하는 데 아무런 도움도 되지 못한다는 데 있다. 모든 사람이 어떤 사람에 대해 슬픔만을 느낀다면, 그 사람은 타인에게 슬픔의 대상이 되는 것 말고는 아무것도 없기 때문이다. 슬픔의 감정만 느끼는 사람은 심지어 자신의 인간성에 탄복하게 되어, 스스로 괜찮은 사람이라는 만족감을 얻기도 한다. 이 얼마나 슬픈 일인가? 우리는 슬픔에만 머물면 안 된다. 그리고 그 사람만을 집중해서 바라봐서도 안 된다. 그의 주변을 둘러봐야 하며, 문제가 생긴 원인을 다각적으로 찾아봐야 한다. 그래야만 건설적인 방향으로 도움을 줄 수 있다. 하지만 스스로 일어나게 해야 한다는 생각에 빠져 아무것도 하지 않는다면, 죽음으로 추락하는 어떤 이를 그냥 방치하는 꼴이 될 수 있다. 좋은 의미의 상식이라도 항상 좋은 결과를 가져오는 것은 아니다.

이런 현실과 상식의 괴리 속에서는 언제나 회의주의가 고개를 들기 마련이다. 시대적 이유든, 권력의 개입이든, 어떤 방식으로든지 상식은 왜곡될 수 있기 때문에 우리는 모든 상식을 낯설게 봐야 하는 숙제를 얻게 된다. 비판적인 시각을 갖는 것은 항상 옳은 것이지만 주의해야 할 점 역시 있다. 모든 것을 비판하고 의심하는 태도는 자칫하면 잘못된 상식과 다름없는 무조건적인 회의를 맹목적으로 받아들이게 하고, 어떤 신뢰도 갖지 못하는 우를 범하게 하기 때문이다. 이런 회의의 끊임없는 굴레는 사람이 두 다리를 내딛고 일어설 땅마저 의심의 대상으로 삼고 말 것이다. 땅이 없으면 사람은 살아갈 수 없으며, 그 존재의 가능성도 사라져 버림을 잊어서는 안 된다. 오직 의심만으로는 아무것도 할 수 없다. 이런 상황은 상식이 아닌 수많은 지식에 대해서도 나타날 것이다. '우리는 얼마나 확신할 수 있는가?'는 또 다른 철학적 문제가 된다.

익명과 상식에 관하여

X

상식과 신념

불현듯 뇌리를 스치는 상념처럼 상식과 현실과의 괴리를 의식하게 되었을 때 우리는 거북함, 긴장감, 불편함으로 표현할 수 있는 복잡한 감정을 느끼게 된다. 그리고 이런 괴리감의 지속은 어떤 의심을 불러일으키며 발걸음을 멈추게 될 것이다. 하지만 상식은 신념을 만들고 강화하여 그 괴리를 메워 버리기에, 우리는 가던 길을 매번 멈추지 않고 걸을 수 있게 된다. 신념은 이상과 현실의 괴리를 믿음으로 대치시켜 버리는 것이다. 상식이 믿음을 계속 만들어 내면, 그 믿음은 쌓이고 쌓여 단단한 신념이 된다. 신념은 상식과 동일한 믿음의 체계이기도 하지만, 상식에서 발전한 신념은 상식의 믿음과는 비교할 수 없는 확고부동한 믿음의 초석이 되는 것이다. 우리는 이런 현상을 불행이나 다행이라고 말할 필요는 없다. 상식과 신념은 인간 인지·사고체계의 산물일 뿐이며, 언제나 신념의 대상과 내용이 문제인 것이다.

무엇보다 신념은 인식체계에서 가능성으로 이루어진 외부 세계를 확고히 하는 역할을 수행한다. 이 세상이 확률이자 가능성이라는 것은 외부의 어떤 것도 확실하게 예측할 수 없고, 확률로서 예측된다 하더라도 그 정확도 역시 확률적으로 계산될 수밖에 없다는 것이다. 이는 현실 세계에서 예상치 못한 어려움이 언제든지 우리에게 닥칠 수 있음을 의미한다. 우리 모두는 항상 발생 가능한 위험에 노출된 채 살아간다. 물론 위험의 가능성은 과학기술의 발달로 상당 부분 낮춰지고는 있지만, 절대 사라지지 않는다. 또한 기존 위험의 가능성을 감소시키기 위한 최신 기술의 적용은 오히려 알려지지 않은 새로운 위험을 야기하기도 한다. 인류문명이 야기한 엄청난 환경재난을 보면, 위험이 새로운 위험을 만들어 낸다는 것은 의심할 필요 없는 확실한 것이다. 어떤 위험은 새로운 과학적 지식이 없다면 미리 발견할 수 없는 것이기에, 현실에서 위험이 발생한 후 긴 시간이 지난 후에야 인지되기도 한다. 이것은 치명적이라 할 수 있다. 물론 과학기술의 발전 과정에서 미리 알 수 있는 위험도 분명히 있다. 하지만 이런 위험들은 영향력을 정확하게 예측할 수 없다는 이유로, 곧 제어 가능할 것이라는 희망으로, 불행하게도 당장은 방치된다. 알려지지 않은 위험들과 여전히 제어할 수 없는 위험들은 늦춰져서는 안 되는 시장의 속도라는 안식처에 숨어드는 것이다. 이런 위험은 일상생활 속의 다양한 영역에 상존하며 우리를 위협한다. 그렇다고 우리가 모든 위험에 주의를 기울일 수는 없는데, 만약 그렇게 한다면 생활 자체가 불가능해지기 때문이다. 사실상 우리를 둘러싸고 있는 모든 것이 위험들의 가능성이다. 그러나 다행히도 상식의 믿음에서 만들어진 신념은 우리를 의심에 빠지지 않게 하고, 위험의 가능성을 덮어두게 함으로써 일상적 생활을 영위할 수 있게끔 돕는다. 만약 위험하지 않을 거라는 확신이 없다면, 우리는 당장 주변의 모든 위험의 가능성들 하나도 빠짐없이 나열해야 할 것이며, 정리된 위험들에 대해 최대한 경험적 사실에 근거한 각각의 예측 확률을 계산하고, 가능성이 높은 순으로 재배열해야 한다. 우리는 그 리스트를 두 손에 쥔 채로 위험 가능성이 가장 높은 것부터 하나씩 체크하며 생활해야만 할 것이다. 위험이 너무 많다는 문제, 그 가능성들을 정확히 예측할 수 없다는 문제, 위험의 종류와 가능성을 파악하더라도 실제 위험은 사라지지 않는다는 문제는 해결되지 않는다. 게다가 알려지지 않은 위험은 고려의 대상조차 될 수 없다. 이것은 현실적으로 불가능한 일이다. 단지, 위험에 대비한 안전 수칙을 미리 수행함으로써 예상 위험을 조금이나마 줄일 수 있다는 것만이 작은 위안이 될 뿐이다.

자신에게 어떤 위험이 당장 닥치지 않을 거라는 믿음은 신념이 되고, 이는 불확실한 외부를 '견고한 세계'라는 확신으로 바뀌게 하면서, 우리는 생각지도 못한 것을 얻게 되었다. 가능성의 세상에 적응하는 수준을 넘어, 때로는 과감하고 용감하게 때로는 무리를 감수하면서도 주체적으로 살아갈 수 있는 인식의 바탕을 얻게 된 것이다. 이는 무의식적인 습관처럼 작동하기에 이런 확신을 일상 속에서 되새기며 생활하지 않아도 된다. 이런 현상은 인간의 무의식이야말로 위대한 것임을 다시금 깨닫게 만드는 부분이다. 물론 이런 종류의 확신이 특정 위험의 가능성을 완전히 사라지게 한다는 것을 의미하지는 않으며, 우리가 모든 위험에 대해 이런 확신을 가지는 것 또한 아니다. 예를 들어 우리는 평소 낯선 건물의 엘리베이터를 어떤 의심도 없이 이용하곤 한다. 우리가 어떤 감정적 거리낌 없이 엘리베이터를 이용하는 것은 정비가 잘 되어 있고, 정상적으로 작동할 것이라는 확신을 갖기 때문이다. 반대로 매우 오래된 건물의 낡은 엘리베이터를 이용할 때는 왠지 모를 불안감에 계단을 이용하기도 한다. 이렇게 외부 대상의 형태를 인식하는 데 있어 불안과 의심을 사는 것은 외부 세계의 견고함에 대한 확신이 무너지는 것이다. 이것 역시 상식적이며 신념의 작동 방식이다. 그리고 이런 상식은 자신을 최대한 보호하는 데 헌신한다. 물론 낡은 엘리베이터를 관찰하지 못하고 무심결에 이용할 수도 있다. 이런 상황은 외부 대상에 대한 관찰과 분석 없이는 특정 대상과 동등하거나 비슷한 것에 대한 일반적 확신을 대체적으로 이어받는다는 의미다.

외부 세계에 대한 신념은 어떤 위험이든 유동하는 가능성을 0으로 수렴시키고, 증폭되지 않도록 고정하는 것이다. 모든 일상 생활이 신념의 대상이 되는 것은 아니지만, 우리는 신념을 바탕으로 일상에서 감정적 거리낌 없이 다양한 활동을 할 수 있게 된다. 또 다른 예를 들어 보자. 우리가 매일 아침 어떤 감정적 동요도 없이 직장에 출근할 수 있는 것은 직장 동료가 나를 죽이지 않을 거라는 확신을 갖기 때문이다. 이는 현실에서 거의 발생하지 않는 매우 극단적인 상황이긴 하지만, 인간의 마음속에는 이런 신념조차 있으며, 우리가 이를 의식하기 어려운 것은 이런 신념들이 의식 아래 조용히 잠재되어 있기 때문이다. 물론 살인이라는 행위는 법으로 제재되어 그에 따른 처벌이 따르기는 하지만, 본인이 살해 당한다면, 살인자의 처벌이 망자에게 어떤 의미를 가질 수 있겠는 가? 최소한 죽음에 이르는 치명적인 위험에 대해서는 법의 견고함 과 강직함의 의미는 반감될 수밖에 없다. 죽음의 위험에서의 회피 는 신념과 확신으로 완성될 수 있을 뿐이며, 이런 확신의 결핍으 로 죽음에 대한 공포에 빠진 사람은 당연히 일상적인 생활을 이어 나갈 수 없게 된다. 공황장애로 고통받는 사람들은 출근뿐만 아니 라 어떤 인간관계도 맺을 수 없는 것이다. 이처럼 신념은 정신을 보호하는 매우 견고한 갑옷이다. 신념이 무너지면 사람은 스스로 파멸하게 되는데, 한 생명의 항상성에 입각해 보면 신념이란 없는 것보다는 오히려 잘못된 것이라도 갖는 것이 더 좋은 것으로 여겨 진다. 실제로 사람들은 자신을 보호하기 위해서 어떤 신념이든 발 전시키고 만들어 간다. 특히 스스로를 지킬 신념이 부족한 사람들 은 어떤 상식과 신념이든 개의치 않고 찾아다니고, 우연찮게 찾아 낸 그 대상을 매우 쉽게 받아들인다. 개인의 삶을 거의 약탈하다 시피 하는 사이비 종교에 빠지는 사람들이 그렇다. 사이비 종교는 이런 심리적 약점을 이용하여, 의지할 신념이 없는 쓸쓸하게 고립 된 사람들을 표고의 대상으로 삼는 것이다.

상식의 믿음, 신념은 일상을 단단하게 만들고 유지시킨다. 이 말은 이런 믿음과 신념의 체계야말로 사람들이 서로 어울려 살 수 있게 하는 핵심적인 요인이라는 것이다. 물론 신념의 충돌이 비 참한 결과를 야기하는 것은 명백한 사실이며, 인류는 이미 잔혹한 역사의 비극적인 주인공이 되었다. 이런 역사는 인간 본성을 그대로 반영하는 것처럼 보이기도 한다. 하지만 집단의 신념 아래에서 발생하는 강한 응집력 그 자체는 선하거나 악하다고 판단할 수 있는 대상이 아니다. 그럼에도 이런 집단성이 야기하는 많은 문제가 인간의 인식과 사고체계의 결과라는 이유로 그냥 방치되어서는 안 될 것이다. 인간은 태생적으로 타고난 정신과 신체적 특질의 노예로 살아가는 것이 아니며, 전 일생에 거쳐 탐구하고 성찰하면서 새로운 가능성을 지속적으로 타진하는 유일한 동물이기 때문이다. 이런 능력이 있는 만큼 인간이 짊어져야 하는 책임 역시 크다고 할 수 있다.

상식의 믿음이 쌓이면 자연스레 신념으로 발전하게 되고, 우리의 일상생활에서 신념과 확신 없이 이뤄지는 일은 없다. 사실 신념 그 자체는 특별히 어렵게 갖게 되는 것은 아니다. 신념은 확고부동한 믿음 전부를 포함하는 것이며, 이런 믿음은 우리가 생각하는 것 이상으로 일상적인 것이다. 신념체계는 자연의 축복으로 태생적으로 타고난 기능이며, 이미 모든 사람은 신념을 가질 수 있기에 살아갈 수 있다. 하지만 이런 일상적인 신념과 확신 중에서도 매우 뚜렷한 영향력을 행사하는 강한 신념이 있다. 이런 신념은 무엇인가 취하고자 하는 방향성을 견고히 하고, 그 동기를 끊임없이 제공하는 원천이 되기에, 단순하게 사고의 영역에 머무는 것이 아닌 일종의 행위의 한 유형으로까지 정의할 수 있는 신념이다. 그리고 이런 견고한 신념 뒤에는 항상 그 신념을 떠받치는 지식이 있다. 신념과 지식의 선후관계는 중요하지 않다. 신념과 지식은 상식을 근저로 발전하는 것이며, 그 성격에 따라 독자적으로 발전하기도 하고, 한 몸처럼 함께 발전하기도 한다. 여하튼 신념이 그에 맞는 지식과 사상적 체계를 갖추게 되면 강한 신념으로 거듭나게 되는 것이다. 강한 신념은 보통 특정 가치에 대립하고 대항하기에, 일상 속의 자연스럽고 일반적인 신념보다 훨씬 드물고 만들어지기 어려운 것이다. 대항하는 대상이 무엇이냐에 따라 강한 신념의 주체는 목숨을 걸어야 하는 경우도 있다. 하지만 진정한 의미의 강한 신념에서는 이런 어려움이야말로 자극과 새로운 동기가 되어 더욱 기세를 올릴 수 있게 된다. 신념이 무너지지 않는 한 행동은 멈추지 않는다. 신념의 대가로 목숨을 바친 이들은 숭고하게 여겨지고, 그들의 이름은 신념의 상징이 된다. 이러한 상징은 많은 사람들을 그 신념 아래 결집시키는 강력한 표지가 되고, 그것은 시간을 초월한 생명력을 갖게 되는 것이다. 그들은 상징을 통해 영원의 세계로 들어섰다고 할 수 있다.

우리가 어떤 신념에 가장 큰 영향을 받고 있는지 알아보기 위해서는 우리의 행동이 어떤 목적에 부합하는 것인지, 얼마나 지속하는지를 유심히 관찰하는 것부터 시작해야 한다. 그 행동을 수행하는 데 있어 만약 어떤 갈등도 발생하지 않는다면, 그 행위는 사회가 지향하는 가치에 부합하는 것이라 보면 될 것이다. 그것에는 망설임이 없다. 오히려 권장되는 것이기에 이런 행동을 지속적으로 추구할수록 심적 갈등은 줄어들 것이다. 신념은 결국 행동을 통해 드러나는 것이며, 신념을 만들어 내는 상식도 마찬가지다. 하지만 일상화된 신념과 상식을 의식하는 것이란 어려운 일이다. 그것을 의식하는 것에 대한 효용성이 별로 없다는 것을 우리의 마음은 알고 있다. 그러나 그 효용성이 아예 없는 것은 아니다. 상식과 신념을 의식하기 위한 노력이야말로 우리 눈을 가리는 장벽을 주시하는 것과 같기 때문이다. 장벽이 보이고 나서야 그 장벽을 우회할 것인지, 아니면 허물 것인지 고민이라도 할 수 있는 것이다. 그 장벽을 보지 못한다면 우리는 어떤 것도 하지 않게 된다.

강한 신념은 어떤 신념보다 큰 영향력을 미칠 수밖에 없는데, 그 영향력은 상황에 따라 칭송을 받기도 하고, 비난을 불러오기도 한다. 우리가 알고 있는 인류 역사의 위대한 업적에 강한 신념이 밑바탕 되지 않은 것은 없다. 강한 신념이야말로 변화의 뿌리이며, 이런 신념이 지금도 진보의 방향을 제시한다고 할 수 있다. 강한 신념이 이런 역할을 할 수 있는 것은 그것만이 비슷한 신념들을 끌어 모으며 거대화될 수 있기 때문이다. 무리를 이룬 신념들은 하나의 신념과는 비교할 수 없는 엄청난 영향력을 발휘하게 된다. 강한 신념과 확신에 넓게는 종교적인 믿음인 신앙도 포함되는데, 신념의 대상이 무엇이든 가능한 반면 신앙은 그 대상이 종교와 신으로 한정되는 것일 뿐이다. 신념과 신앙의 본질적인 성격의 차이는 거의 없다고 볼 수 있다. 그렇기에 강한 신념은 종교적 특성을 가질 뿐만 아니라, 신념이 강해지면서 그 내용 자체가 교리화되는 특징을 갖는다. 인간이 이런 신념체계를 가지고 있다는 것은, 인간은 가능성으로 이뤄진 이 세상에서 종교적 동물이 될 수밖에 없음을 의미하는 것이기도 하다. 또한 이런 신념체계는 대상과 내용을 점차 교조화하여, 강력한 논리 혹은 무력 어떤 것에서든 견뎌 내게 만든다.

위대한 업적과는 반대로 엄청난 파국 뒤에는 잘못된 신념이 있다. 잘못된 신념 역시 잘못된 상식에 대한 믿음에서 탄생하며, 잘못된 지식이 이를 뒷받침한다. 사람들은 우스갯소리로 '무식한 사람이 신념을 가지면 위험하다.'고 말한다. 이는 신념의 강한 추진력은 그 방향의 옳고 그름을 되돌아보지 않고 곧장 질주하게 만들기에, 잘못된 신념에 기반한 행위는 되돌릴 수 없는 만큼 매우 위험하다는 의미다. 이것이야말로 견고하게 굳어진 강한 믿음인 신념에 대해 반드시 엄격하게 분석하고 판단해야 하는 이유다. 신념이 현실 세계에 미치는 정신적이고 물질적인 영향력은 상식보다 한 차원 높은 것인데, 상식의 충돌이 사회적 갈등을 야기하는 수준이라 한다면, 신념의 충돌은 대규모 폭력적 사태도 불사할 수 있다. 상식의 믿음과 신념의 믿음의 결은 동일하지만, 그 강도는 비교할 수 없다. 죽음을 건 신념 앞에서는 어떤 상식도 그 신념을 다그칠 수 없으며, 그만큼 강한 신념의 견고함은 무너지기 어려운 것이다.

누군가는 어떤 신념에 도취되고, 또 다른 누군가는 그 신념에 대항한다. 그 와중에 많은 사람들은 시대의 신념을 받아들이고, 그 안에 포함되어 안위를 얻길 원한다. 굳건한 신념의 시대는 마치 끝도 없이 이어질 것이라 여겨지지만, 인류의 역사는 무너지지 않는 신념이란 없다는 것을 알려 준다. 신념의 충돌에는 엄청난 희생이 따르기 마련이고, 인류의 정신에 엄청난 고통과 상흔을 남긴다. 이런 상황을 빗대어 어떤 철학자는 "강한 신념이야말로 거짓보다 더 위험한 진리의 적이다."라고 말했다. 물론 의도와는 상관없이 이 표현은 정확하지 않은데, '거짓된 강한 신념이야말로 진리의 적'으로 표현하는 것이 더 적정할 것이기 때문이다. 어쨌든 하나의 신념이 물러나면 새로운 신념의 시대가 서서히 도래하게 되는 것이다. 이처럼 인류의 역사는 신념의 역사이자 그에 대항하는 역사라 할 수 있다.

신념은 익명의 암시와 상식이 갖는 성격을 자연스럽게 품고 있다. 상식은 익명의 성격을 이어받고, 신념은 상식의 성격을 이어받는다. 상식보다 강한 신념의 당위성은 현실을 은폐하기 충분하다. 또한 신념은 상식과는 비교할 수 없을 만큼 감정에 크게 호소하는 것이다. 감정이란 생각의 내용과 대상을 마음속에 각인하는 매우 훌륭한 도구라 할 수 있다. 감정이 더해진 생각은 오랫동안 사라지지 않는다. 감정의 호소력이 커진다면 더욱 그렇다. 감정은 생명력을 얻게 한다. 하지만 인간이 모든 감정의 주인일 수는 없다. 익명의 암시부터 살펴본 것처럼 현실 세계에서 추구되는 가치란 결국 권력을 잡은 자들의 가치에서 파생되기 때문이다. 이것은 매우 불쾌한 진실이다. 우리가 살아가는 자본주의 사회에서는 말할 것도 없이 자본에서 그 가치가 만들어진다. 자본은 자본 그 자체를 추구하며 스스로를 신의 자리에 지위시키려 한다. 그리고 이것은 어느 정도 성공한 것처럼 보인다. 자본이 최상위를 차지하게 된 사회가 지향하는 가치는 자본을 위한 상식과 신념으로 점차 굳어지며 강력한 힘을 갖게 되고, 여전히 강화되고 있다.

물론 의식적 영역에 들어선 모든 상식이 무조건 신념화되는 것은 아니다. 소위 몰상식하다는 상식은 신념의 대상에서 탈락된다. 인간의 의식적 영역의 중심인 합리적 이성은 그 나름의 능동성을 가지고 있으며, 절대 무력하지 않다. 무의식에서 올라오는 다양한 생각들의 내용이나 형태는 일괄적이지 않기에, 이성은 신념의 대상에서 몰상식한 상식, 상식의 지위를 잃고 있는 상식, 아직은 상식이 되지 못한 것들을 어느 정도 걸러 낼 수 있는 것이다. 물론 기준의 견고함은 언제나 부족하고, 때로는 예상치도 못한 감정적 격양으로 잘못된 판단을 내릴 수도 있다. 하지만 이성의 능력은 정체되어 있지 않으며, 환경의 영향과 개인의 노력에 따라 충분히 성장할 수 있다. 물론 이는 퇴화하는 것이기도 하다.

한 사회의 다양한 신념들은 그 사회의 성격을 표면화하는 일종의 페르소나와 같다고 할 수 있다. 한 개인이 다른 개인들 혹은 집단들과 관계할 때 갖는 사회관계적 특성인 페르소나는 하나의 사회에도 적용되는 것이다. 한 사회가 다른 사회 혹은 개인과 관계할 때 필요한 사회적 페르소나는 사회의 신념이 무엇이냐에 따라 표출되는데, 한 사회의 페르소나들은 거대 익명의 대척점에 있으면서 현실 속의 다양한 형태로 그 모습을 드러낸다. 사회적 관계 특성인 페르소나는 사회 내부적 요인들로 인해서만 만들어지는 것이 아니라, 다른 국가, 사회, 공동체와의 관계성의 영향 아래에서도 형성된다. 이것은 페르소나만의 특성인데, 개인이 어떤 조직에서 주어진 역할에 부응하기 위해 요구되는 특질을 더욱 강화하는 것과 마찬가지다. 즉, 하나의 사회 역시 다른 사회와의 관계에서 요구되는 특질에 따라 특성 중 일부를 매우 강화시키거나 축소시키면서 사회적 페르소나를 만들어 간다. 그리고 개인들이 관계적 특성의 핵심구성체인 것과는 상관없이, 한 개인은 사회 관계적 특성 중 가장 강력한 사회적 페르소나에 귀속되는 상황을 겪게 된다.

기본적으로 사회와 사회, 국가와 국가는 공동의 이익이라는 목표 아래 모든 사안에서 주도권을 놓고 경쟁하는 관계에 놓인다. 현실에서 사회 간 관계는 양자 간 관계를 넘어선 다자 간 관계로 복잡하게 얽혀 있다. 단일 사회에서도 내부의 다양한 신념으로 다양한 관계성이 표출되는데, 이런 신념들은 서로의 인력을 통해 하나로 뭉치게 된다. 인력이란 말 그대로 서로를 끌어당기는 힘이다. 인력이 크다는 것은 믿음의 크기가 더 강한 것을 말하며, 믿음의 크기는 믿음의 주체인 사람의 수나 현대 사회의 최상위 가치인 자본의 규모에 의해 결정된다. 수많은 신념을 흡수하여 큰 무리의 중심에 서기 위해서는 카리스마적인 상징들이 동원되기도 한다. 이런 신념의 무리가 갖는 힘이 어마어마하게 커질 것이라는 것은 누구나 예상할 수 있다. 가장 큰 신념의 무리는 작은 신념의 무리를 손쉽게 제압해 버리지만, 자신과 비슷한 힘을 갖는 신념이 상반된 가치를 신봉한다면 강한 충돌을 피할 수 없다. 헤게모니^{Hegemony}를 위한 투쟁은 지속되고, 결국 승리한 신념의 무리는 그 사회의 대표적인 페르소나로 즉위한다. 그리고 거대한 신념의 무리, 신념의 집합은 각종 권력을 장악하면서 이념^{Ideologie}이 된다.

XI

마음에서 이념으로

한 사람의 마음. 그 작은 마음속에는 끝없이 펼쳐진 거대한 바다가 있다. 넓은 바다는 고요하면서도, 소란스러운 폭풍우가 몰아친다. 물론 고요한 하늘에 폭풍우가 몰아 칠 리는 없다. 넓은 바다의 한쪽은 평화롭지만, 다른 한쪽에서는 강한 비바람에 거대한 파도가 넘실거리는 것이다. 바다는 그만큼이나 넓다. 위태롭게 떠있는 한 척의 배는 한 사람의 의식이다. 우리의 의식은 격랑 속에서 어지럽게 흔들리지만, 다행히 침몰하진 않는다. 한 사람의 마음속의 바다는 하나의 점이다. 하나의 점은 감정을 느끼고, 생각하고, 행동한다. 이런 점들이 모여 빼곡해지면, 점들의 무리는 정신적이고 물질적인 기반들을 요구하고, 서서히 이를 갖추게 된다. 이제 그 무리는 하나의 사회로 성장하는 것이다. 점들은 다른 점들과 다양한 목적 아래에서 관계를 맺고, 점과 점 사이에 이어지는 수많은 관계는 거대해지며 고유한 성격을 갖게 된다. 사회 구성원들의 관계성에서 탄생한 거대 익명은 그 사회가 지향하는 가치를 구성원들에게 지속적으로 암시한다. 익명은 불안과 안식이라는 감정을 동시에 암시하면서 사회의 존속을 확고히 하려 한다. 그리고 지속되는 암시는 의식의 영역에 이르러 상식이 된다. 상식은 감정에 호소하며 당위성을 갖는다. 이런 상식의 믿음이 쌓이고

익명과 상식에 관하여

강화되면 신념이 된다. 신념은 무엇보다 단단한 것으로, 상식과 신념은 이를 추종하는 사람들로부터 실체적인 힘을 얻을 수 있다. 강한 신념의 힘은 비슷한 신념들을 끌어모으며 더욱 거대해지고, 그 무리는 이념으로 진화한다. 이것은 가능성의 세계라는 바탕 위에 인간이라는 하나의 점에서 거대한 이념까지의 여정을 설명하는 익명과 상식의 체계인 것이다.

이 체계는 현실적 필요에 따라 믿음이 발생하게 되는지 아니면, 믿음에 따라 필요가 발생하게 되는지 헷갈릴 정도로 혼잡하게 얽혀 있다. 하지만 종국에는 이것조차 의미를 상실해 버릴 것이다. 어쨌든 이념이란 익명과 상식의 숙명적인 결과이며, 이념이 숙명적인 것은 익명과 상식 역시 숙명적인 것이기 때문이다. 만약 사회성과 종교성 없이 인간을 설명할 수 있다면, 이념은 필요하지 않을 뿐만 아니라 그 개념조차 없을 것이다. 개인이 아닌 한 명의 인간으로 독자적으로 살아갈 수 있고 동시에 죽음의 비밀을 풀어낼 수 있다면 모든 상황은 완전히 바뀔 것이지만, 그런 상황은 오지 않는다. 만약 그런 사람이 등장한다면 그는 이미 인간이라 불릴 수 없을 것이다.

마음속의 바다에서 출렁이는 파도야말로 세상의 시작이다. 그리고 이 세상은 수많은 작은 점들이 뭉쳐져 만들어진 이념에 도착하게 된다. 한 인간의 감정적 동요는 이념을 구성하는 가장 작은 원자인 것이다. 물론 이념이 형성되기 위해서는 그 밑바탕인 강한 신념이 필요하다. 그렇다고 이념을 강한 신념의 결정체로만 보아서는 안 되는데, 신념은 상식에 기반을 두며, 상식은 익명에 기반을 두고, 익명은 한 사람의 마음에 기반을 두기 때문이다. 그리고 사람들이 맺는 관계성이야말로 그 사회가 갖는 특유의 성격을 규정하는 것이다. 여기서 우리가 주의를 기울여야 하는 점이 있다. 믿음의 작은 체계인 마음에서 거대한 이념에 이르는 길을 걷는 동안, 우리도 모르게 한 명의 개인을 과소평가하려는 경향을 갖게 된다는 점이다. 집단은 개인으로 구성되어 있음에도 개인들의 다양한 개성을 어느 정도 일원화하고 통일해야 하는데, 이런 과정에서 개인의 특질을 오히려 장애물로 취급하는 경우가 발생하기 때문이다. 전체를 분석할 때는 그것을 이루는 원자의 특질을 최대한 담을 수 있는 분석 도구가 필요하며, 한 사람의 마음은 모든 것을 인지하고 사고하는 주체라는 점에서 매우 중요한 것임을 잊으면 안 된다. 무엇보다 분석자 역시 한 명의 사람이자 개인이기 때문이다. 이념이라는 매우 거대한 지식이자 신념체계를 대하는 데 있어 이는 더욱 강조되어야 한다. 이런 기본적인 태도가 바탕이 되지 않는다면, 이념의 지도를 그리더라도 그 의미를 파악하는 데 한계를 가질 수밖에 없을 것이다.

이념의 지도는 일차원의 점에서 시작한다. 그 점은 어떤 대상에 반응하여 감정을 느끼는 한 사람의 마음이다. 사람들이 늘어나고, 모이기 시작한다. 수많은 점은 기본적으로 정규분포^{Normal Distribution}를 이룬다. 평균을 중심으로 좌우로 늘어진 종 모양은 사람의 마음들이 어우러진 모양을 나타낸다. 이념의 지도 중심에는 판단의 기준점이 있다. 그 기준인 근본적 감정은 인간에게 주어진 가장 빠른 직관적 판단 능력인데, 긍정과 부정, 맞다와 틀리다, 좋다와 나쁘다 등의 선호가 근본적 감정을 통해 거의 즉시 판단된다. 이런 가치의 판단기준은 언제나 상대적이고 특수적인 상황에 놓여 있다고 할 수 있다. 우리의 감정은 일반적이거나 보편적일 수 없는 것이다. 자신을 불쾌하게 만드는 대상도 자주 접하면 그에 대한 감정도 무뎌지고 바뀌는 것처럼, 자신의 감정이 언제나 한결같을 것이라 생각하는 것은 큰 착각이다. 이렇게 감정처럼 과녁의 중심이 고정되어 있지 않다면 어떻게 활시위를 놓을 수 있겠는가? 어떤 것이든 보편이라는 목적 아래 그 기준을 정하는 것은 인간에게 가장 어려운 과제다. 그럼에도 우리는 이미 사회화를 거치면서 어느 정도 통용되는 가치 기준으로 표준화된 긍정과 부정의 감정을 느낄 수 있고, 이를 의식적으로 받아들일 수 있기에 어려움 없이 일상생활을 이어 나갈 수 있다. 하지만 한 사람의 마음부터 시작하는 이념의 지도를 가장 처음 그릴 때 감정적 경험은 전무할 것이기에 그 기준점을 정확하게 찍는 것은 불가능할 것이다. 그럼에도 이념의 지도를 만들기 위해서는 나중에 수정하더라도 그 중심에 점을 그려 넣어야 한다. 그리고 그 점은 가장 많은 사람들의 마음이 분포하는 중심이 될 것이다.

대세적인 감정의 판단은 사회적 기반들을 구성하는 데 결정적인 영향을 끼친다. 사회라는 건물의 단단한 외피인 법은 상식과 신념의 명문화 과정 속에서 발전하고, 상식은 감정적 판단에 기반하므로, 사회의 정신적 구조는 물론 법을 통해 확고해지는 물질적 구조들 역시 감정의 결과물로 볼 수 있다. 물론 지금까지 살펴본 것처럼 모든 것이 계획 아래 완벽하게 작동하는 것은 없다. 사람들이 모이고 관계를 형성함에 따라 자연스레 거대 익명이 출현하기 때문이다. 사회가 고도화됨에 따라 권력의 무게는 점차 커지고, 사람들은 권력의 힘에 끌어당겨진다. 사회는 권력의 무게로 편향되고, 사회 구성원인 개인들은 익명의 암시 속에서 억압받게 된다. 그리고 개인은 사회의 기대에 부응하기 위해 스스로에게 채찍질을 가한다. 물론 이런 과정 자체가 선악의 판단이 될 수 없다. 이것은 인간이 집단을 이루는 과정에서 발생하는 익명과 상식의 작동 방식일 뿐이기 때문이다.

인간 무리는 다양한 가치가 충돌하는 세상에서 삶을 꾸리게 된다. 확률과 가능성의 방식으로만 드러나는 세계는 수많은 가치를 만들어 내고, 그 가치들은 나름대로 불확실성을 타파하기 위해 부단히 노력한다. 동시에 이런 불확실함은 다양한 상식과 신념에 반드시 필요한 전제조건이 된다. 그리고 특정 가치를 신봉하는 신념의 무리는 다양한 경향을 갖게 되는데, 특히 매우 강한 경향적 사고는 다른 것들을 하나둘씩 통합하며 거대한 사상적 흐름을 만들어 낸다. 이 흐름 중 하나는 '개인적 가치와 사회적 가치'를 지향하는 사상의 원류이고, 두 번째는 '진보적 가치와 보수적 가치'를 지향하는 사상의 원류이다. 우리는 이 흐름을 두 개의 축으로 하여 이념의 기본적 성격을 간단하게나마 살펴볼 것이다.

[이념의 축]

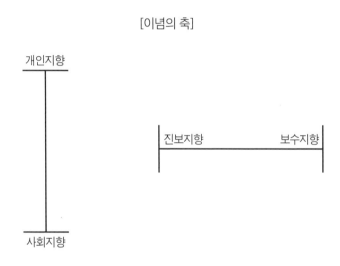

이념적 가치 구분의 첫 번째 세로선을 먼저 살펴보도록 하자. '개인과 사회'라는 선을 '진보와 보수'라는 선보다 먼저 다루는 것은 기본적으로 내용이 간단하고, 상대적으로 간단한 내용이 조금이라도 먼저 도래했을 여지가 크기 때문이다. 그리고 '개인이 우선이냐?' 아니면 '사회가 우선이냐?'는 질문은 공동체의 존재 그 자체와 연관된 질문이기에 먼저 제기되었을 가능성이 높은 반면, 진보와 보수는 공동체의 변화와 관련되어 있다. 또한 의문을 갖는 주체는 언제나 개인으로 개인이 포함된 '개인과 사회'의 가치 지향

의 의문이 우선되었을 것으로 생각할 수 있다.

　개인이나 사회를 우선하는 가치를 막연하게 떠올리는 것이 쉬운 일은 아니다. 언제나 개인적 차원의 영향과 사회적 차원의 영향은 함께 발생하기 때문이다. 어떤 일에 대한 원인이나 결과는 사회의 외부·환경적 요인에 의해서도, 그 일을 행한 사람의 기질적 요인에 의해서도 충분히 달라질 수 있다. 즉, 현실의 다양한 실체적 현상들을 사례로 일반 원칙을 세우는 것은 불가능하고, 반대로 일반 원칙으로부터 현실의 실체들을 연역한다면 언제나 그 원칙을 반박하는 사례를 만나게 된다. 어떤 방향으로든 한계에 부딪히게 되는 것이다. 그러므로 현실의 실체적 현상을 탐구하는 것과 함께 개인들의 생각의 경향성을 중심으로 사회의 주류를 형성하는 가치 모두를 추론해야 한다. 다양한 가치에 대한 인식과 선호 수준에 대해 직접 조사하는 방법과 다양한 현상을 통해 그 가치를 유추할 수 있는 방법이 동시에 요구되는 것이다.

　개인 혹은 사회를 지향한다는 의미를 이해하기 위해 다음의 사례를 살펴보자. 어떤 사람이 너무 배가 고파서 빵을 훔쳤다.(어느 사회든 절도는 법의 처벌 대상이다.) 어떤 사회는 그 죄를 개인의 잘못으로만 판단하여 징역 3개월을 선고했고, 또 다른 사회는 개인의 잘못 역시 있지만, 사회 복지제도의 미비한 점을 감안하여 1주일 동안 구치하는 낮은 형벌을 내렸다. 그렇다면 각 사회가 지향하는 가치는 무엇인가? 첫 번째 사회는 개인적 가치를 더 지향하고, 두 번째 사회는 사회적 가치를 더 지향한다고 볼 수 있다. 이런 가치 지향은 절대적인 기준을 갖지 않고 서로 상대적으로만 평가될 수 있는데, 만약 두 번째 사회보다 사회적 가치를 더욱 지향하는 사회가 있다면 그곳에서는 형벌이 아예 내려지지 않았을 수도 있다. 개인과 사회 가치 지향은 '벌'뿐만 아니라 '상'에 대해서도 마찬가지다. 어떤 사회에서 경제적으로 성공하여 부를 누리는 사람이 있다고 하자. 그 사람은 뛰어난 정보력과 결단력으로 첨단기술 기반의 제품을 생산하는 회사를 성공적으로 설립하고, 지금은 시장을 독점하며 엄청난 돈을 벌고 있다. 국가는 이 회사에 세금을 징수하는데, 이 세금의 수준으로 어떤 가치를 지향하는지 비교할 수 있다. 만약 개인적 가치를 지향하는 사회라면 사업의 성공에 사업가 개인의 노력과 능력이 큰 영향을 미쳤다고 판단하여 상대적으로 낮은 세금을 부과할 것이고, 반대로 사회적 가치를 지향하는 사회는 사업가의 성공에 대해 개인의 능력은 인정하면서도, 사회적 배경이나 공공자산이 없었다면 그 성공의 가능성은 낮아졌을 거라 판단하여 상대적으로 높은 세금을 부과할 것이다. 특히 지식은 인류의 위대한 자산이라 불리는 것처럼, 한 개인의 능력으로는 정립될 수 없는 것이다. 그리고 회사의 성장에 유리하게 작용한 여러 요인들에는 의도하지 못한, 즉 운이 좋았던 부분이 있기 마련인데, 개인적 가치를 지향하는 사회는 운 역시 능력의 범주로 보는 경향이 강한 반면, 사회적 가치를 지향하는 사회는 운이란 능력과 상관없는 것으로 운에 따른 이익은 다른 구성원들과 나눠야 한다고 주장한다. 이렇게 다른 태도는 기업으로부터 거둬들이는 세금의 수준으로 유추할 수 있다. 여기서 세금의 비교는 단순 명목세율이 아닌, 각종 공제와 감면조건을 적용한 실효 기준으로 각 사회를 수평적으로 비교해야 하며, 시간적 흐름에 따른 실효세율의 추이로 사회가 지향하는 가치가 시대적 배경에 따라 어떻게 변화하였는지까지 관찰할 수 있다. 물론 통계적 상관성은 논리적 인과성의 필요조건으로, 실효세율의 장기적 추이에 영향을 미치는 다양한 요인을 추가적으로 분석해야만 올바른 판단을 내릴 수 있을 것이다.

　개인과 사회라는 가치 지향은 어떤 행위가 야기하는 결과가 어떠하든, 행위 주체자의 기여와 사회의 기여의 비율을 어떻게 봐야 하는가에 대한 문제다. 이런 이념적 가치 지향의 판단은 결국 그 기준점이 어떤 비율로 정해져 있는지에 달려 있다. 기준점은 다양한 사회의 평균 수준으로 잡는 것이 대표적인 방법이지만, 시대적 흐름에 따라 기준점 자체가 변하는 것 또한 염두해야 한다. 개인적 차원에서 어떤 가치 지향을 갖는지 알아보는 가장 쉬운 방법은 본인의 경험을 빗대어 생각해 보는 것이다. 하지만 사람이란 타인보다는 자기 자신에게 관대한 경향을 갖기에, 정확한 판단을 위해서는 상황을 구체적으로 설정하고 냉정하게 사고해야 한다. 간단하게 자신이 겪었던 성공이나 실패의 상황에 내가 아닌 다른 사람들을 대입하고 그 결과를 예측해 보자. 만약 본인의 위치에 다른 사람들을 대입해도 원래와 크게 다르지 않은 결과가 더 많이 도출된다면, 개인 지향성보다 사회 지향성이 더 크게 영향을 미친다고 볼 수 있다. 이와 결과가 반대라면 당연히 개인 지향성이 더 큰 것이다. 이런 상황의 해석들을 종합하여 개인이나 사회에 대한 가치 지향성을 추론할 수 있다. 다만, 이런 사고실험은 간단한 만큼 반복적으로 수행하여 정확도를 높여야 한다. 그리고 반대로 타인들의 다양한 상황에 자신을 대입해 본다면, 자신의 가치 지향을 조금 더 정확하게 추론할 수 있는 많은 사례들을 얻을 수 있을 것이다.

'개인과 사회' 다음에는 '보수와 진보' 지향이라는 이념의 축을 그려 보자. 보수는 사회의 새로운 변화보다는 전통적인 것을 옹호하는 태도를, 진보는 무엇보다 변화와 발전을 추구하는 태도를 의미한다. 물론 이런 단순한 정의로는 보수와 진보를 제대로 설명할 수 없다. 전통적인 것을 지키는 것이 변화를 거부하는 것이 아닐 수 있고, 변화를 추구하는 것이 전통적인 것을 멀리하는 것이 아닐 수 있기 때문이다. 보수와 진보는 각기 과거와 미래에 더욱 큰 주안점을 두는 것이라 할 수 있는데, 과거와 미래는 연결되는 것이지 서로 단절시키는 것이 아닌 것처럼, 보수와 진보의 가치가 무조건 배격하는 것이라 볼 수 없다. 좌우 가치는 특정 사안에 대해 애초부터 전혀 다른 방향성을 추구하기보다는, 동일한 방향성을 갖되 그 방법에 대해 다른 시각을 갖는 경우가 대부분이다. 동일한 방향과 수단이 공유될 때는 추진 강도의 상대적인 차이로 보수와 진보가 규정되고, 이것은 충분히 대립할 수 있는 요인이 된다.

그렇다면 보수가 지향하는 전통적 가치라는 것은 무엇일까? 그것은 지난 시대에서 이어오는 다양한 양식 중 현재 시점에서도 권장되어야 할 만큼 중요시되는 것들을 통틀어 말하는 것이다. 이런 전통적 가치는 현재와 과거라는 시대적 성격 아래 놓여 있으므로, 어느 시점이냐에 따라 그 가치는 달라질 수밖에 없다. 변화를 추구하는 진보적 목소리 역시 특정 시점의 전통적 가치에 따라 그 내용이 다를 수밖에 없는 것은 마찬가지다. 시간이 흐르면서 보수적 가치에 격렬하게 대립하던 진보적 가치가 시대의 주류로 편입되고, 진보적 가치는 보수적 가치로 점차 굳어지며 다시 새로운 시대가 시작된다. 그리고 또다시 변화를 추구하는 목소리가 들려오고, 그 목소리들이 모여 진보적 가치를 추구하는 집단을 이룬다. 어느 시대건 안정을 추구하는 자들과 변화를 갈구하는 자들은 공존하기에 충돌은 피할 수 없다. 그리고 그 속도가 빠르건 늦건, 어떤 방향으로 향하든 간에 사회는 움직이고 변화하게 된다. 이것으로 우리가 확신할 수 있는 것은 변화가 일어나지 않는 완벽한 시대의 완벽한 사회는 인류 역사에서 찾아볼 수 없으며, 그렇게 알려진 것이 있다면 그것은 인간의 무의식이 만들어 낸 환상에 불과한 것이다. 여하튼 현재 시대에서 전통적 가치라는 이름으로 포장되는 다양한 수사들은 보수와 진보를 이론적으로 정의할 때에만 유용할 뿐이다. 전통적 가치에는 한 단어로 표현될 수 없는 온갖 생활양식들이 포함되어 있기에, 이것은 가치의 해석에 오해를 불러일으키기 쉽다. 보수주의와 진보주의의 개념을 명확히 하기 위해서는 먼저 각 이념이 가장 옹호하는 것이 무엇인지 살펴보는 것이 필요하다.

자본주의 시대와 맞물린 현대의 좌우 이념 갈등은 무엇보다 자본 배분에 관한 정치적 입장에 집중되어 있다. 좌우 상관없이 받아들여지는 전통적 가치는 더 이상 이념의 특성에 개입하지 못한다. 지금의 보수주의는 무엇보다 자본의 기득권을 유지하려는 가치인 것이다. 그에 대항하여 진보주의는 자본의 기득권을 깨길 원하는 가치다. 보수주의는 20세기 말 확실하게 승기를 잡은 자유주의시장의 이론을 매우 강하게 옹호하는데, 거대 자본이라는 전리품을 차지한 자유주의시장의 승리자가 시장 논리를 거부하는 것은 자신의 지위와 업적을 스스로 부정하는 것과 다름없기 때문이다. 보수주의자들에게 모든 성과란 개인의 능력에서 좌우되는 것이며, 능력에서 가장 중요한 것은 개인의 강한 의지와 노력이다. 또한 보수주의자는 시장에 대한 정부의 어떤 개입도 거부하는 태도를 취하는데, 이는 개인의 능력을 자유롭게 발휘하지 못하게 할 뿐만 아니라 시장을 임의적으로 왜곡하는 부정한 것으로 이해하기 때문이다. 즉, 자유란 자유의 주체가 전적으로 결과의 책임을 지는 것으로, 개인의 자유로운 선택에 어떤 방해도 가해서는 안 되며, 자유를 최대화하는 것만이 인류를 풍요롭게 함과 동시에 진정한 행복을 가져올 것이라고 주장한다. 자본주의 시장이 자유라는 문구를 엄청나게 선전하는 것은 삶의 팍팍함에 시달리는 많은 사람들이 자본이 평등하게 분배되지 않는 것에 가장 큰 불만을 품었기 때문인데, 평등이라는 가치의 논리에 대적할만한 것은 자유 밖에 없었다. 이것은 평등이라는 창을 들고 전진하는 적을 자유라는 방패로 막아선 것이나 다름없었다. 평등에 대한 논리적 설득력이 강해지는 것만큼 보수주의자들도 자유에 대한 예찬에 갖가지 논리를 쏟아 내며 그 나름의 설득력을 쌓아 갔다. 보수주의자들은 책임을 회피하는 가장 좋은 방법인 스스로를 피해자로 만드는 방법을 사용했는데, 자유로운 경쟁이 생명인 시장에서 결과적 평등을 구현하는 것은 시장의 소멸을 의미하는 것이며, 시장의 적과 다름없는 평등을 내포하는 가치들은 개인의 행복을 진전시키는 데 전혀 도움이 안 될 뿐만 아니라 오히려 행복을 박탈하는 것이라고 말이다. 하지만 자본주의 신화는 마르크스^{Karl Heinrich Marx}에 의해 철저하게 부정당했다. 그가 정립한 공산주의 이론은 자본주의 시장이란 노동자를 착취의 대상으로 삼아 상품의 잉여 이익을 자본가가 독점하는 체제이며, 자본의 불평등은 자본가의 횡포로 발생하기에 모든 노동자가 결집하여 프롤레타리아 혁명을 이루고, 생산수단을 공유화하여 모두가 평등한 세상으로 나아가야 함을 주장한다. 모두가 계급이 없고 평등한 세상에서는 필요에 따라 얻으며 능력에 따라 일하게 될 것이라는 다소 이상향적인 이론이다. 하지만 가혹한 자본주의 시장논리아래에서 공산주의는 큰 결집을 이루어 내고, 결국 진보적 가치의 선봉장이 되었다. 물론 소련과 동구권 공산주의 국가의 실패는 현실에서의 공산주의 시장이론의 한계를 명확히 드러낸 것이며, 이제 대부분의 사회에서는 자본주의 원리를 밑바탕으로 시장이 운영되고 있다. 지금은 자본주의 시장에서 부의 재분배를 위한 정부의 시장개입 수준과 태도로 진보와 보수가 구분되는 것이 일반적이다.

다소 이상적인 공산주의적 평등이라는 가치 지향점 이외에도 자본 배분에 대한 정치적 입장 차이는 휴머니즘^{Humanism}에서도 발생한다. 휴머니즘이란 인간에 있어 인간이라는 존엄성 외 어떤 것도 특별한 가치로 인정하지 않는 것을 말한다. 휴머니즘에 입각하면 사람들의 국적이나 인종, 종교 어떤 것도 문제시될 수 없고, 모든 인간은 동등하게 대접받아야 하는 존재로 인정된다. 이런 휴머니즘에 대립하는 것이 바로 국가집단주의라 할 수 있다. 전쟁을 거친 세대들은 전통적 가치수호와 집단에 대한 강한 지향성으로 자연스럽게 국가주의에 가까워지며, 기업가들과 함께 보수적 가치를 지향하는 하나의 천막 아래 모이게 된다. 하지만 보수주의가 강한 애국심과 집단지향, 자유시장주의에 대한 선호에 의해서만 발생하는 것은 아니다. 실업자를 양산할 수밖에 없는 자본주의 시장 체제에서 잉여 노동 인력들은 외국인 노동자가 자신의 일자리를 빼앗는 행태를 고발하며, 그들의 강제 추방을 요구한다. 그리고 그들과 일자리의 위협을 느끼는 자들은 강한 국가주의에 편입되어 보수주의자가 된다. 그들의 동기는 애국심 따위가 아니다. 그들의 목표는 자신의 생계를 위한 일자리를 확보하고 유지하는 것이며, 이를 위해 집단 지향이 강한 보수주의를 선택하게 되는 것이다. 시장의 규제 완화를 외치며, 강력한 구조조정으로 인력감

축을 원하는 기업가들이 자신의 이익을 위해 노동자들과 정치적 목표를 함께하는 동지가 된다는 것은 분명 역설적인 상황이다. 여하튼 보수주의는 대상이 무엇이든, 크고 작음을 떠나 지키고자 하는 자들의 이념이다.

반면 진보주의자들은 그들의 삶의 터전을 자유주의 시장에 내주고 있는 상황을 극복이라도 하려는 듯 휴머니즘에 입각한 평등을 강하게 주장한다. 진보주의자들은 외국인 노동자 확대에 대해 찬성의 입장을 보이며, 그들도 같은 인간이므로 차별의 근거는 어디에도 없다고 생각한다. 개인의 가치는 인권에 기반한다고 판단하기에 외국인에게 관대하며, 공식 절차를 거치지 않는 난민의 수용에 대해서도 비슷하다. 언론에 보도되는 난민에 대한 각종 사건 사고들은 사실이더라도 과장된 것으로 여기는데, 일부 급진적인 진보주의자들에게 언론이란 기득권을 차지한 보수주의자들의 강력한 선전 수단에 불과하기 때문이다. 그들 대부분은 대학 이상의 학력으로 인간중심적 평등의 가치에 대한 학습이 잘되어 있다. 물론 학력 수준이 지속적으로 높아짐에 따라, 이런 차이점은 점차 사라지고 있지만 말이다. 그럼에도 상대적으로 높은 취업성공률은 외국인 노동자를 적대시할 가능성을 낮춘다. 그들은 또한 전쟁을 겪은 세대의 자녀 세대들로 집단에 대한 지향보다는 개인주의적 성향을 좀 더 짙게 나타내고 있으며, 부의 불평등에 분노하며 자본주의 시장에 사회적 정의가 이뤄져야 한다고 목소리를 드높인다.

현대 사회의 진보라는 가치에는 휴머니즘에 입각한 평등의 영향력이 커지고 있다. 하지만 인권 문제와 관련하여 공산주의 국가와 분단 중인 한국에서는 정반대의 모습이 나타난다는 것은 매우 흥미로운 점이다. 진보주의자들은 북한의 인권 문제를 크게 문제 삼지 않는 한편, 보수주의자들은 이를 강조하고 심각한 문제로 보기 때문이다. 하지만 이런 상반된 태도는, 진보주의자들은 북한과의 원만한 관계를 위해 그 치부를 국제적인 이슈로 만들지 않겠다는 목적으로, 보수주의자들은 인권 문제에 개입하여 북한체제의 야만성을 드러내기 위한 목적으로 발생한다. 인권을 대하는 이념적 태도는 정치적 목적에 맞게 달라질 수 있음을 보여주는 사례다. 어찌 되었든 보수와 진보의 이념 대립은 자본의 기득권과 그에 대한 불만이라는 공식에서, 시장의 자유와 부의 평등이라는 대립으로, 국가중심과 인본중심의 대립으로 굳어지고 있다. 이것은 현재의 진보와 보수의 성격을 가장 잘 보여 주는 가치의 대립이라 할 수 있다.

하나의 왕좌를 놓고 대립하는 가치들이 만들어 내는 부작용은 우리가 생각하는 것보다 훨씬 심각한 것이다. 그것은 각 이념이 상대 이념과의 세력 경쟁에서 이기기 위해 적합한 근거에 기반한 논리를 세우기보다는 '반대를 위한 반대'로 일관하기 때문인데, 이런 식의 반대를 위한 논리는 어떤 식으로든 이념적 지향에 끼워 맞춰진다. 이념이란 강한 신념의 체계로 논리적 빈약함을 쉽게 덮어 버릴 수 있는 것이다. 이것은 진보나 보수 어느 한쪽에 국한되는 문제가 아니다. 정치집단이 우월한 성과를 낸다는 것은 누구도 인정할 만한 우수한 실적을 거두는 것임에도, 그것이 매우 어렵다는 이유로 경쟁 정치집단의 잘못을 들춰내기 바쁜 것이다. 상대방의 공격에만 집중하는 것은 어느 모로 보나 효과적인 방법이다. 성과를 내지 않아도 될 뿐 아니라, 상대의 잘못으로 국민의 반발을 유도하고, 득표하는 것이 어떤 일을 벌이는 것보다 훨씬 수월하기 때문이다. 그렇기에 대립하는 정당들은 온갖 이유를 갖다 붙이며, 반대를 위한 반대로 상대방이 정치적으로 열등하다는 것을 폭로한다. 그리고 이에 맞서 대립하는 정당 역시 그런 폭로야말로 스스로 열등한 것을 인정한 셈이라는 똑같은 논리로 맞선다. 정치적 혐오를 부추기는 이런 공방은 지속되고, 종국에는 모두 열등한 채로 남게 된다. 정치는 공동체를 하나로 묶기 위한 사회 의식적 영역의 핵심 기능이지만, 정치세력의 확장을 위해서는 정치적으로 대립해야 할 적이 반드시 있어야 하고, 없다면 만들어 내기라도 해야 하는 역설적인 상황에 빠진다. 정치가 사회의 다양한 층위의 분열과 충동을 반영해야 하는 것은 지당하지만, 지금은 오히려 정치세력의 분열이 실제 사회의 분열보다 심각한 것처럼 보이기도 한다. 분열이야말로 정치 세력을 확장하는 데 없어서는 안 되는 힘임을 인정하더라도, 극단적 정치적 분열은 갈등을 넘어 사회를 파멸로 이끌 수 있는 치명적인 것이다. 이렇게 다양한 가치와 감정이 분열적으로 자리 잡고 있는 익명의 모습이 정치의 영역

익명과 상식에 관하여

에도 그대로 반영된다. 어쩌면 반대를 위한 반대는 우리가 이미 체화하고 있는 감정의 중요한 작동방식 중 하나일지도 모른다.

진보와 보수의 가치가 모든 것을 두고 대립할 수는 없다. 실패로 끝난 공산주의 시장경제를 주장하는 사람은 극단적 진보주의자들밖에 없으며, 그마저도 목소리가 작아지고 있다. 물론 공산주의 시장의 실패가 공산주의적 윤리, 정신의 실패는 아니라고 주장하는 진보주의자들은 여전히 많은 가운데, 개인의 자유를 완전히 억압하는 시장에서의 적정한 경제성장을 기대하기는 어렵다는 것을 모두 인정하고 있으며, 이런 시대의 흐름 속에서 가치의 기준점 또한 변화하고 있다. 좌우가 대립하지 않는 또 다른 주제가 있다면 바로 환경문제이다. 지구온난화에 따른 이상기후와 전염병의 확대는 이제 이념을 가리지 않는 주제가 되었다. 이것은 인류 전체의 심각한 위기로 인식되고 있으며, 이를 해결하기 위해 많은 국가들이 어마어마한 예산을 투입하고 있다. 물론 그 과정의 방법과 속도에 대한 이념적 차이는 분명 발생할 것이다. 또한 해당 사업에 국가 혹은 국가연합이 어느 정도 개입할 것인가에 대해서도 마찬가지다. 여전히 의문이지만 인류의 노력이 지구환경의 문제를 해결하게 된다면, 그에 따른 과실을 어떻게 나눌 것인가를 놓고 양분된 이념적 가치는 어김없이 충돌할 것이다.

진보 혹은 보수적 가치의 갈등은 선거전에서 치열하게 표면화된다. 물론 모든 사람들이 다양한 분양에 좌우 이념의 지향점이 무엇인지 명확히 인지하고 투표에 임하지는 않는다. 개인들은 일차적으로 자신의 이익에 부합하는 후보자를 선호하게 되지만, 문제는 자신의 이익에 부합한다는 근거가 그 후보자의 주장이 전부라는 것이다. 물론 자신의 신념을 굳건히 지키며 투표하는 사람도 있지만, 감언이설에 속아 넘어가는 사람도 생기기 마련이다. 또한 많은 선거가 정치적 권력을 잡고 있는 세력에 대한 심판의 성격을 갖게 되고, 이런 상황은 정치적인 능력과 상관없이 거대 당들이 차례를 바꿔가며 집권하게 만든다. 지금까지의 정치는 언제나 실망만을 안겨주었기 때문이다. 정치적 성과의 평가와는 별도로 삶의 많은 문제들이 정치화되어 집권 세력의 무능력으로 연결된다. 특히 자본주의 사회에서 가장 큰 자본분배에 대한 불만이 정치적 문제로 연결되어도 쉽게 해결될 기미는 보이지 않는다. 정치의 영역이 자본주의 경쟁시장에 종속되고 있으며, 자본주의는 그 자체로 차이를 만들고 강화하는 체제이기 때문이다.

상식의 믿음이 모여서 만들어진 신념은 다시 그 무리를 이루고 이념이 된다. 결국 한 사람의 마음에서 시작한 감정의 작은 파동은 가장 큰 사상이자 지식체계인 이념에까지 미치게 되는 것이다. 이념은 매우 견고하고, 강한 권위를 갖는다. 이런 강직함으로 인해 교조적 성격을 벗지 못한다는 비판은 명확한 지적이다. 하지만 이것은 이념의 고유한 성격일 뿐이다. 여기서 중요한 것은 이렇게 형성된 이념의 성격이란 바로 '이념은 현실을 제대로 설명할 수는 없다.'는 것이다. 이는 이념을 통해서는 현실을 이해할 수 없다는 말이다. 익명과 상식, 그리고 신념의 성격을 이어받은 이념은 현실과의 괴리라는 특성을 그대로 가질 수밖에 없다. 자본주의라는 이념이 추구하는 자유는 현실에서 자유롭지 못했고, 공산주의라는 이념이 추구하는 평등 역시 현실에서 평등하지 못했다. 이념적 가치는 언제나 현실과 동떨어져 있는 것이다. 하지만 이념이 현실을 제대로 반영하지 못한다 하더라도 현실의 다양한 현상들을 나름의 논리에 맞게 설명할 수 있으며, 가치 판단의 기준을 제공하는 것만큼은 그 존재의 이유로 충분하다. 이념은 모든 현상을 자신의 논리적 체계에 맞춰 해석하고 설명하는 기능을 갖는 것이다. 그 논리가 엄격하게 합당한지 여부는 크게 중요하지 않다. 하나의 사상적 흐름에서 크게 벗어나지 않는다면 어떤 문제도 없다. 어떤 상황이 발생하든 보수주의는 개인의 능력으로 회귀하려 하고, 진보주의는 사회의 영향으로 회귀하려 한다. 이런 해석은 각 이념의 논리에 어긋나지 않기 위한 것이고, 그 논리로서 이념의 성격이 규정된다. 하지만 이념의 성격에 따른 이런 식의 해석은 실제 현실에 대한 파악이 제대로 이뤄질 수 없게 한다. 또한 개인들은 순수하게 추구되는 가치 지향과는 상관없이 당장의 이익에 따라 이념을 선택하게 된다. 많은 개인들의 선택은 매번 바뀌고, 선택된 이념은 마치 자신이 평소 지향했던 가치와 신념인 양 취급된다. 자본주의가 고도화되면서 이런 상황은 흔한 것이 되었다.

익명과 상식에 관하여

XII

이념의 지도

우리는 이념의 두 축으로 지도를 그릴 것이다. 강한 신념을 중심으로 모인 신념의 집합인 이념은 무엇보다 견고한 정신적·물질적 힘을 갖는 것으로, 이 지도야말로 인류 생활의 양태를 간단하게 도식화할 수 있는 것이자 의식의 지형을 살펴볼 수 있는 매우 유용한 것이다. 이념의 지도가 그려지는 이차원의 평면은 우리 삶의 무대인 현실 세계이고, 이 지도 위에 특정 사회나 개인의 이념적 가치 지향 정도를 나타낼 수 있다. 이념의 지도는 2차원의 평면에 세로선을 긋는 것으로 시작된다. 이 선은 '개인과 사회'이다. 선의 위쪽에는 '개인적 가치'가 있으며, 아래쪽에는 집단 지향적인 '사회·공동체적 가치'가 있다. 그 다음에 '진보와 보수'의 가치 지향인 가로선을 긋는다. 선의 왼쪽에는 '진보적 가치'가 있으며, 오른쪽에는 '보수적 가치'가 있다. 그리고 두 선이 교차하는 점은 이념의 지도 중심인 감정의 기준점이 된다. 이 2차원의 평면에서 각 가지 이념들은 가치 지향의 방향과 수준에 따라 위치하게 된다. 이념의 지도는 두 축이 교차하는 십자가 모양으로, x축은 정치적 성격의 이념 지향을, y축은 관계성의 이념 지향을 나타낸다고 볼 수 있다. 이념을 구분하는 두 개의 가치 지향 축의 내용은 앞서 살펴보았다. 이제 두 축을 교차시켜 이념의 특성을 좀 더 입체적이고 구체적으로 드러낼 수 있게 된다. 이제 점에서 선으로, 선에서 평면으로 확장된 지도를 통해 인류의 사상과 생활 양식에 직접적인 영향을 미치는 이념들의 개략적인 특성들을 살펴볼 것이다.

[이념의 지도]

무정부주의· 극단적 자유주의	개인 지향	신자유주의
자유-진보주의	자유-보수주의	
진보적	민 주 주 의 / 기준점	보수적
사회-진보주의	애국-보수주의	
공산주의	사회 지향	전체주의

이념의 지도는 십자가 선 위에 두 개의 사각형이 겹친 형태로 기준점을 중심으로 하여 8개의 공간으로 구성된다. 기준점의 중심에서 멀어질수록 해당 가치를 추구하는 지향성은 상대적으로 강해지고, 기준점에 가까울수록 가치에 대한 지향성은 약해지는

것을 의미한다. 그리고 기준점에 완전히 포함되어 어떤 지향성도 갖지 않는 상태는 없다. 기준점에 너무 가까워 지향하는 가치의 구별이 쉽지 않다고 하더라도, 약한 지향성은 반드시 있기 마련이다. 자신이 어떤 가치로부터 완전한 중립이라고 주장하는 사람은 사실 그 가치에 대해 무관심으로 일관하는 것일 뿐이다. 설령 무관심하더라도 그 사람의 행동에는 지향하는 가치의 특성이 조금이라도 드러나게 되기에, 특정 대상을 향한 무관심과 회피는 절대 중립적 입장이 될 수 없다. 이렇게 기준점으로부터 방향과 수준을 정확하게 조사하기 위해서는 그 사람의 행동을 판단 기준으로 삼는 것이 현명하다. 말로서 규정되는 이념은 행동으로 나타나는 이념적 경향보다 신뢰할 수 없는 것이기 때문이다.

지도에서 작은 사각형의 테두리는 현실에서 구현되는 민주주의의 경계이며, 큰 사각형의 테두리는 지향하는 가치의 최대, 즉 극단이자 이상을 의미한다. 큰 사각형의 테두리는 기준점과 마찬가지로 현실에서 그 선에 도달하는 것은 불가능하다. 작은 사각형인 민주주의는 국민이 주인이라는 의미로, 원칙적으로는 모든 목소리가 공존할 수 있는 사회다. 그렇다고 모든 것이 허용된 방종한 사회를 의미하는 것은 아니며, 국민의 모든 목소리가 존중받거나 수용되는 것 또한 아니다. 다만, 어떤 의견이든 말할 수 있는 권리만은 보장되는 것이다. 또한 민주주의 사회는 다수결을 원칙으로 하는 보통선거제를 채택하기에, 소수는 항상 정치적 투쟁에서 밀려나게 된다. 민주주의 사회에서 '소수에 속한 자들을 어떻게 포용할 것인가?'라는 질문은 끊이지 않고 제기되며, 언제나 해결하지 못한 질문으로 남는다. 민주주의를 의미하는 사각형은 갖가지 가치를 지향하는 이념들의 혼란스러움 속에서 힘겹게 균형을 유지하고 있다.

　민주주의 사회에 공존하는 가장 큰 사상적 흐름은 보수주의와 진보주의다. 이 축은 다시 개인과 사회지향이라는 축으로 나뉘어 네 가지로 구분된다. 사회, 공동체, 집단을 중시하는 태도의 정도에 따라 진보주의를 '자유-진보주의'와 '사회-진보주의'로 구분할 수 있으며, 보수주의 역시 '자유-보수주의'와 '애국-보수주의'로 나눌 수 있다. 집단보다 개인의 자율성을 중시하는 자유주의적 경향은 시대의 흐름으로, 과거 권위주의를 탈피하면서 좌우를 가리지 않고 강화되고 있다. 민주주의의 작은 사각형 밖에는 민주주의의 온순한 성격, 즉 다양한 가치의 공존이라는 성격이 미치지 않는 영역이다. 다시 말해 이곳에는 이념의 편중이 심한, 극단적이고 독단적 가치를 지향하는 사회가 포함된다. 민주주의의 반대인 독재주의가 바로 큰 사각형의 영역에 위치한다. 민주주의의 개념상 극단으로 치닫는 이념마저도 민주주의 테두리 안으로 포용하는 것이 맞지만, 극단적 이념은 그 스스로 다른 가치와 공존하는 것을 거부하기에 현실의 민주주의에 포섭되지 않는다. 이로써 이상과는 동떨어진 현실 속의 민주주의는 기준점을 중심으로 모든 가치 방향을 포함하는 작은 사각형에 한정된다. 가끔 자유민주주의라는 명칭 때문에 민주주의의 반대되는 개념이 평등을 강조하는 공산주의나 사회주의라 착각하는 사람이 있다. 하지만 민주주의는 다양한 가치의 공존을 추구하고 모든 것을 수용하려는 사상이자 태도일 뿐, 특별한 정치·경제적 가치를 지향하는 것이 아니다. 이런 성격은 민주주의의 반대편에 있는 독재주의도 마찬가지다.

민주주의의 사각형을 벗어난 이념은, 그것이 추구하는 가치의 이상향에 가까워진다. 이상향이라는 표현은 가치의 심한 편중이나 독단적이라는 표현과는 다르게 긍정적인 느낌을 갖게 한다. 실제로 이상 그 자체는 방향성을 수립하고 현실을 이끄는 데 반드시 필요한 역할을 맡는다. 이상향이 없는 이념이란 없다. 이상향이야말로 이념에 강한 힘을 불러일으키는 신념과 믿음의 원천이 되기 때문이다. 하지만 빛이 있다면 그림자 또한 있기 마련이다. 그것은 바로 이상이라는 최선의 상태는 현실에서 구현될 수 없다는 것이다. 불행하게도 극단주의자들은 이상이란 현실에서 구현할 수 없다는 진리를 깨닫지 못하고, 이상이라고 생각한 것들을 강압적으로 현실에 심기 위해 수많은 생명의 나무들을 뽑아 버렸다. 극단적 생각에 현혹된 인간은 주변을 돌아보지 못하고 앞만 보고 돌진하게 된다. 특히 그 생각이 강한 신념을 바탕으로 탄생한 이념이라면 더욱 그렇다. 경주마의 시야를 좁히기 위해 양 눈 옆을 가리는 것과 이념에 종속되어 생각의 스펙트럼을 넓히지 못하는 것은 어딘가 모르게 닮아 있다. 다양한 가치의 공존에 대한 필요성조차 인지하지 못하고 직진만을 고수하는 것이 바로 극단화의 과정인 것이다. 이런 극단화는 모든 것을 하나의 가치로 환원하려

하는 힘을 의미하기도 한다. 이제 지도의 각 끝단에 위치하는 극단적 이념을 알아보자.

　애국-보수주의의 극단에는 전체주의가 자리한다. 전체주의는 전체의 가치를 사람을 포함한 어떤 것보다도 우선시하는 이념이다. 전체주의는 국가의 이름 아래 엄청난 힘을 결집시킬 수 있었다. 전체주의는 국가, 인종 등 다른 집단을 강하게 배격하는 성격으로 세계대전의 사상적 토대를 제공하였다. 그리고 어떤 이념과 비교할 수 없을 정도로 처절하게 실패했다. 경제적 위기로 궁지에 몰린 개인들과 이런 상황을 선동하여 권력을 획득하려는 정치적 세력의 결합은 전체주의가 전면에 나선 배경이 되었는데, 개인은 위기에서 벗어나기 위해 강력한 힘을 갈구하였고, 국가라는 우상에 대한 국민의 강한 열망을 이용하여 세력을 확장한 정치집단은 선전술과 전쟁으로 전체의 지위를 극단으로 치켜세웠던 것이다. 그리고 전체주의라는 이름 아래 인류에게 두 번 다시 발생해서는 안 될 비극적인 사건들이 자행되었다.

　사회-진보주의의 극단에는 공산주의가 자리한다. 모든 인민이 절대 평등한 이상향을 추구하는 공산주의 역시 소련의 붕괴로 현실에서 처절한 실패를 맛봐야 했다. 지금은 헌법에 공산주의를 명시하는 국가들도 자본주의 시장질서를 도입하여 엄청난 경제적 성장을 이뤄내고 있는 판국이다. 이런 상황에서 공산주의 시장질서로 다시 돌아가자고 주장하는 사람은 없다시피 하지만, 위태로운 자본주의 시장을 비판하는 공산주의의 논리만은 유효하며, 여전히 현대 사회-진보주의 사상의 이념적 바탕을 제공하고 있다.

자유-보수주의 극단에는 신자유주의가 자리한다. 신자유주의는 시장에 대한 국가의 간섭을 최소화하는 작은 정부를 지향하고 모든 것을 시장의 질서에 맡겨야 한다는 경제이념으로, 개인과 기업의 자유로운 경제 활동이야말로 어떤 것보다 최우선되어야 함을 주장한다. 신자유주의가 개인과 사회, 진보와 보수라는 두 개의 기준 축에서 가장 대립하는 것은 바로 공산주의인데, 신자유주의가 하늘 높은지 모르고 날아오르게 된 배경에도 공산주의 시장경제의 실패가 있었다. 냉전시대의 승자가 된 자유경쟁시장은 말 그대로 자유롭게 전 세계를 활보하게 되었지만, 스스로를 너무 맹신한 나머지 신자유주의는 결국 금융위기를 야기하며 그 한계를 여실히 보여 주었다. 규제 없는 자본은 길들여지지 않은 황소와 다름없었던 것이다. 지금도 신자유주의 시장의 위기관리 능력은 많은 의심의 눈초리를 받고 있으며, 전염병의 발흥과 세계 전역에서 발생하고 있는 전쟁으로 많은 어려움을 겪고 있는 작금의 상황에서도 마찬가지다.

자유-진보주의의 극단에는 무정부주의와 극단적 자유주의가 있다. 무정부주의는 무정부라는 용어가 주는 혼란과는 다르게, 소규모 조직들이 체계적으로 짜여 만들어진 견고한 사회를 지향한다. 무정부주의자들은 국가의 존재를 전쟁을 비롯한 해악의 근원으로 바라본다. 사실상 20세기를 이끌어 온 이념은 다름 아닌 국가주의로, 폭력으로 세워진 국가권력이야말로 국민들을 억압하고 희생을 강요하는 주범이라는 것이다. 무정부주의는 거대 국가권력을 거부하는 반국가적 사상으로, 이념의 지도의 위치상 집단 지향의 반대인 개인 가치 지향 위치에 부합한다고 볼 수 있다. 물론 무정부주의가 자유주의적 개인주의를 의미하는 것은 아니다. 그리고 자유-진보주의의 극단에는 무정부주의뿐만 아니라 급진적이고 진보적인 다양한 이념들이 위치하게 된다.

이제는 어떤 이념에서도 해방되어야 한다는 탈이데올로기라는 이념, 이데올로기의 종언이 다시 종언 된 시대라 말하는 학자들도 있다. 하지만 이것은 시대의 거울에 잠시 비춰진 이념의 모습일 뿐이며, 이념은 인간의 관계성에서 시작하는 상식과 신념에 관한 것이자 그것에 반동하는 것으로, 없어질 수도 없고 하나로 통일될 수도 없는 것이다. 이념은 반드시 다수 존재하는 것이며, 이 세계는 이념의 영향과 충돌에서 벗어날 수 없다. 만약 하나의 이념이 세상을 장악하고 잠시 균형 상태에 이른다 하더라도, 그 하부를 이루는 익명과 상식은 강렬하게 요동치며 그 이념에 반하는 새로운 이념을 지속적으로 만들어 낼 것이기 때문이다. 물론 이념은 다양한 층위의 신념으로 구성되기에 모든 가치적 지향이 명확하게 상반되거나 독립되어 있는 것은 아니지만, 이념에 대한 반동 작용으로 인한 이념의 등장과 소멸은 인류의 남은 역사 안에서 계속될 것이다. 그렇다면 인류 역사의 가장 큰 위협은 무엇일까? 그것은 극단적 가치를 추종하는 거대 이념의 출현이 될 것이다. 극단적 이

넘은 현실에 직접 뿌리 내릴 수 없는 것임에도 극단적 집단주의를 발흥시키기 위해 기회를 엿보는 세력들은 일상 속에 도사리고 있다. 세계 도처에서 일어나고 있는 혐오를 부추기는 시위들은 불행하게도 세계적인 경제위기, 불평등의 확대, 국제정세 불안으로 인해 어려움에 몰린 사람들의 절규 때문인 것은 부정할 수 없는 사실이지만, 일부 정치집단은 이런 불만을 조장하여 사회적 분열을 정치적 세력을 키우기 위한 수단으로 이용하고 있는 것이다.

다양한 이념들의 혼란 속에 극단적 이념마저 자리를 넘보면서, 결국 현실의 이념들은 분열적 상태로 놓여 있게 되고, 혼란스러운 이념 아래의 사람들은 혼란스러움을 고스란히 내려받는다. 이념들의 가치 지향점은 중첩되기도 하면서, 다른 방향성의 가치들이 동시에 추구되기도 하기에 혼란스러움은 더욱 커진다. 이념의 지도만 봐도 정치적 성격과 경제적 성격의 이념이 함께 그려져 있으며, 이것은 분명 이념의 성격을 구분하는 합리적인 기준은 아니다. 그럼에도 이념의 지도는 사람들 머릿속의 생각의 모양을 다듬고 정리한 것일 뿐이다. 이런 새로운 분열적 상황은 신자유주의 시장을 도입한 민주주의 사회, 즉 대부분의 국가에서 나타난다. 시장은 경쟁과 효율성을 최우선 가치로 삼는 반면, 민주주의는 모두의 참여를 위해 비효율성을 지향할 수밖에 없기 때문이다. 민주주의에서는 1인 1표가 주어지는 반면, 자본주의 시장에서는 자본의 크기에 따라 영향력이 달라지는데, 자본이 없는 자는 경제적

익명과 상식에 관하여

발언권이 박탈되거나 아예 시장에서 탈락되기도 한다. 이는 현대 사회가 하나의 원리에 의해 작동한다고 볼 수 없는 부분이다. 민주주의의 원리에 시장의 원리가 정면으로 충돌하고 있으며, 사람들은 가치의 혼란 속에 그대로 방치된다.

어찌 되었든 이념이라는 것은 한 국가와 사회의 사상적 특성을 규정하고 전파하며, 구성원 전체에 하나의 이상을 제시할 수 있다는 것에 의미가 있다. 과거 이런 역할을 유일하게 할 수 있었던 것은 종교뿐이었다. 물론 이념 역시 종교적 특성을 두루 갖추고 있는데, 이념과 종교는 믿음이라는 동일한 뿌리를 두고 있기 때문이다. 여하튼 하나의 이상을 제공할 수 있다는 성격은 이념의 본질적 성격에 귀속되는 것으로, 그 자체를 높이 살 필요는 없다. 이념은 믿음의 설계대로 작동할 뿐이다. 우리가 집중해야 하는 것은 믿음의 경이로움보다 이념이 작동하는 방식을 있는 그대로 이해하는 것이다. 그 후에야 이념을 어떻게 대해야 할지 검토할 수 있다.

하나의 사회가 이념의 지도에서 하나의 위치, 즉 점으로만 표시될 수는 없다. 하나의 이념이 사회 전부를 점령하는 것은 현실적으로 불가능하다. 강한 논리력과 추진력을 겸비한 사상일수록 그에 반하는 사상을 강화시키기 때문이다. 그렇기에 많은 이념 중 가장 우세한 것만을 점으로 표현할 수 있을 뿐이다. 만약 한 사회에서 가장 우세한 이념이 그 사회의 외형 대부분을 점령하다시피 한다면, 그 이념은 사회 구성원들의 자연스러운 자유로움을 박탈하기 위해 물리적인 폭력을 행사하고 있을 가능성이 매우 높을 것이다. 이런 인위적인 힘이 없다면, 한 사회의 중심에 선 이념에 대항하는 반동적인 이념은 그 모습을 숨기지 않고 반드시 당당하게 드러낼 것이기 때문이다. 여하튼 한 사회를 구성하는 이념들의 지형을 가장 적절하게 표현하기 위해서는 이념의 지도에서 해당하는 이념의 크기를 도형의 형태로 표시하는 것이다. 어떤 사회는 전체주의와 애국-보수주의가 도형의 많은 부분을 차지하고, 그에 대항하는 자유-진보주의 진영은 매우 좁은 부분으로 표시될 것이다. 반대로 민주주의가 잘 작동하여 다양한 정치·경제적 가치가 공존하는 사회의 도형은 기준점을 중심으로 이념의 지도 곳곳에 널리 분포할 것이다. 만약 민주주의라는 작은 사각형 안에 도형의 대부분이 포함된다면, 다양한 가치에 따른 견제와 상호 보완으로 극단주의자들이 최소화된 사회를 나타내는 것이다.

한 사회에는 다양한 이념들이 공존하고 있으며, 다양한 이념은 정치·경제적 권력들을 놓고 대립하게 된다. 이런 대립과 갈등의 양상은 하나의 이념이 모든 것을 통일해 버린다면 발생하지 않을 것이지만, 이것은 이론이자 이상일 뿐이다. 그리고 한 사람을 압도하는 감정이 공포와 탐욕처럼 엄청난 긴장을 야기하는 것들인 것처럼, 하나의 이념이 거의 모든 것을 압도하는 사회 역시 엄청난 긴장과 어려움에 봉착하게 될 것이다. 그렇기에 이념의 충돌로 골머리를 안고 있는 사회는 어찌 보면 최악의 상황은 피한 것일 수도 있다. 이런 갈등의 문제가 부각되면 적어도 무엇이 문제

익명과 상식에 관하여

인지, 해결을 위해 어떤 방법을 찾아야 하는지, 그 시도라도 해 볼 수 있기 때문이다. 가장 우려해야 하는 것은 하나의 이념으로 독단화되는 것과 이념의 부실로 사회의 활력 자체가 사라진 것을 인지조차하지 못하는 것이다. 이런 상황은 모든 변화와 발전의 속도를 늦춰 버릴 뿐만 아니라, 결국에는 사회의 퇴행을 가저올 것이 분명하기 때문이다.

익명과 상식에 관하여

XIII

개인과 사회

한 사회를 구성하는 개인들이 그 사회의 이념적 지향과 어떤 관계성을 맺느냐는 개인의 현실적 상황과 직결되는 매우 중요한 것이다. 이 관계성으로부터 우리 자신과 사회를 충분히 객관화시키고 이해함으로써 사고의 자유를 제한하는 것들을 하나씩 제거하기 위한 발판을 마련해야 한다. 이를 위해서는 무엇보다 개인과 사회의 관계를 규정하는 방식을 먼저 알아봐야 할 것이다. 그리고 그 관계의 개선 방향은 개인들과 사회가 오직 행복하게 공존할 수 있는 가치 지향의 균형점을 찾는 것이 목표가 되어야 한다. 하지만 지금 현실의 우리 삶은 어떠한가? 행복이라는 목표를 위해서는 어쩔 수 없이 불행을 감수해야 한다는 역설 안에서 진정한 의미의 행복은 점차 우리 곁에서 멀어지고 있지 않은가? 행복이라는 미래의 환상은 어느 순간 우리에게 짐이 되어 버린 것이다. 그럼에도 우리는 진실을 가리는 장막들을 하나씩 거둬 내는 것을 멈추지 말아야 한다. 장막 뒤의 행복이라는 것이 눈앞에 그 찬란한 모습을 드러내지 않는다 해도, 장막을 거둬 내는 어느 순간 그 감정은 우리 마음속에 조용히 싹트지 않겠는가? 개인과 사회의 관계성을 들여다봐야 하는 이유가 바로 여기에 있다.

개인은 사회를 구성하는 핵심 주체이며, 사회는 개인과 개인들이 만들어 낸 모든 것이 모여서 이뤄진다. 개인과 사회의 관계성은 한 개인이 타인과 맺는 관계성으로부터 형성되는 것이지만, 타인이 아닌 사회와 개인이 맺는 관계성의 본질은 이와 여실히 다르다고 할 수 있다. 개인 간의 관계성에서 탄생한 거대 익명이 고유의 존재성을 발휘하는 것과 마찬가지로 사회도 하나의 실체로서 개인들에게 독자적으로 영향을 미치기 때문이다. 사회란 '익명과 상식을 기반으로 탄생한 신념과 이념의 체계이자, 정신적이고 물질적인 실체'인 것이다. 익명과 상식이 현실을 근원으로 삼지만, 현실 세계의 수많은 주인 중 한 명인 개인의 가치는 거대한 믿음의 결과인 사회의 가치와 어느 정도 거리를 둘 수밖에 없게 된다. 개인들이 용해되어 뭉쳐진 사회에 개인의 특성 모두가 반영되었다 하더라도, 사회란 그 특성에만 그치지 않고 스스로 변화하고 발전하는 것이다. 사회의 이런 성격으로 개인과 사회의 방향성은 언제나 어긋난 채로 공존한다.

개인과 사회의 어긋난 관계성, 지향하는 가치의 방향이 완전히 다를 경우에 개인이 겪는 위기는 치명적이라고 할 수 있다. 그 개인은 사회의 가치에 투항하던가, 사회의 가치를 자신의 신념에 맞게 바꿔야 하는 상황에 몰리게 된다. 대부분의 개인들은 위기의 상황을 현실로 받아들이고, 사회가 지향하는 이념 쪽으로 방향을 틀어 고분고분하게 적응하는 것을 선택한다. 예를 들면 전체주의 국가에서 집단적 가치를 지향하는 개인과 자유-진보주의적 입장을 갖는 개인의 형편은 아주 다르다고 할 수 있는데, 이런 사회 분위기에서 진보주의적 입장을 갖는 개인은 점차 애국-보수주의를 거쳐 전체주의자로 탈바꿈하게 되는 것이다.

이념이 개인의 정체성에 영향을 미치는 방법은 매우 간단하다. 이념적 가치는 각종 기관의 구체적인 교육내용으로 만들어지고 다양한 미디어를 통해 선전된다. 이것은 의식적이고 딱딱한 방식이다. 이렇게 이념이 영향을 미치는 방식은 위에서 아래로 흐르는데, 이 영향을 받는 것이 의식의 영역에 있는 상식과 신념이다. 위로부터의 이념의 영향은 그 내용에 부합하는 것을 강화시키고, 그렇지 않은 것을 철저히 소외시킴으로써 이념의 교조적 성격을 더욱 공고히 한다. 그리고 이러한 상호작용으로 더욱 굳어진 신념과 이념은 대립하는 가치와의 거리를 더욱 멀리 떨어뜨린다. 반면 익명의 암시는 앞서 살펴본 것처럼 무의식적이고 유연한 방식인데, 이것은 아래에서 위로 흐르는 이념의 영향이다. 이념이라는 용어 자체는 일상생활에서 자주 쓰이는 것은 아니며, 보통 사람들에게는 뉴스에서나 언급되는 것으로 여겨진다. 하지만 이념은 다양한 방식으로 포장되어 일상생활 속에 꼭꼭 숨어든다. 이렇게 이념의 영향이 직접적인 것에만 한정되지 않는 것은 이념이란 익명에도 간접적인 영향을 미치기 때문이다. 익명의 암시를 통해 상식이 만들어지고, 상식과 신념으로 이념이 만들어지고, 이념은 다시 상식과 신념에 영향을 주며, 상식과 신념의 영향 아래 개인들은 무의식적인 익명에 지속적으로 참여함으로써 이념의 영향이 익명에 미치도록 한다. 영향의 방향은 절대 한쪽으로만 흐르지 않는다. 개념적 설명을 위해 익명부터 이념까지의 과정을 단계적으로 구성하여 그렇게 느껴지는 것이다. 엄밀히 말하면 모든 것은 동시에 존재하고 작동하며, 끊임없이 영향을 미친다.

이 세계는 변화의 가능성 그 자체로, 세계 속의 현실은 어떤 방식으로든 매 순간 변화하고 있다. 그리고 이런 변화의 속도를 단단하게 굳은 이념이 따라가기에는 힘든 것이다. 이 속도의 차이는 이념 아래에서 재편되고 권장되는 각종 생활·노동 윤리가 언제나 현실의 요구에서 벗어나도록 만든다. 이념과 현실의 괴리는 그 이념의 불완전성 때문이 아니라, 오히려 그것이 완전히 이념적이기에 발생하는 것이다. 현실과의 괴리, 신념에 대한 강박적인 집착은 이념의 본질적인 성격일 수밖에 없는데, 불완전하기에 완전함을 추구하는 것이 이념이며, 현실은 언제나 불완전하고 불확실하므로 이념과 현실과의 괴리는 필연적으로 발생할 수밖에 없게 된다.

개인과 사회의 관계성을 이해하기 위해 가장 먼저 고려해야 하는 것은, 바로 '사회의 이념'과 괴리된 '사회의 현실'이다. 이 둘의 사이에는 언제나 간극이 있다. 개인과 사회의 관계성에서 이 둘의 위치가 중요한 까닭은 개인이 익명의 암시와 상식 위에서, 신념과 이념 아래에서 영향을 받고 변화하는 데 가장 큰 영향을 미치는 것이 '사회의 이념'이고, 그 결과로 개인이 실제 놓이게 될 현실은 수많은 '사회의 현실' 중 하나가 될 것이기 때문이다.

사회가 추구하는 이념의 영향 아래에서 개인의 가치관이 변하는 것은 자연스러운 현상이다. 개인이 사회의 이념과 사회의 현실 사이에서 자신의 신념에 대한 의문을 갖는 것 또한 어느 정도 자연스럽다. 하지만 어떤 의문도 없이 자신의 신념이라 여겨지는 믿음이 있으며, 우리는 이런 신념에 휘둘리지 않도록 조심해야 한다. 신념은 수많은 의문들의 답을 구하며 굳어지는 것이어야만 하기 때문이다. 의문 없는 개인의 신념이란 존재하지 않는 것이며, 그것은 신념으로 생각되어지는 껍데기일 뿐이다. 이런 껍데기는 사회의 이념적 지향에 압도되고 굴복되어 탄생하는 것이다. 여기서 개인의 신념이 사회의 이념에 종속된다는 관계성에 관한 문제에 충분히 제기될 수 있는 반론이 있다. 사회의 이념적 지향성이 구성원들이 진정한 의미의 행복을 향유하며 살 수 있도록 한다면, 개인이 사회의 이념에 종속되더라도 나쁠 것이 없을 뿐 아니라, 오히려 좋은 것이라는 주장이다. 이 말은 관계성의 최종 목표가 행복한 삶에 있기에 반박하기 어려운 것이다. 물론 사회의 이념에 대한 의문을 전혀 갖지 않게 된다면, 그 이념이 변질되는 것을 사실상 알 수 없다는 심각한 약점이 있다. 또한 이런 판단은 개인들의 충분한 회의와 비판이 있어야 가능하므로 이는 다소 이상적인 가정이긴 하다. 어쨌든 좋은 이념이 형성되고, 그 이념에 많은 사람들이 포함된다면 그것만큼 좋을 수는 없을 것이다. 개인의 신념이 사회의 이념으로부터 영향을 받는 것은 자연적 현상으로 그 자체에 대해서는 간섭할 수 없기에, 이제 어떤 사회적 이념이 관계

익명과 상식에 관하여

성의 목적에 부합하여 권장되어야 하는지에 대한 검토가 더욱 절실한 숙제가 된다.

우리는 전체주의 사회의 개인들이 점차 전체주의자로 바뀌는 상황에서 가치 지향에 대한 옳고 그름의 판단은 이념의 내용에 의해 이뤄져야 한다는 것을 알 수 있었다. 우리는 어떤 영향이든 개인이 전체주의자로 변화하는 것은 안 좋은 것으로 생각한다. 반대로 전체주의자가 익명의 암시의 영향 아래에서 온건한 보수주의자나 진보주의자로 바뀐다면 이 사례는 좋은 것으로 여겨진다. 그 이유는 무엇일까? 이에 대한 답변은 간단하다. 우리는 전체주의를 세상에서 사라져야 할 악으로 묘사한 교육과정의 내용과 미디어들의 수많은 콘텐츠를 통해 충분히 학습을 받았기 때문이다. 이렇게 만들어진 사회적 차원의 감정들에 의심을 갖는 태도가 필요하다는 것은, 이를 무조건 부정해야 한다는 의미는 아니다. 사회화 과정과 익명을 통해 암시되는 수많은 가치가 우리의 모든 행복을 배격하고, 우리를 노예화하는 것은 아니다. 그것은 인간이 무리를 이루고 살아가는 데 있어 없을 수 없는 삶의 방식이자 법칙일 뿐이다. 다만, 우리가 삶을 더욱 자유롭고, 더욱 행복해질 수 있기 위해 비판적으로 사고해야 할 따름이다. 그러므로 우리는 다른 답변으로 오해를 피해 가야 한다. 전체주의를 회피해야 하는 진정한 원인은 전체주의의 실패는 공동체의 파괴와 자멸이라는 결과로, 현실 세계에서 실질적으로 증명되었기 때문이다. 전체주의 사상은 위험한 것으로 자연스레 규정되고, 지식화되었으며, 이런 내용은 충분히 사회화되고 있다. 이것 또한 인류의 영속을 위한 익명의 작동이라 할 수 있다. 사회 이념에 대한 판단 기준에 있어 전체주의를 비롯한 공산주의의 실패는 가치평가의 보편적 기준을 갖게 한다. 그 기준은 '극단적으로 치우친 이념이야말로 사회의 영속에 가장 큰 위험을 끼치는 것으로, 철저한 지양의 대상이 되어야 한다는 것'이다. 하나의 가치가 다른 가치를 압도해 버린 극단적 이념은 사회를 구성하는 주체들의 고유한 특성을 부정하며, 하나의 가치만을 갖는 부속으로 전락시킨다. 그리고 개인들이 부속화되는 순간 이런 이념은 다른 가치에 대항할 여지를 주지 않고 사회를 독식한다. 극단적 이념이 장악한 현실에서는 사실상 위기 대응이 어려운데, 문제가 문제로 인식되지 않기 때문이다. 이런 이념은 어떤 장치보다 개인을 권위적인 가치에 옭아매게 만든다. 사회의 이념이 극단으로 치우치지 않도록 해야 하는 것은 단순하지만 매우 중요한 깨달음이다.

극단적 이념의 위험이 알려진 것과 별개로, 우리가 우리의 상황을 모르고 있다는 것은 새로운 문제다. 극단적인 신자유주의는 개인들을 철저하게 소비자로, 전체주의는 국가의 구성하는 하나의 부속으로, 공산주의는 균질한 노동자로 만들어 버린다. 사회의 이념은 어느 방향으로든 극단으로 향하는 길을 피해야 한다는 원칙 아래 있어야 하며, 이것이야말로 진리로 불릴만한 성공한 상식이다. 물론 극단적으로 치우치지 않는다고 하더라도, 모든 이념적 가치가 현실을 제대로 설명하지 못하는 한계는 여전히 유효하다.

이념은 자신의 고집을 굽히지 않고 현실을 끌고 가려고만 한다.

사회가 지향하는 가치 대부분이 민주주의라는 사각형 안에 머물러야만, 새로운 문제 앞에서 새로운 길을 제시하는 목소리를 들을 수 있다. 그렇다고 민주주의가 작동하는 사각형 안이라도 어떤 가치가 권장되어야 하는가에 대한 정해진 대답은 없다. 무엇보다 시대적으로나 공간적으로 정해지는 기준점의 위치에 따라 이념적 지향 가치는 상대적으로 달라질 것이기 때문이다. 그럼에도 극단을 피해야 한다는 이념의 원칙에 부합하기 위해서는 '누가 소수인가?' 혹은 '누가 소외되어 있는가?', '소수라는 이유만으로 불합리한 처사를 받는 이가 있는가?'를 지속적으로 검토하고, 그들의 목소리에 응답하는 것은 좋은 방법이 된다. 사회의 이념과 떨어진 채 그들이 겪는 실제 현실은 힘겹고 어려운 것이며, 그것은 우리가 맞이하게 될 현실의 일부이기 때문이다.

사회의 현실은 어떻게 구성되어 있는가? 현실을 체계적으로 이해하기 위해서는 그 구성을 입체적으로 분석해야만 한다. 지금까지 살펴본 것처럼 이념과 신념의 가치와 현실의 간극에 왜곡된 무엇인가가 채우고 있음을 알 수 있으며, 간단하게 현실은 실제와 왜곡된 것 두 가지로 나눌 수 있다. 이는 우리가 직접 체험하고 변화의 대상이 되어야 하는 '실제 현실'과 이것이 아닌 나머지 모든 것 '왜곡된 현실'이다. 그리고 '현실과의 괴리'란 '실제 현실'과 '개인'의 거리를 말한다.

[현실의 구성]

개인	왜곡된 현실			실제 현실
	이념적 현실	상식적 현실	감정적 현실	

← 현실과의 괴리 →

　개인에게 보여지는 현실의 첫 모습은 실제 현실과 거리가 가장 먼 현실의 외형, 실제 현실을 직시하기 위해서는 가장 먼저 간파해야 하는, 바로 '이념적 현실'이다. 이념적 현실은 강한 신념을 바탕으로 하는 만큼 현실의 외피를 어떤 것에도 흔들리지 않는 강고한 상태로 만든다. 이념을 떠받치는 지식은 학문으로 체계화되어 의심의 여지를 거의 주지 않는다. 특히 극단적인 이념일수록 이념적 현실의 왜곡은 강해지고, 현실과의 괴리 역시 커지게 된다. 특정 이념을 지향하는 지식은 각종 미디어에서 쏟아지는 뉴스의 근거가 되고, 방송으로 제작되며, 책으로 출판된다. 다양한 실물로 일상생활에 등장하기에 사람들은 이념적 현실을 눈으로 직접 보고 만질 수 있게 된 것이다. 이것들은 확실하게 보이는 실체를 갖는 만큼이나 자연스럽고 당연한 현실로서 받아들여지게 된다.

　이념적 현실을 거둬 내면 '상식적 현실'이 그 모습을 드러낸다. 상식의 내용으로 포장된 현실은 말 그대로 너무 상식적인 것이기에, 이 현실을 부정하는 것에는 상식 이하의 행동으로 비난받을 위험이 포함된다. 이런 현실의 모습을 받아들이고, 그에 맞게 행동하는 사람들은 의식적이라 불리는데, 실로 이런 의식적인 사람들이야말로 사회 구성원들 중 가장 필요한 유형의 사람들이기도 하다. 여하튼 상식의 사회에서 상식의 현실로 은폐되는 실제 현실을 본다는 것은 어려운 문제가 된다. 상식이 갖는 가치란 유용한 것을 넘어 인간의 삶에 반드시 있어야만 하는 것이기 때문이다.

상식적 현실까지 거둬 내면 실제 현실을 가로막는 마지막 현실, '감정적 현실'이 등장한다. 감정적 현실과 실제 현실의 구분은 그 자체로도 쉽지 않다. 개인은 사회의 현실을 가장 먼저 근원적 감정으로 직관하기 때문이다. 그리고 익명을 통해 암시되는 감정은 현실을 변형하고 왜곡시키는 영향을 지속적으로 미치게 된다. 지속적인 암시에 노출된 무의식은 다양한 감정을 분출시키고, 많은 생각을 떠올리게 하여 행위를 유도한다. 실제 현실과 가장 가까운 지점이기에 감정의 현실을 뛰어넘는 것은 매우 어려운 문제가 된다. 자신의 감정까지 의심을 할 수 있는 사람은 그리 많지 않기 때문이다. 하지만 이곳에는 익명의 나쁜 징후들이 도사리고 있기에, 우리가 가장 세심하게 살펴야 하는 곳이기도 하다. 나쁜 징후들은 상식적 현실과 이념적 현실로 뻗어나가며 돌이킬 수 없는 비극적인 사건들을 일으키고, 사회의 상처와 균열을 방치하게 만든다.

실제 현실 속의 다른 사람들 역시 타인을 동일한 방식으로 바라본다. 각자의 현실에서 타인과의 관계라는 거리감은 현실과의 괴리만큼이나 큰 것이다. 감정이라는 벽과 상식이라는 벽, 그리고 이념이라는 벽이 개인과 개인 사이에 자리 잡고 있기 때문이다.

우리가 만약 모든 벽을 통과할 수 있다면 실제 현실을 만날 수 있을 것이다. 실제 현실은 한 개인이 최초로 체험하는 세상이며, 어떤 것도 간섭하지 않는 있는 그대로의 순수한 공간이다. 하지만 아름답지만은 않은 곳이기도 하다. 아름다움과 추악함은 언제나 함께 있으며, 일상의 무료함과 권태 역시 실제 현실 속의 사람들을 둘러싸고 있다. 그곳은 모든 대상에 솔직한 공간일 뿐이다. 그렇기에 존재의 삶과 죽음이 끊이지 않는 곳이 실제 현실이다. 불행하게도 실제 현실을 직시하기 위해 왜곡된 현실을 제거하거나 없애는 것은 좋은 방법이 될 수 없으며, 가능하지도 않다. 왜곡된 현실은 인간의 집단생활에 필수 불가결하기 때문이다. 이것은 현실이 다양한 방식으로 변형되고 왜곡된 채 인지되기에 인간의 집단생활이 지속될 수 있었음을 의미하기도 한다. 그럼에도 부조리가 은폐된 '왜곡된 현실'에 대해 이념적, 상식적, 감정적 현실을 분석하여 폭로하는 것은 우리의 목표가 되어야 한다.

상식적으로 알려진 자유와 평등의 내용이 현실과는 꽤 다르다는 것을 앞서 살펴보았다. 그 괴리의 크기는 각 개인의 현실과 경험에 따라 크거나 작을 수도 있다. 중요한 것은 자신의 현실과의 괴리가 얼마나 큰지 인지하는 것이다. 이념의 지도에 기준점이 필요했던 것처럼, 개인이 직접 체험하는 실제 현실과 이념의 괴리를 파악하기 위한 기준점 역시 있어야 하는 것이다. 하지만 가능성으로 유동하는 세계에 고정적인 점을 찍는 것은 매우 어려운 것으로, 개인적 차원에서 체감되는 괴리감의 흐름을 파악하는 것은 또 다른 측면에서 유용하다. 보통 이런 식이다.

어떤 한 사람이 있다. 유년기에 그는 사회란 어떤 이상적 가치가 완벽하게 실현되는 곳이라 생각했다. 하지만 청년기에 접어들면서 현실의 많은 문제들에 대해 듣게 되었다. 그는 현실과 이념적 가치에 어떤 괴리가 있다는 것을 어렴풋이 깨달았지만, 그것이 정확하게 무엇인지는 알지 못했다. 그는 성인이 되어 세상의 많은 부분을 직접 자신의 눈으로 보고 싶었다. 그가 현실에 뛰어들어 경험하게 된 문제들은 알려진 것보다 심각했다. 그는 현실의 수많은 문제가 다양한 방식으로 은폐되고 있으며, 그것을 야기하는 것은 경제의 구조와 무능한 정치 권력임을 깨달았다. 그가 느끼는 현실과 가치의 괴리가 매우 커진 것이다. 가치라는 것이 오히려 현실을 덮어 두기 위한 것이 아닐까 라는 의구심마저 들었다. 그리고 많은 세월이 흘렀다. 그는 가족을 부양하며 노동자의 삶을 살게 되었다. 그는 현실에서 벗어날 수 없었으나 낙담하지 않았다. 그에게 현실의 문제란 다양한 방식으로 접근할 수 있는 것임을 깨닫게 되었기 때문이다. 물론 현실의 문제를 야기하는 많은 것들이 완벽하게 해결될 수 없다는 것도 알게 되었다. 다만, 현실의 진짜 모습을 가리는 것들을 그저 방치할 수는 없었다. 그 문제를 해결할 새로운 이념에 따라 조금씩이라도 행동하는 것이 무엇보다 중요한 것이며, 그것은 당장 시행되어야 했다.

그가 느끼는 현실과 이념적 가치의 괴리 수준을 정확하게 추정할 수는 없지만, 그 흐름만은 대략적으로 알 수 있다. 이 이야기의 주인공은 누구나 될 수 있다. 물론 현실이나 이념적 가치에 대해 고민할 필요를 느끼지 않았거나, 그러지 못했던 사람도 있을 수 있다. 하지만 이것은 문제가 되지 않는다. 지금 시작하면 되기 때문이다. 사회의 이념과 현실의 괴리를 느끼는 일이야말로 우리가 자신의 신념의 위치를 찾기 위한 최소한의 준비인 셈이다.

사회가 추구하는 이념적 가치와 초라한 현실과의 괴리는 다양한 감정을 느끼게 한다. 그것은 낯선 감정이기에 불편하고 피하고 싶은 것이다. 하지만 우리는 극단에 내몰리는 줄도 모르고 제자리에서 버티는 데에만 안간힘을 쓰고 있다. 이런 상황은 자신이 극단으로 내몰려지고 있음을 인식할 때까지 사라지지 않는다. 기본적으로 개인들은 고립되어 있으며, 주변의 다른 사람들이 자신과 비슷한 처지라면 굳이 자신만 특별한 상황에 처해 있다는 생각을 하지 않는다. 타인의 고립은 모든 개인이 버틸 수 있게 만드는 숨겨진 비밀이다. 그렇기에 우리가 고립된 자리에서 시야를 돌려 자신의 위치를 제대로 파악할 수 있어야 한다. 그래야 조금이라도 중심에 가깝게 옮겨갈 수 있는 것이다. 물론 어떤 가치든 중도를 유지해야 한다는 것은 아니다. 그리고 절대적인 중간점을 찾는 것도 불가능하다. 그럼에도 우리는 최소한 극단에서 벗어나기 위한 시도만은 할 수 있어야 한다.

이제 이념적이고 이상적인 가치와 현실의 괴리감 사이에서 개

익명과 상식에 관하여

인 신념의 위치를 찾아봐야 한다. '나의 신념은 사회적 가치에 맞닿아 있는가? 아니면 현실의 문제에 향하고 있는가?', '무엇이 더 중요한 것인가? 과연 나의 신념은 무엇인가?' 오로지 이상적 가치를 지향하는 신념도 있으며, 이상보다는 현실적 문제에 집중하는 신념도 있다. 자신의 신념이 어떤 것을 추구하든지 그것은 문제가 되지 않는다. 중요한 것은 스스로의 신념이 무엇인지 질문을 던지는 것이다. 그리고 신념에 대한 이런 질문의 답은 사회의 신념과 사회의 현실이라는 바탕을 고려하지 않고서는 가능하지 않다. 우리는 너무 쉽게 사회의 이념을 수용하려 하고, 그 현실을 제대로 보려 하지 않기 때문이다. 또한 익명의 암시와 상식과 이념이 우리에게 매우 큰 영향을 미치는 만큼 자신의 신념 전부가 오로지 자신의 것일 수는 없다. 그렇기에 신념이 정말 자신의 신념인지 아니면 다른 누군가의 신념인지 의문을 가져야 한다. 신념만이 우리의 삶에서 스스로 최우선하는 가치에 의미를 부여할 수 있도록 하기 때문이다. 자신만의 신념 없이 사회의 상식에 이리저리 휘둘리며 살아가는 것만큼 불행한 삶이 어디 있겠는가? 이런 삶은 인간의 자유로움이 충분히 발휘되었다고 말할 수 없는 것이다.

　자신의 신념을 찾는 데 있어 지켜야 할 원칙이 있다면, 그것은 반드시 스스로 찾아야 한다는 것이다. 타인과의 소통을 통해서도 어느 정도 도움을 받을 수는 있지만, 타인에 대한 너무 많은 의지는 자신의 신념이 타인에 의해 규정되는 부작용이 초래될 수 있기 때문이다. 이런 식으로 자신의 신념이 만들어진다면, 또 다른 사람과의 관계에서 자신의 신념이 흔들리거나 바뀔 수도 있다. 이렇게 쉽게 바뀌는 것은 신념으로 굳어질 수 없는 것이다.

가치 지향에 대한 자신의 신념을 확인하는 가장 좋은 방법은 자신의 경험적 한계를 벗어나는, 가치 판단이 요구되는 다양한 상황 속에 자신을 대입하여 판단을 반복하는 것이다. 이를 통해 자신이 추구하는 가치를 추론할 수 있다. 우리가 주의해야 하는 것은 전적으로 양심에만 기대어 가치를 판단하는 것을 피해야 한다는 것이다. 그 이유는 양심 역시 판단의 대상이 되어야 하기 때문이다. 일반적인 생각과는 반대로 양심은 현실과 가깝고, 지향하는 가치와는 거리를 두고 있다. 어떤 이가 윤리적 비난을 받는 이유는 양심이 없거나 부족해서가 아니라, 그것이 잘못되었기 때문이다. 상식을 판단하기 위해서는 상식을 아예 처음부터 재건하는 과정이 필요한 것처럼, 양심을 판단하기 위해서는 양심을 재건하는 과정이 필요하다. 물론 양심이 윤리적으로 일반적 상식보다 우월한 것은 확실한데, 이는 상식의 영역보다 훨씬 넓은 영역에 그 영향을 미치는 데 있다. 그렇기에 비양심적 행위에는 몰상식한 행위와 일부 상식적 행위까지 포함되는 것이다. 양심은 또한 상식보다 훨씬 오랜 기간 동안의 암시를 반영하는 것이며, 그 내용에 있어서도 상식보다 훨씬 단순화되어 있다. 이런 단순화는 양심이 상식보다 더 많은 보편성을 갖는다는 것을 의미한다. 하지만 양심적 판단으로 완전무결한 윤리적 판단을 이끌어 낼 수는 없다. 양심 역시 상식의 성격을 갖기 때문이다. 오로지 양심을 잣대로 하여 가치 판단이 이뤄진다면, 그 결과는 개인의 신념보다 개인의 현실을 더욱 반영하게 될 것이다. 개인의 신념은 무엇보다 의지가 가장 중요하며, 의지란 결국 이성의 힘에 의존한다. 그렇기에 이성을 통하여 상식과 양심을 살펴보기 위해서는 이상적인 상식과 양심을 가상적으로 구성할 수 있어야 한다. 이런 신념의 의지는 이성을 통해 만들어지고 다져지는 것으로, 한 인간이 평생 빚어야 하는 조각상과도 같다고 할 수 있다.

신념을 확인할 다양한 상황은 개인의 상상력만으로는 역부족하지만, 우리가 각종 언론에서 접하게 되는 뉴스를 이용한다면 사고 실험의 상황적 가정들을 충분히 얻을 수 있다. 갖가지 사건들로부터 특정 상황을 객관적이고 합리적으로 재구성하고, 자신을 그 상황 속에 대입함으로써 실제 상황에 처한 사람의 입장에서 가치 판단을 해 볼 수 있는 것이다. 인간에게는 직접적으로 경험하지 않더라도 간접적인 방법, 사고를 통해서도 배울 수 있는 능력이 있다. 우리는 마땅히 무엇을 해야 하며, 그렇게 되길 원한다는 일관된 답변보다는 다양하게 도출된 가치 지향의 분포의 중심에서 우리의 신념을 추론하는 것이 더욱 훌륭한 방법이 될 것이다. 자신이 희망하는 판단이야말로 자신의 의지이며, 신념으로 불리는 것으로, 우리는 현실에서 많은 경험을 할 수 없기에 이런 사고실험을 통해 자신의 의지를 확인할 수 있을 뿐만 아니라 만들 수도 있다. 또한 신념의 위치를 확인한다는 것은 결국 자신의 현실을 객관화시킬 수 있다는 의미이기도 하다. 물론 개인의 현실은 사회의 현실이 사회의 이념과 괴리를 갖는 것과 마찬가지로 자신의 신념과 정확히 일치될 수는 없다. 하지만 개인의 현실은 신념의 실현을 위한 삶의 무대가 된다는 점에서 중요한 의미를 갖는다.

　우리는 이념적 가치와 사회의 현실, 그리고 자신이 갖는 신념과 현실을 확인함으로써 개인과 사회가 어떤 관계성을 구축해야 하는지에 대한 단서를 마련할 수 있다. 그 관계성은 사회를 구성하는 이념적 지형 어디에 자신이 위치하고 있으며, 그 위치를 통해 어떤 가치의 영향을 얼마나 강하게 받고 있는지, 우리가 자신의 신념을 어느 정도 확신할 수 있는지를 통해서만 검토될 것이다. 다시 강조하지만 우리가 신념의 위치를 확인해야 하는 이유를 조금 과장해서 말하면, 우리도 모르게 우리가 전체주의자나, 공산주의자나, 극단적인 자유주의자나, 신자유주의를 추종하는 사람일 수도 있기 때문이다. 자신의 신념은 스스로 고찰하지 않는다면 절대 알 수 없는 것임을 잊지 않길 바란다. 이제 지금까지 살펴본 네 가지를 비교해 보자.

[이상과 현실]

익명과 상식에 관하여

가장 먼저 사회의 이념과 사회의 현실을 비교함으로써 사회의 이념이 어떤 방식으로 작동하는지 살펴볼 수 있다. 이념은 현실을 끌고 가는 힘이지만, 현실 속의 많은 문제는 이념과는 한참이나 동떨어져 있다. 또한 익명과 상식은 현실의 산적한 문제들을 가려 버린다. 우리는 현실의 은폐된 수많은 부조리가 폭로될 수 있도록, 정치화의 대상이 될 수 있도록, 당연한 문제가 당연한 것이 아님을, 당연하지 않은 문제가 당연한 것임을 지속적으로 공론화해야 할 것이다. 이 목적 아래에서 이념과 현실의 괴리 속에서 개인의 신념을 찾아야 하며, 개인의 신념을 통해 개인의 현실을 객관적으로 파악해야 한다. 무엇보다 사회의 이념과 개인의 신념의 발전 방향의 원칙은 극단에 치우치지 않도록 하는 것이다. 극단에 치우치지 않도록 하기 위해서는 다른 이념들과의 비교분석과 지도의 중심인 기준점에 대한 검토가 동시에 이뤄져야 한다. 그래야만 현실을 조금이라도 이상에 가까워지도록 할 수 있을 것이다. 우리 개인이 놓인 곳은 개인의 현실이며, 개인은 자신의 현실을 사회의 이념이 아닌 개인의 신념을 향해 전진할 수 있도록 해야 한다. 자신의 신념이 사회가 지향하는 이념과 어긋남이 클수록 자신의 현실을 바꾸기 위한 노력은 배가 필요할 것이다. 그리고 언제나 작은 변화가 큰 변화의 시작인 것처럼, 자신의 현실에 충실해야 함은 강조할 필요가 없다. 그리고 이런 충실한 노력은 말해지는 것이 아닌 행동으로 이어져야만 한다. 물론 옳은 생각으로부터 이어지는 옳은 말에도 충분한 의미가 있다. 그러나 말해지는 것만으로는 신념을 제대로 세울 수 없는데, 말이란 신념을 향한 의지의 일부에 불과하기 때문이다. 이것저것 말만 많은 사람은 잡다한 의지들 속에서 중심을 잡지 못하는 사람이며, 이런 사람에게 신념을 기대하는 것은 마른나무에 꽃이 피어나는 것을 기대하는 것과 다를 바 없다. 현실을 변화시키기 위해서는 반드시 행동이 필요하며, 신념이란 행동으로 완성되는 것이다.

자신의 의지와 신념의 확인은 많은 시간과 생각과 경험을 필요로 하는 것이다. 특히 자신의 신념을 개인과 사회의 행복을 증진시키기 위한 더 좋은 신념으로 바꾸는 것은 더 많은 시간의 생각과 경험을 필요로 한다. 개인과 사회의 관계성은 숙명적이기에 한 개인의 생각은 사회적 차원으로 넓어질 수밖에 없다. 행복의 증진이라는 관계성의 목적에 입각해 봤을 때, 사회의 이념과 개인의 신념이 극단에 치우치지 않도록 하는 것은 사실상 지금까지 알아본 전부이지만, 이것만으로도 우리는 많은 불행을 피할 수 있다. 행복의 증진에 극단적 이념이 가져오는 긴장으로 인해 야기되는 것들은 해당되지 않는다. 물론 이 문제는 지금 고민할 필요가 없을 수도 있다. 지금은 무엇인가를 하기 전 있는 그대로의 현실을 바라볼 수 있는 눈이 필요할 뿐이다. 우리는 한 집단이 공유하는 공동의 눈을 갖고 있으며, 그 눈은 다양한 가치의 힘들로 왜곡되고 휘어져 있다는 것을 잊으면 안 된다. 이런 눈에 비친 완벽한 직선이 어떻게 굽어지지 않은 것이라 확신할 수 있는가? 우리의 정체성은 사회의 정체성 안에 포함되어 있으며, 자신의 정체성과 사회의 정체성의 색을 알아야만 우리 눈에 비치는 대상의 진짜 색을 구별해 낼 수 있는 것이다. 그것이 명확하게 구별되지 않더라도 진짜 색을 유추하는 데 조금이라도 도움이 된다면 상관없다. 진리를 구하지는 못하더라도, 진리라는 것에 조금이나마 가까운 상식을 얻을 수 있다면 이 시도는 충분히 성공한 것이다.

좀 더 살기 좋은 사회를 만드는 것은 한 사람이 가치관을 정립하고, 그 가치관에 따라 한 발자국을 움직이는 것으로부터 출발한다. 변화의 시작은 개인의 감정을 극복하는 의지로부터 나오는 것이며, 그것으로부터 한 개인의 말과 행동이 시작된다. 감정을 극복하는 데 반드시 필요한 것은 사회의 신념과 현실로부터 자신의 신념을 이끌어 내는 것이며, 신념이야말로 상식과 감정의 울타리를 제대로 인식할 수 있도록 하는 것이다. 또한 사람을 행동하게 하는 의지에 신념이라는 것이 아예 없다면 그것은 오히려 유해한 것에 불과하게 되므로, 의지란 언제나 개인의 신념에 후행해야 한다. 이렇게 한 사람의 말과 행동은 사회의 아주 작은 부분이라 할지라도 변화의 가능성을 높이기에, 수많은 개인이 이 과정을 따른다면 사회 전반에 변화의 가능성이 맴돌게 될 것이다. 그렇다고 우리가 개인으로부터 사회로 나아가는 변화의 방향을 추구한다 해서 사회에서 개인으로 흐르는 힘을 무시해서는 절대 안 될 것이다. 개인은 공동체 없이 어떤 행복도 추구할 수 없으며, 집단이 필요 없는 개인이라는 희망이야말로 우리가 피해야 하는 또 다른 극단이기 때문이다. 우리가 당장 해야 하는 것은 극단을 추구하는 거대 권력이 숨어 있는 장벽을 허물어, 사회가 과도하게 왜곡되지 않도록 하는 것이다. 사회의 문제, 그림자의 절규, 나쁜 징후에 대한 조치가 취해져 위험을 조금이라도 낮출 수 있는 가능성을 높이는 것이 우리의 사명이 되어야 한다.

이런 사명 앞에서 우리는 새로운 성격^{Personality}의 필요성을 절감하게 된다. 지금까지 알려진 성격이 다른 개인들과의 관계성에서 나타나는 특징으로 이뤄진 '인간 관계적 성격'이라면, 우리에게 필요한 새로운 성격은 사회의 이념, 사회의 현실과 맺는 관계성에서 나타나는 특징으로 이뤄진 '사회 관계적 성격'인 것이다. 사회 관계적 성격은 자신의 신념이 지향하는 가치의 방향과 수준을 기본으로 하여, 자신의 신념과 자신의 현실과의 괴리, 사회의 이념과 사회의 현실과의 괴리, 자신의 신념과 사회의 이념과의 괴리의 차이와 비교로 구성된다. 사회 관계적 성격은 인간 관계적 성격과 더불어 개인의 성격유형 특성을 더욱 입체적으로 규명할 수 있도록 할 것이며, 이런 시도를 통해 신자유주의 이념이 우리의 성격에 어떤 영향을 미치는지 폭로될 수 있을 것이다.

우리는 결국 현대의 신자유주의 이념이라는 섬에 도착하게 된다. 어디에서나 익명과 상식은 인간을 억압하며, 동시에 유혹하고, 보호하는 역할을 맡는다. 신자유주의 섬 역시 마찬가지다. 화려하게 치장된 섬의 중심가는 드넓은 바다에서 표류하다 운명적으로 도착하게 된 우리를 환영해 주었다. 우리가 가진 것은 아무

익명과 상식에 관하여

것도 없었지만, 다행히 그 섬의 주인은 먹을거리와 일자리를 우리에게 제공할 것이라 말하며 호의를 베풀었다. 이는 미지의 섬에 도착한 우리에게 크나큰 축복이 틀림없었다. 생명을 부지했을 뿐만 아니라 먹고 살 길도 찾았기 때문이다. 그리고 섬의 주인은 이 섬을 지배하는 이념에 대해 친절하게 알려주기 시작했다. 이 섬은 노력한 만큼, 능력에 따라 무엇이든 얻을 수 있는 유토피아 같은 곳이라고 말이다. 우리는 이 모든 것에 감사하며 신에게 뜨거운 눈물과 기도를 올렸다. 얼마 뒤 대규모 농장에서 체력이 좋은 사람 3명을 뽑아 갔다. 그리고 어떤 회사에서 학력이 가장 우수한 한 사람을 뽑아 갔다. 공장에서는 기술공 2명을 뽑아갔다. 6명을 제외한 나머지에게는 최소한의 음식만이 제공되었다. 우리는 아무것도 할 수 없었다. 궁핍한 생활이 계속되었다. 그렇다고 우리가 아무것도 하지 않고 마냥 시간을 보낸 것은 아니었다. 우리는 섬의 주인을 찾아가 하소연하기 시작했다. "당신이 주기로 한 일자리는 어디 있는가? 우리는 일을 하고 싶다." 잠시 침묵이 흘렀다. 주인이 입을 열었다. "이 섬에 표류하게 되어 목숨을 건진 것에 감사하시오. 나는 당신들에게 일자리를 가질 기회를 똑같이 주었소. 하지만 당신들은 체력이 못한 점, 학력이 못한 점, 기술이 없는 점 때문에 그 기회를 잡지 못한 것이오. 그러니 일자리가 없는 것은 능력이 없는 당신들 탓이오. 지금부터라도 능력을 키우도록 하시오. 기회는 다시 부여될 것이니." 우리는 아무 말도 할 수 없었고, 그가 준다는 것은 일자리가 아니라 일을 할 수 있는 기회

였음을 깨달았다. 그리고 우리는 능력이 부족한 자신의 신세를 한탄하게 되었다.

우리가 할 수 있는 것은 두 가지뿐이다. 능력을 키우고 경쟁에서 이겨 이 섬에 자리를 잡는 것과, 섬을 떠나는 것이다. 하지만 섬을 떠난다는 것은 미지의 위험에 목숨을 거는 행위와 다름없기에 그것은 어쩔 수 없이 기각되었다. 그렇다면 진정 해야 하는 것은 무엇인가? 그것은 바로 섬의 주인의 실체를 밝히고, 섬을 지배하는 이념이 작동하는 방식을 철저히 분석하여 그것이 올바르게 작동하는지를 규명하는 것이다. 만약 그렇지 않다면 우리가 이 섬에서 잉여 노동력으로 남겨져야 하는 진짜 이유를 알 수 있을 것이며, 이 문제를 해결할 수 있는 계획이라도 세울 수 있을 것이다. 물론 그것이 성공할지는 누구도 모르는 일이다. 그런데도 이것은 우리가 해야 하는 유일한 행동이다.

우리가 섬을 떠날 수 없다는 것은 실제 우리가 처한 상황을 묘사하는 적절한 표현이다. 섬 그 자체야말로 집단이고, 관계성이자, 거대 익명인 것이다. 그리고 그 섬은 이념에 따라 충실하게 작동하고 있다. 섬의 주인은 권력의 핵심이다. 물론 그가 섬의 단 한 명의 주인일 수는 없다. 자본주의 권력의 주인은 자본의 분포만큼이나 분산되어 있기 때문이다. 자본이 누군가에게는 너무 많지만, 또 다른 누군가는 아예 없다시피 한 것이 문제의 본질이 아니다. 문제의 본질은 이런 현실이 갖가지 방식으로 가려지고 은폐된다는 데 있다. 특정한 현상이 끊이지 않는 자극적인 논란들 뒤로 사

라지는 것을 넘어 이제 일반화되고 일상화되어 버린 상황들이야
말로 매우 심각한 문제인 것이다. 왜곡된 것을 볼 수 있다면 적어
도 고쳐야 하는 필요성만은 인지할 수 있겠지만, 왜곡된 것을 당
연하게 여기는 순간 아무것도 할 수 없게 된다. 하지만 불행하게
도 우리는 왜곡된 현실에 자신을 맞춰 가고 있다. 자신이 비틀려
지는 것도 모르고 말이다.

익명과 상식에 관하여

XIV

다시 생각의 숲으로

생각의 숲에서 나무속을 헤치며 정신없이 뛰어다니기보다는 잠시 멈추고 주위를 살펴볼 여유가 당신에게 필요하다. 당신이 해야 할 일은 사회의 이념과 상식을 떠올리고 천천히 의식하는 것이다. 그리고 두 눈을 사회와 개인의 현실로 향하도록 해야 한다. 실제 현실의 모습이 과연 무엇인지 집중해보자. 상식에서 이념으로 이어지는 것들은 다양한 방식으로 익명 속에 스며들고, 익명은 우리에게 지속적으로 암시를 보낸다. 생각의 숲에서 잠깐이라도 멈추게 된다면 당신은 불안에 노출될 것이다. 물론 그 불안은 잠시나마 참아 내고, 이겨 낼 수 있는 것이다. 그렇기에 변화를 원한다면 그 불안을 감수해야 한다. 당신이 무슨 행동을 할 수 있을 것인지를 생각하기보다는 무슨 행동이 필요한 것인지에 더 많은 주의를 기울일 필요가 있다. 당신은 머릿속 생각의 숲 한가운데에서 하늘을 바라본다. 태양은 보이지 않지만 높은 하늘이 구름 한 점 없이 맑고 푸르다. 생각의 숲으로 불어오는 바람에는 수많은 향기가 담겨있다. 어디선가 들려오는 나뭇잎이 바스락거리는 소리는 마음을 안정시킴과 동시에 어디엔가 길들여지지 않은 동물들이 숨어 있을 것만 같은 불길한 기분도 들게 한다. 당신은 곧 수많은 장애물과 위험들로 둘러싸여 있다는 것을 직감할 것이다. 잠시 후 당

익명과 상식에 관하여

신은 고개를 돌려 숲의 먼 곳을 바라보았지만, 아무것도 보이지 않았다. 그곳은 완벽한 암흑이었으며, 누구라도 멈춰 설 수밖에 없는 위엄을 내뿜고 있었다. 잠시 후 당신은 묘한 두려움과 경외심에 빠져들었다.

드디어 당신은 용기를 냈다. 떨어진 나뭇잎들로 가려 좀처럼 보이지 않았던 그 길로 천천히 발걸음을 내디딘 것이다. 무엇인가로 파헤쳐진 흔적으로 지저분한 이 길 위에는 많은 위험이 도사릴 것 같았지만, 당신은 이미 좌우로 쭉 뻗은 정돈된 길을 선택하기 전에 새로운 길을 찾기로 마음먹었던 것이다. 이런 다짐을 하는 데에는 매우 오랜 시간이 걸렸음이 틀림없다. 당연히 가야만 하는 길에서 성취할 수 있는 행복에 대해 의구심을 품기 시작하면서 말이다. 행복은 노골적으로 손짓했지만, 그 행복에는 닿을 수 없었고, 급기야 행복의 의미마저 사라지고 만 것이었다. 드디어 새로운 길에 한 발을 놓았을 때 당신에게는 '만약'이라는 단어가 떠올랐다. 당신은 두려운 마음으로 천천히 그 길을 걷기 시작했다. 그리고 '만약'이라는 궁금증으로부터 새로운 길이 시작한다는 것을 깨닫게 되었다.

우리는 다시 생각의 숲으로 돌아왔다. 이곳은 우리의 수많은 생각과 의지가 만들어지는 곳이다. 우리는 생각의 숲이 지속적으로 익명의 암시를 받고 있다는 것을 알고 있다. 하지만 우리에게는 이 억압과 유혹을 뿌리치고 벗어날 능력 또한 충분히 갖고 있음을 안다. 인간은 나약하지 않을뿐더러 절대 수동적인 존재가 아니다. 인간은 강한 의지를 가질 수 있으며, 이를 바탕으로 능동적이고 주체적으로 행동할 수 있다. 익명과 상식으로 만들어지는 수많은 억압과 유혹의 감옥에 갇히지 않는다면 말이다. 물론 그곳에서 완벽하게 벗어날 수 있다는 것을 말하는 건 아니다. 이것은 '벗어나야 하지만 벗어날 수 없는 것은 무엇인가?'라고 묻는 수수께끼와도 같다. 이 문제의 답을 찾기 위해 골머리를 썩이는 것은 별 도움이 되지 않는다. 이런 문제는 단순하고 쉽게 접근해야 한다. 벗어날 수 있는 것들만 과감하게 벗어 버리고, 벗어날 수 없는 것들은 있는 그대로 받아들이면 된다. 우리가 취해야 하는 행동을 정하는 것은 간단하다. 하지만 '무엇으로부터 벗어나야 하는 것이며, 무엇을 인정해야 하는 것인가?'라는 새로운 질문은 피할 수 없게 된다. 결국 우리가 구해야 하는 것은 이 질문의 답이며, 이를 위해 익명으로부터 이념까지의 짧은 여행을 떠났던 것이다.

이 질문은 간단하게 답해질 수 없지만, 우리는 이 여정을 통해 '자유를 억압하고 제한하는 것이야말로 우리가 벗어나야 하는 것'이라는 답을 내놓게 될 것이다. 자유란 사유의 자유가 되어야 하며, 사유의 대상은 삶의 진정한 가치와 행복이 되어야 한다. 이는 다시 '무엇이 삶의 가치와 행복을 가져오는가?'로 질문될 것이며, 결국 '자신의 신념을 적극적으로 추구하는 것이자, 그것을 실현하는 것'이라 답해질 수 있을 것이다. 그리고 이 답은 사회의 이념과 현실의 괴리, 그리고 개인의 신념의 방향에 따라 정해질 것이다.

익명과 상식에 관하여

여기서 주의할 점이 한 가지 있다면, 그것은 바로 상대주의의 역습으로부터 벗어나야 한다는 것이다. 사회의 이념이 극단으로 치우치면 안 된다는 최소한의 원칙은 어느 곳에서나 통용되는 보편적 성격을 갖는 것으로, 개인의 신념 역시 보편적 성격에 그 기반을 두어야만 단단하게 뿌리 내릴 수 있다. 하지만 신념의 문제에 있어 모든 것을 동일하게 수용하려는 상대주의적 태도는 도움이 되지 않는다. 상대주의 가치는 분명한 시대의 요청으로 더 장려되어야 할 분야가 많은 것도 사실임을 부정할 수는 없지만, 신념의 비가역적인 성격은 상대주의적 입장에서도 흔들리지 않는 것이다. 즉, 진정한 신념이란 반드시 오랜 시간 숙고되고 단단해져야 함을 의미한다.

생각의 숲에 큰 영향을 미치는 익명과 상식은 인류 사회를 움직이는 숨겨진 작동 방식이다. 사회를 통해 익명과 상식이 발명되었다기보다는, 익명과 상식을 통해 사회가 이룩될 수 있었다고 보는 것이 더욱 합당할 것이다. 이렇게 익명과 상식은 사회에 앞선다. 이 성격은 결국 인간이란 사회의 개인으로서 살아갈 수밖에 없음을 의미한다. 물론 인간의 무리에서 떨어져 야생 동물과 오랜 기간 생존한 사례가 있기도 하다. 하지만 사회화를 거치지 못한 인간은 사회의 개인에게 반드시 필요한 능력을 갖지 못한다. 대표적인 것이 동족 간 의사소통 능력이다. 이런 사회적 측면에서 야생의 늑대 무리에서 자란 늑대소년이나 소녀는 사람보다는 오히려 늑대에 가깝다. 의사소통에는 언어만이 아니라 표정과 몸짓 등 다양한 반응 방식이 포함되며, 그 근저의 감정에는 사회문화적으로 구성된 요인이 매우 큰 영향을 미치기 때문이다. 적어도 이 책에 서술된 인간은 개인을 벗어나서 정의될 수 없는 것이다.

개인에게 받아들여지는 사회의 의미 역시 단순하게 정의될 수 없다. 개인이 자신의 행복을 능동적이고 적극적으로 추구하고 영위하기 위해서는 이를 뒷받침하는 사회의 구조가 충분히 구성되어야 하기 때문이다. 하지만 사회의 구조를 조금씩 침식시키는 수많은 부조리는 익명의 암시와 양심의 문제로 인해 개인들로부터 철저히 외면받게 되고, 이런 행위는 자연스럽고 당연하게 이뤄지게 된다. 이런 일상이 반복되면 의식적인 갈등은 점차 줄어들 것이다. 습관화되고 단련된 갈등이야말로 쉽게 버텨낼 수 있다. 더군다나 개인의 안위는 스스로 지키는 것이 우리 시대의 상식이 아닌가? 하지만 가능성의 세상에서 모습을 드러낸 사회의 문제는 언제든지 자신의 문제가 될 수 있으며, 누구도 이를 부정할 수 없다. 특정 위험이 아직 닥치지 않은 것은 단지 운이 좋았음을 방증할 뿐이며, 우리에게는 그 위험의 확률이 조금 낮았을 뿐이다. 우리는 그 가능성을 아예 제거할 수 없다는 것을 잊으면 안 될 것이며, 없어지지 않는 확률은 그 위험이 여전히 우리 모두를 향하고 있다는 것을 알아야한다. 이것은 우리가 적극적으로 사회의 문제를 해결해야 하는 첫 번째 이유다. 두 번째 이유는 더 간단한데, 사회의 문제는 또 다른 사회적 차원의 문제를 야기하기 때문이다. 이

익명과 상식에 관하여

문제는 첫 번째 문제보다 그 심각성과 규모가 더욱 커질 개연성이 높다고 할 수 있다. 그리고 이는 앞의 이유와 같이 언제나 우리의 예비적 문제가 된다. 사회의 문제를 해결해야 하는 마지막 이유는, 사회문제의 공동 해결이 모든 개인의 책무로 부여되어 작동하는 사회에서야말로 자신이 그 위험에 빠지게 되었을 때 타인의 도움을 실질적으로 기대할 수 있기 때문이다. 이런 사회적 기대는 가장 기본적인 개인의 생존 욕구를 채워 주는 것이 틀림없다. 이 세 가지 이유는 다시 다음의 하나를 의미한다. '자신과 타인의 차이는 없다.' 이것은 존재의 궁극적인 평등을 말하는 것이다. 또한 평등한 존재에게 부여된 자유에 있어서도 마찬가지다. 현실에서 만연한 불평등의 문제, 부자유의 문제는 이런 방향 아래에서 개선되어야 할 것이다. 물론 은폐된 부조리는 눈에 보이지 않기에, 사회의 신념과 현실을 철저하게 분석하여 그 정체를 폭로해야만 평등과 자유의 문제를 조금이나마 풀 수 있을 것이다. 이것은 어려운 것이고 어쩌면 불가능한 것일 수도 있다. 그럼에도 우리가 가장 우선해야 할 것은 의심스러운 현실을 향해 시선을 돌리고, 용기 내어 그 정면을 바라봐야 하는 것이다. 이념과 상식 그리고 감정의 현실이라는 껍데기를 벗겨 내고 실제 현실을 주시하기 위해 노력한다면, 언젠가 우리는 누구에게도 길처럼 보이지 않았던 그 길을 찾을 수 있을 것이다.

이 책을 마무리하는 데 앞서 현실이 어떻게 은폐되어 있는지 알 수 있는 일상의 작은 사건 하나와 영화 한 편을 소개하고, 그 의미를 좀 더 깊이 이해해 보고자 한다. 2022년 인터넷의 한 커뮤니티에 초등학생 5학년 자녀를 둔 학부모의 글이 올라왔다. 그 글의 요지는 다음과 같다. 가족이 외식을 위해 외출하는 와중에 초등학생 5학년 자녀가 폐지를 줍는 할머니를 보고는 '거지', '냄새나'와 같은 막말을 했고, 여기에 화가 난 아버지는 그렇게 말하면 안 된다며 자녀를 타일렀다. 하지만 초등학생 자녀가 '거지한테 거지라고 하는 게 뭐가 문제야?'라며 반문하자, 분개한 아버지는 자녀를 집으로 데려가 매를 든 것이다. 어머니는 남편이 자녀를 체벌한 것이 도무지 이해되지 않는다며 인터넷에 글을 올린 것이다. 작은 해프닝인 이 사건은 일부 언론에 기사화되었고(제목: 폐지 줍는 할머니에 막말한 딸 체벌한 남편… "이해 안 가요", 세계일보, 2022. 7. 3), 자녀체벌 논란이 작게나마 일었다. 여론의 대다수는 폐지 줍는 할머니에게 그런 말을 하는 것은 용납되지 않는 것으로 체벌은 정당하다는 의견이었다.

나에게 이 작은 사건은 우리가 마땅히 알아야 하고 지켜야 할 상식이 현실을 어떻게 은폐하는지를 보여주는 전형적인 사례로 보였다. 우선 이런 상황에서 자녀에게 체벌을 가하는 것은 옳지 않다는 게 나의 기본입장이다. 이제 사건의 중심인물인 아버지가 어떤 의도와 생각을 가졌을지 추측해 보도록 하자. 자녀를 체벌한 아버지는 분명 윤리적으로 좋은 의도를 갖는다고 생각했을 것이다. 아버지의 상식은 아주 간단하다. 폐지 줍는 노인도 사회에

익명과 상식에 관하여

서 존경과 공경을 받아야 하는 한 사람으로, 그런 노인에게 상식 이하의 말을 해서는 안 되며, 아무리 생활이 궁핍하여 힘들게 삶을 영위하는 사람에게도 마땅히 사람다운 대우를 해 줘야 한다는 것이다. 그래서 아버지는 자녀에게 매를 들었던 것으로, 이는 어느 모로 보나 자연스러운 전개다. 나는 이 상황이 체벌의 필요성이나 정당성의 논란으로만 이어지는 것이 안타까웠다. 그 이유는 체벌의 결과만 봐도 알 수 있다. 부모의 가정교육 중 가장 딱딱한 방식인 체벌을 통해 자녀가 현실을 현실에 가깝게 인식하는 데 죄의식을 갖도록 만들었기 때문이다. 아직 미성숙한 자녀가 감정적 현실에 잡혀 있는 것은 사실이지만, 감정적 현실은 상식적 현실보다 실제 현실에 더욱 가까운 것이다. 아버지의 체벌을 통해 자녀가 죄의식을 갖게 만든 것 외에 바뀐 것은 무엇인가? 이 체벌이 폐지 줍는 노인의 형편에 어떤 도움이라도 되었는가? 현실의 모습이 바뀐 것은 전혀 없다. 결과적으로 자녀는 훈육을 통해 현실을 그대로 말하는 것은 도덕적 상식에 어긋난다는 것임을 배우게 되었으며, 앞으로는 폐지 줍는 노인을 이전과 같은 시선으로 바라보지 못할 것이다. 그들도 인간이기 때문이다. 이런 상식은 그들이 처한 비참한 현실을 익명 속으로 사라지게 만드는 것이다. 그럼에도 그들의 옷에서 풍겨 오는 땀 냄새는 여전할 것이고, 스치는 사람의 코를 찌를 것임은 변함이 없다. 우리 시대의 어떤 상식도 냄새만은 막을 수 없는 것이다. 아버지는 자녀의 체벌을 통해 폐지 줍는 노인을 외면하며 쌓인 죄책감에서 벗어날 수 있었다. 자녀를 체벌하는 것은 꽤 힘든 일이었을 테지만, 손상된 양심을 조금이나마 회복시킬 수 있었던 것이다. 하지만 폐지 줍는 노인은 여전히 거리에 있으며, 이런 일은 다시 일어날 것이다. 충분하고 적당한 죄책감이야말로 얼마나 잔인한 것인가? 양심의 불편함을 없애버리는 것은 현실의 상처를 그대로 방치하는 것에 머무는 것이 아니라, 도리어 악화시키는 것 아닌가?

이 작은 사건의 중심에 체벌이 있어서는 안 된다. 만약 체벌을 받아야 하는 사람이 있다면 그건 아버지가 되어야 한다. 물론 아버지가 누구로부터든지 체벌을 받고 이 사건이 끝나 버린다면 그역시 소용없을 것이다. 가장 좋은 것이라 생각되는 방법은 아버지가 상식 아래 가려진 현실을 들춰 낸 자녀에게 이런 상황이 왜 발생하는지 설명해 주는 것이다. 현실에 왜 이렇게 어렵게 삶을 연명하는 사람들이 있는지, 몸이 불편함에도 불구하고 폐지를 왜 주워야 하는지, 그 배경을 맥락적으로 알려줘야 한다. 우리가 알고있는 상식들과 현실과의 괴리를 자녀에게 솔직하게 보여 줌으로써 어린 자녀가 폐지 줍는 노인에게 갖는 멸시와 혐오의 마음을 스스로 벗어나게끔 도와야 하는 것이다. 초등학생 자녀는 사회화의 중심에 있으며 익명의 암시에 크게 노출되어 있기에, 단번에 깊은 이해를 보여 줄 수는 없을 것이다. 하지만 현실을 바라볼 수있도록 돕는 교육이 지속된다면, 그 자녀가 성장하면서 겪는 다양한 경험을 통해 사회의 가치와 현실을 조금씩 파악하고, 스스로의 신념을 세울 수 있을 것이다. 그리고 언젠가 그 아이는 폐지 줍는 노인의 현실에 직접적인 변화를 줄 수 있는 발걸음을 뗄 수 있지 않겠는가?

은폐된 현실이 어떻게 드러나는지 보여주는 〈12인의 성난 사람들〉(시드니 루멧 감독 작, 1957년)이라는 영화를 살펴보도록 하자. 이 영화는 아버지를 살해한 혐의의 받는 소년에 대해 12인의 배심원이 최종 판결을 내리는 과정을 그리고 있다. 배심원의 판결은 만장일치가 되어야 하며, 유죄로 판결된다면 소년에게 사형이 선고될 것이다. 이 영화의 등장인물들은 철저히 익명화되는데, 12인의 배심원들 역시 서로의 이름을 모른다. 배심원의 역할을 수행하기 위해 이름은 어떤 필요도 없다. 이런 익명이라는 가면은 배심원들의 본모습을 여실 없이 드러나게 한다. 또한 피고인 소년 역시 전과가 있는 빈민가의 범죄자일 뿐이며, 그의 이름도 알려지지 않는다. 이 영화에서 이름의 쓸모란 어디에도 없다.

이 사건에는 두 명의 증인이 등장한다. 첫 번째 증인은 사건이 발생한 집 바로 아래층의 거동이 불편한 노인으로 살인 현장의 소리를 직접 들었으며, 소년이 도망가는 것도 목격했다. 두 번째 증인은 건너편 집에 사는 40대 중반의 여성으로 집 사이에 전철이 지나가는 동안 소년이 살인하는 장면을 목격했다. 결정적인 두 증언으로 인해 이 사건의 범인은 다름 아닌 아버지의 폭력에 매일 시달리던 아들, 그 소년이라는 분위기가 팽배했으며, 배심원 대부분은 이 사건이 살인사건의 전형을 보여주는 것이라 생각했다. 배심원들은 의심의 여지없이 한 번의 투표를 통해 만장일치로 유죄 선고가 내려질 것으로 예상한 것이다. 더군다나 살인적으로 무더운 날씨는 배심원들의 빠른 판결을 재촉하였고, 한 방에 모인 배심원들은 거수투표를 진행한다. 하지만 만장일치의 판결은 나오지 않았다. 단 한명, 이 영화의 주인공인 8번 배심원(헨리 폰다 역)이 무죄에 손을 들었기 때문이다.

유죄로 만장일치 되지 않자 증권 브로커인 한 배심원은 "빈민가에 태어나 범죄의 소굴에서 자란 그런 아이들은 잠재적인 사회악이다."라 단언한다. 이것은 그에게 있어 상식일 수밖에 없다. 만약 이것이 옳지 않은 것, 편견으로 여겨졌다면 다른 배심원에게 공언하지 않았을 것이다. 이런 상식은 사건의 진실을 찾기 위한 시도마저 막아 버리는 것인데, 주인공은 유죄에 거수한 11명의 배심원들에게 다음과 같이 반문한다. "증언에 따르면 유죄 같아요. 그럴지도 모르죠. 6일 동안 법정에 앉아서 상황을 지켜봤어요. 모두들 확신을 하시는데 난 좀 이상한 기분이 들었어요. 어떻게 그렇게 확신을 하죠?" 주인공은 이런 확신, 특히 한 사람의 목숨을 결정하는 확신에 대한 의심을 가질 것을 다른 배심원들에게 호소한다. 그 소년의 변호사가 무능할 수도 있지 않겠는가? 증인이 착각을 했을 가능성도 있지 않겠는가? 물론 주인공도 무죄라는 어떤 증거도 갖고 있지 못했다. 그렇기에 주인공은 자신을 제외하고 비밀투표를 진행하여, 아무도 무죄에 표를 던지지 않는다면 자신의 선택을 유죄로 바꿀 것이며, 만장일치로 유죄로 판결하는 데 협조

익명과 상식에 관하여

〈12인의 성난 사람들〉의 한 장면.
배심원들이 각기 다른 곳을 바라보고 있다.
과연 진실을 바라보는 자는 누구인가?

할 것이라 선언한다.

놀랍게도 두 번째 비밀투표에서 무죄 한 표가 나왔다. 이제 유죄 10표, 무죄 2표가 된 것이다. 주인공 옆자리의 백발의 노인은 "그 소년은 아마 유죄일 겁니다. 그렇지만 더 이야기를 해 보죠." 라고 말하며 의문을 제기한 주인공을 지원하게 된다. 그리고 주인공은 다른 배심원들에게 스스로가 피고가 되었다고 생각할 것을 재차 요청하고, 이것은 단순한 게임이 아님을 강조한다. 배심원들이 증인의 진술들을 재구성하자 그 진술들이 제대로 설명하지 못하는 부분이 하나둘씩 눈에 띄기 시작했다. 아래층 노인이 "죽여 버릴 거야."라는 소리를 들었다는 진술은 건너편 집의 여자가 전철이 지나갈 때 살인 장면을 목격했다는 것을 감안하면, 소년의 외침이 전철의 소음으로 아랫집에 들렸을 가능성은 매우 낮은 것이다. 이런 합리적인 의심은 두 증언이 부적합할 수 있다는 것을 보여 주었다. 또한 배심원들이 노인의 집 구조와 크기, 특히 불편한 거동까지 감안한 재현을 통해 노인이 소년이 도망가는 것을 목격하기 위해 15초간 이동했다는 증언도 사실과 맞지 않을 가능성이 매우 높음을 밝힌다. 이렇게 증언 속에서 앞뒤가 맞지 않는 부분이 밝혀짐에 따라 배심원들의 판결은 유죄 6표, 무죄 6표로 동표가 되기에 이른다. 애초 만장일치 유죄로 끝날 것이라 예상되었던 사건이 이제는 결과를 전혀 예상할 수 없게 된 것이다.

점점 무죄 표가 많아지는 것에 불만을 품은 한 배심원이 말한다. "6대 6이라니 당신들 어떻게 된 거야? 그런 녀석을…" 주인공을 가장 먼저 지원했던 백발의 노인은 "그 애가 어떤 애인지는 상관없는 일이에요. 사실로만 판단해야죠."라고 반박한다. 그러자 유죄를 강하게 주장하는 배심원이 "사실은 얼마든지 왜곡할 수 있는 거요."라고 말하자 잠시 정적이 흐른다. 자신의 주장이 잘못된 것일 수도 있다는 고백을 해버렸기 때문이다.

후덥지근한 열기는 더욱 심해지고 폭우가 쏟아지기 시작한다. 배심원들은 이제 정말 진실이 무엇인지, 자신들이 혹시나 어떤 것을 잘못 판단하고 있는지 최선을 다해 고민하게 되었고, 지속되는 증언과 증거들에 대한 논쟁을 통해 무죄에 투표한 사람이 드디어 9명으로 늘어난다. 주인공은 불완전한 근거로 만들어진 확신으로는 어떤 유죄의 판결도 내려서는 안 된다는 것을 강조하며 다음과 같이 말한다. "언제나 편견이 진실을 가립니다. 나도 진실을 모릅니다. 아무도 모를 겁니다. 9명은 피고가 무죄라고 느끼는데 이것도 확률의 도박이고, 우리가 틀릴 수도 있죠. 어쩌면 죄인을 풀어주게 될지도 모르죠. 그렇지만 의심할 만한 근거가 있다면, 그게 우리 법체계의 우수한 점인데, 배심원들이 확실치 않다면 유죄 선고를 내릴 수가 없습니다."

이 영화의 결론은 다루지 않을 것이다. 중요한 것은 모든 판결이 끝나고 법정을 나서는 주인공과 백발의 노인이 서로의 이름을 교환한다는 것이다. 서로의 이름을 밝힌다는 것과 진실을 밝히는 것은 무언가 닮아 있음이 틀림없다. 이 영화를 통해 우리는 두 개의 질문과 하나의 깨우침을 얻을 수 있다. 질문은 바로 '배심원은 상식적으로 판단해야 하는가?'와 '증인의 진술을 사실로 받아들여야 하는가?'이다. 첫 번째 질문에 가볍게 답변하자면, 상식적인 판단이야말로 중요하다고 할 수 있다. 비상식이야말로 피해야 하는 것이기 때문이다. 하지만 질문을 '배심원의 상식은 그들의 판단에 어떤 영향을 주는가?'로 바꿔본다면, 누구도 쉽게 답변할 수 없다는 것을 알 수 있을 것이다. 이것은 이 책의 내용을 관통하는 것이기도 하다. 상식적으로 판단하는 것과 상식이 판단에 영향을 미친다는 것은, 앞의 질문을 다른 말로 풀어 쓴 것에 불과할 수도 있다. 하지만 우리는 다시 쓴 질문에 답을 찾기 위해 고민할 수밖에 없으며, 나쁜 징후를 야기하는 익명과 상식에 관한 모든 것이 검토의 대상이 되어야 한다. 이 영화의 내용이 바로 상식이 지배하는 상황의 전개를 멈추고, 현실의 상황을 재구성하는 과정인 것이다. 만약 배심원들 전원이 상식에 압도된 채 유죄를 판결했다면, 그것이 옳든 그렇지 않든 간에 현실보다 상식이 우선하는 전형적인 상황을 보여 주었을 것이다. 즉, '배심원은 상식적으로 판단을 해야 하는가?'에 답변은 '비판적으로 검토되고 재구성된 상식을 바탕으로 판단되어야 한다.'가 된다.

두 번째 질문 역시 '그렇다.'고 답변하는 것은 상식이다. 특히 증인이 위증하는 경우에는 법의 처벌을 받기에 증언의 내용은 확실한 것에 가깝다고 봐야 한다. 하지만 두 번째 질문에 '흠결 없는'이라는 수식어를 추가해 보자. '증인의 진술을 흠결 없는 사실로 받아들여야 하는가?'라는 질문은 우리를 다시 한번 고민에 빠지게 만든다. 특히나 사람의 목숨이 걸린 사건이라면 증인의 진술을 받아들이는 데 더욱 신중해야 하며, 증언이라는 것만으로 그 내용을 사실로 확신하는 것을 경계해야만 하는 것이다. 즉, 이 질문의 답변은 '아니다. 진술의 완전무결함을 확신해서는 안 된다.'가 올바른 것이다.

이제 이 영화를 통해 얻을 수 있는 하나의 깨우침이란 무엇인지 알아보자. 사실 주인공이 현실을 제대로 보기 위한 태도는 원칙적이고, 개념적으로 이해하기에 크게 어렵지 않다. 오히려 우리가 놓쳐서는 안 되는 중요한 점은 주인공만으로는 배심원들의 고민과 사건 전반에 대한 검토가 시작조차 될 수 없었다는 것이다.

주인공은 자신을 제외한 11명에게 하나의 무죄 표를 걸고 비밀투표를 제안했다. 그리고 여기서 동의해 준 백발의 노인이 없었다면 그 소년은 만장일치로 유죄가 결정되었을 것이고, 영화는 시작조차 하지 않았을 것이다. 즉, 이야기를 진행시킨 것은 다름 아닌 무죄라는 증거는 어디에도 없지만, 토론의 필요성만으로도 무죄에 표를 던진 백발의 노인이었다.

미국의 소설가 이디스 워튼은 "빛을 퍼뜨릴 수 있는 두 가지 방법이 있다. 자신이 촛불이 되거나, 촛불을 비추는 거울이 되는 것이다."라고 말했다. 앞의 영화에서 살펴본 것처럼 촛불을 비추는 거울의 힘은 실로 놀라운 것이다. 변화란 은폐된 현실의 진실한 모습을 폭로하는 사람뿐만 아니라 그 필요성만으로 동조할 수 있는 거울 같은 사람이 반드시 있어야 가능한 것이며, 그런 사람들이야말로 세상의 변화 중심에 있는 것이다. 우리는 다음의 질문을 스스로에게 던져야 한다. 이런 상황이 우리에게 일상적인 것은 아닌가? 진실을 향한 수많은 목소리가 어떤 동조도 없이 사라지고 있는 것은 아닌가? 어쩌면 우리는 많은 사람들의 입에 오르내리는 상식에 따라 소년에게 이미 유죄의 표를 던진 것은 아닌가?

맺음말

이 책은 거대 익명을 비롯하여, 상식에서 뻗어 나오는 신념과 지식에 관하여 아주 일부만을 언급하고 있다. 그것은 무엇보다 방대한 것이며 저자의 한계를 뛰어넘는 것이다. 《익명과 상식에 관하여》는 눈에 얼핏 비친 익명의 인상을 스케치한 것에 불과하다. 하지만 부족하고 불완전한 사유일 지라도 이를 멈춰서는 안 될 것이다.

우리에게는 상식과 확신으로 가득 찬 안전한 길이 필요하다. 그런데 만약 의심과 비판으로 새롭게 개척되는 미지의 길이 없다면, 안전한 길이 정말 안전한 것인지, 길의 방향이 우리가 추구하는 것인지 제대로 판단할 수 없을 것이다. 한 집단을 이룬 우리는 그 길이 안전하길 바라며 서로에게 의지하지만, 그 사회의 현실이 우리의 기대와 전혀 다르다면, 누군가 그 괴리 속에서 죽어 가고 있다면, 이 문제는 분명 중요하게 다뤄져야 함이 틀림없으며, 누구도 이를 부정할 수 없을 것이다. 하지만 지금 이 순간에도 수많은 죽음이 익명의 그림자 속으로 사라지고 있다. 우리는 앞만 보고 전진해야만하기에 무엇인가 뒤에서 총을 겨누고 있다는 것을, 심지어 누군가는 그 총에 쓰러지고 있다는 것을, 안쓰럽지만 어쩔 수 없는 상식이라는 이유로 지나치고 있지는 않은가?

우리의 당면한 사명은 현실을 바로 보는 것, 바로 그것이어야만 한다. 현실을 제대로 바라봄으로써 사회의 이념과 자신의 신념에 대한 고찰이 시작될 수 있다. 확실한 것은 그 답을 얻기 위해서는 많은 시련과 어려움을 겪어야만 한다는 것이다. 하지만 이런 시련의 무게를 감내하기 벅찬 것은 누구에게나 마찬가지 아니겠는가? 두려워할 필요는 없다. 많은 이가 서로 머리를 맞댄다면 조금은 수월해질 테니 말이다. 이제 우리는 잠시 멈추고, 일상의 상식으로 가려진 현실을 둘러볼 때가 되었다. 세상에는 손쉬운 길을 정진하는 삶이 있는가 하면, 언제나 자신이 걷는 길을 회의하며 좀 더 나은 길을 도모하기 위해 끊임없이 방랑하는 삶 역시 있다. 나는 두 번째 삶이 더 값진 것이라 믿어 의심치 않는다.

　마지막으로 이 책을 집필할 시간을 기꺼이 허락해 준 나의 가족에게 감사의 말을 전하고 싶다. 사랑하는 나의 아내 유리는 나의 생각이 정체되고 어려움에 빠졌을 때마다 이겨낼 수 있는 용기를 북돋아 주었다. 그녀가 없었다면 이 책은 나올 수 없었을 것이다. 나의 딸 유하는 그 존재만으로도 삶의 진정한 의미를 어렴풋하게나마 느끼게 해 주었다. 그 의미를 통해 인간 삶의 보편적 가치를 조금이나마 돌아볼 수 있게 되었고, 그 가치는 내가 진실한 마음으로 이 책을 쓸 수 있게 만들기 충분했다.

참고문헌

카를 G. 융, 『인간과 상징』, 열린책들, 2009

카를 G. 융, 『정신분석이란 무엇인가』, 부글 클래식, 2014

카를 G. 융, 『분석심리학』, 부글 클래식, 2016

카를 G. 융, 『무엇이 개인을 이렇게 만드는가』, 부글 북스, 2013

카를 G. 융, 『인격은 어떻게 발달하는가』, 부글 클래식, 2015

지그문트 프로이트, 『정신분석 강의』, 열린책들, 2004

지그문트 프로이트, 『새로운 정신분석 강의』, 열린책들, 2004

장 메종뇌브, 『감정』, 한길사, 1999

윌리엄 스타이런, 『보이는 어둠』, 문학동네, 2002

에드워드 O. 윌슨, 『인간 본성에 대하여』, 사이언스북스, 2011

이반 일리치, 『전문가들의 사회』, 사월의책, 2015

이반 일리치, 『누가 나를 쓸모없게 만드는가』, 느린걸음, 2014

이반 일리치, 『과거의 거울에 비추어』, 느린걸음, 2013

에리히 프롬, 『건전한 사회』, 범우사, 1999

에리히 프롬, 『자유로부터의 도피』, 홍신문화사, 2006

에리히 프롬, 『소유냐 존재냐』, 범우사, 1999

앙리 베르그송, 『웃음』, 동서문화사, 2008

울리히 벡, 『위험사회』, 새물결, 2006

에밀 뒤르켐, 『자살론』, 청아출판사, 2008

노암 촘스키, 『지식인의 책무』, 황소걸음, 2005

스피븐 핑커, 『빈서판』, 사이언스북스, 2004

토마 피케티, 『자본과 이데올로기』, 문학동네, 2020

엘리너 오스트롬, 『공유의 비극을 넘어』, 랜덤하우스코리아, 2010

제러미 리프킨, 『공감의 시대』, 민음사, 2010

제러미 리프킨, 『한계비용 제로 사회』, 민음사, 2014

존 스튜어트 밀, 『자유론』, 책세상, 2005

버트런드 러셀, 『철학이란 무엇인가』, 홍신문화사, 2008

버트런드 러셀, 『러셀, 마음을 파헤치다』, 북하이브, 2022

존 버거, 『제7의 인간』, 눈빛, 2004

존 버거, 『본다는 것의 의미』, 동문선, 2000

수전 손택, 『타인의 고통』, 이후, 2004

카를 야스퍼스, 『죄의 문제』, 앨피, 2014

삐에르 부르디외, 『구별짓기』, 새물결, 2005

슬라보예 지젝, 『폭력이란 무엇인가』, 난장이, 2011

존 러스킨, 『나중에 온 이 사람에게도』, 아인북스, 2010

지그문트 바우만, 『왜 우리는 불평들을 감수하는가』, 동녘, 2013

지그문트 바우만, 『새로운 빈곤』, 천지인, 2010

지그문트 바우만, 『방황하는 개인들의 사회』, 봄아필, 2013

크리슈나 무르티, 『아는 것으로부터의 자유』, 물병자리, 2002

참고문헌

익명과 상식에 관하여

ⓒ 최성환, 2023

초판 1쇄 발행 2023년 6월 26일

지은이   최성환
펴낸이   이기봉
편집   좋은땅 편집팀
펴낸곳   도서출판 좋은땅
주소   서울특별시 마포구 양화로12길 26 지월드빌딩 (서교동 395-7)
전화   02)374-8616~7
팩스   02)374-8614
이메일   gworldbook@naver.com
홈페이지   www.g-world.co.kr

ISBN   979-11-388-2050-9 (03330)